小城镇水业及垃圾处理行业培训丛书

融资及案例分析

李 健 高沛峻 编著

中国建筑工业出版社

图书在版编目（CIP）数据

融资及案例分析/李健，高沛峻编著．—北京：中国建筑工业出版社，2005
（小城镇水业及垃圾处理行业培训丛书）
ISBN 7-112-07781-8

Ⅰ.融… Ⅱ.①李…②高… Ⅲ.①城市污水-污水处理-基本建设项目-融资-中国②城镇-垃圾处理-基本建设项目-融资-中国 Ⅳ.F123.6

中国版本图书馆CIP数据核字（2005）第113174号

小城镇水业及垃圾处理行业培训丛书
融资及案例分析
李　健　高沛峻　编著
＊
中国建筑工业出版社出版、发行（北京西郊百万庄）
新　华　书　店　经　销
霸州市振兴排版公司制版
北京密东印刷有限公司印刷
＊

开本：850×1168毫米　1/32　印张：9　字数：240千字
2005年11月第一版　2005年11月第一次印刷
印数：1—3000册　定价：**24.00元**
ISBN 7-112-07781-8
（13735）

版权所有　翻印必究
如有印装质量问题，可寄本社退换
（邮政编码100037）

本社网址：http://www.cabp.com.cn
网上书店：http://www.china-building.com.cn

随着城镇化进程的深入，我国城市面貌发生了巨大变化，经济持续迅速发展，人民生活水平显著提高，使城市水业及垃圾处理基础设施的需求增大，供求矛盾没有得到根本的缓解。造成这一状况的深层原因是城市水业及垃圾处理设施投融资体制及其运行机制改革相对滞后。解决这一问题的根本出路，是引入竞争机制，逐步建立和完善以公共财政投入为主导、多元化筹资相结合的城市水业及垃圾处理基础设施投融资体制。本书即全面系统地介绍了融资模式和案例分析。全书共分七章，第1章为绪论，简述了目前融资的现状及存在的主要问题；第2章介绍了国外现行水业及垃圾处理基础设施融资；随后的两章述及了我国现行水业及垃圾处理基础设施建设融资的外部环境，以及符合国情的融资模式；第5章和第6章分别阐述了BOT融资模式和生命周期与投资决策；最后列举了国内外一系列基础设施融资案例。

* * *

责任编辑：胡明安　姚荣华　于　莉
责任设计：崔兰萍
责任校对：刘　梅　李志瑛

小城镇水业及垃圾处理行业培训丛书
编委会

名誉顾问： 武 涌

顾　　问（按姓氏笔画）：

　　王建清　吴庆元　张锡辉　肖德长　邹常茂

　　施　阳　栾　华　徐海芸　富文玲

　　Frits Dirks

主　　编： 李　健　高沛峻

编　　委（按姓氏笔画）：

　　王　靖　孔祥娟　刘宗源　吴景山　张　兰

　　修大鹏　姚　培　郑　梅　高　巍　黄文雄

　　梁建军　戚振强　彭志平　葛永涛　廖　利

　　樊宇红　樊　瑜　戴建如　Jan Hoffer

　　Meine Pieter van Dijk

组织策划： 北京恒益合建筑节能环境保护研究所

前　言

我国现有约 2 万多个小城镇，这些小城镇在我国城镇化进程中扮演着吸收农村富余劳动力、带动农村地区经济发展、缩小城乡差别、解决"三农问题"等十分重要的角色。

我国政府向来非常重视小城镇的建设和发展问题，先后出台了一系列政策措施，鼓励小城镇的健康可持续发展。然而，随着人口的增加和社会经济的发展，小城镇在基础设施建设和运营方面出现了很多新问题，如基础设施严重短缺、管理能力和效率低下、生态破坏日趋严重等。这些问题都迫切需要我们认真研究解决。通过调查，我们发现除了政策和资金方面的问题之外，影响小城镇发展的关键是人才缺乏和能力不足，主要表现在：

（1）缺乏熟悉市场经济原则、了解技术发展状况与水平的决策型人才，尤其是缺乏小城镇基础设施总体规划、总体设计方面的决策人才。从与当地政府的沟通来看，很多地方官员对小城镇总体规划与总体设计的认知程度不够，对相关政策法规的执行能力不足。

（2）缺少熟悉现代科学管理知识与方法的管理型人才，如小城镇建设所需的项目管理、项目融资与经营方面的人才，缺乏专业的培训。

（3）专业技术人员严重不足，缺乏项目建设、运行、维护、管理方面的专业人员。在 16 个调研点中，有 1/3 的地方基本上没有污水处理、垃圾处理和供水设施运行、维护和管理方面的专业技术人员；1/3 的调研点在污水处理、垃圾处理、供水设施方面的专业技术人员能力明显不足。

(4) 对政策的理解和执行力度不够。相比较而言，我国东部地区关于基础设施的相关政策已经比较完善，实际执行情况较好；而西部许多小城镇只有一些简单的地方管理办法，管理措施很不完善，对国家政策的理解和执行能力很弱，执行结果差异较大。

针对以上存在的问题，2002年12月5日，建设部与荷兰大使馆签订了"中国西部小城镇环境基础设施经济适用技术及示范"项目合同。该项目是中荷两国政府在中国西部小城镇环境基础设施建设领域（包括城镇供水、污水处理和垃圾处理）开展的一次重要的双边国际科技合作。按照项目的设计，项目设计的总体目标是通过中国西部小城镇环境基础设施的经济适用技术集成、示范工程、能力建设、市场化机制和技术政策的形成以及成果扩散等活动，促进西部小城镇环境基础设施发展，推进环境基础设施建设的市场化进程，改善环境，减少贫困，实现社会经济可持续发展的目标。

根据要求，我们开展了针对西部地区小城镇水业及垃圾处理行业的培训需求调研、培训机构调查、培训教材编制等几个方面的工作，以期帮助解决小城镇能力不足和缺乏培训的问题。

据调查，目前国内水业及垃圾处理行业的培训教材的现状是：一是针对某种专业技术人员的专业书籍；二是对于操作工人的操作手册。而针对水业及垃圾处理行业的管理与决策者方面的教材很少，针对小城镇特点的培训教材更是寥寥无几。

本丛书在编写过程中，力求结合小城镇水业及垃圾处理行业的特点，从政策、管理、融资以及专业技术几个方面，系统介绍小城镇水业及垃圾处理行业的项目管理、政策制定与实施、融资决策以及污水处理、垃圾处理、供水等专业技术。同时，在建设部、荷兰使馆的大力支持下，编写组结合荷兰及我国东部地区的典型案例，通过案例分析，引进和吸收荷兰及我国东部地区的先进技术、管理经验和理念。

本丛书共分六册：政策制定与实施，融资及案例分析，项目管理，垃圾处理技术，污水处理技术，供水技术。

本丛书可作为水业及垃圾处理行业的政府主管部门、设计单位、研究单位、运行和管理人员及相关机构的培训用书，同时也可作为高等学校的教师和学生的教学参考用书。

目　录

第1章　绪论 ………………………………………………………… 1
　1.1　水业及垃圾处理基础设施 …………………………………… 3
　1.2　水业及垃圾处理基础设施融资现状与问题 ………………… 11
　1.3　小城镇水业及垃圾处理基础设施建设的融资现状 ………… 26

第2章　国外水业及垃圾处理基础设施融资 ……………………… 31
　2.1　国外基础设施融资模式回顾 ………………………………… 31
　2.2　美国水业及垃圾处理基础设施的经验及主要融资渠道 …… 42
　2.3　日本基础设施融资经验与模式 ……………………………… 48

第3章　我国现行水业及垃圾处理基础设施建设融资的外部
　　　　环境 ………………………………………………………… 51
　3.1　水业及垃圾处理基础设施行业发展 ………………………… 51
　3.2　水业及垃圾处理基础设施传统投融资体制 ………………… 69
　3.3　我国融资模式选择的主要制约因素 ………………………… 75

第4章　符合国情的小城镇水业及垃圾处理基础设施融资
　　　　模式 ………………………………………………………… 79
　4.1　建设-经营-移交（BOT-Build Operate Transfer）模式 …… 80
　4.2　资产证券化（ABS-Asset Backed Securities）模式 ………… 87
　4.3　公共部门与私人企业合作（PPP-Public Private Partnership）
　　　　模式 ………………………………………………………… 93
　4.4　股份制模式 …………………………………………………… 108
　4.5　地方债券与国际融资 ………………………………………… 112
　4.6　小城镇水业及垃圾处理基础设施融资方式分析 …………… 121

第5章　BOT的融资模式 …………………………………………… 125
　5.1　BOT项目融资中的政府信用与法律环境 …………………… 125

  5.2 BOT 中风险防范体系的构建 ………………………………… 134
  5.3 BOT 项目的合同管理 …………………………………………… 138
  5.4 BOT 项目的组织 ………………………………………………… 146
  5.5 BOT 项目的经验总结与前景展望 …………………………… 151
  5.6 BOT 在水业及垃圾处理基础设施领域的应用 …………… 157

第 6 章 生命周期与投资决策 ………………………………………… 164
  6.1 生命周期 ………………………………………………………… 164
  6.2 生命周期在投资管理中的应用——生命周期评价（LCA）…… 170
  6.3 经济分析与投资决策 …………………………………………… 175
  6.4 成本回收的枢纽——价格与收费 …………………………… 184

第 7 章 水业及垃圾处理基础设施融资案例 ……………………… 213
  7.1 北京第十水厂 BOT ……………………………………………… 213
  7.2 上海浦东自来水股权转让 ……………………………………… 222
  7.3 成都水六厂融资分析 …………………………………………… 224
  7.4 法国私人投资主体的直接管理或者委托管理 …………… 229
  7.5 荷兰水行业的管理与融资 ……………………………………… 236
  7.6 荷兰 Vitens ……………………………………………………… 250
  7.7 印度政府通过 BOT 模式进行城市基础设施项目融资 ………… 260

参考文献 ………………………………………………………………… 273

第1章 绪　　论

　　从远古时期的刀耕火种，到近代工业经济的发展，社会进步和环境破坏同时存在。特别是工业化和城镇化快速发展阶段，人口与产业在城镇高度集中是历史发展的趋势，然而资源过度开发和环境严重污染的矛盾也日益突显出来。当前，我国的城镇化水平约为38%，正处在工业化和城镇化高速发展时期。我们目前所处的阶段是世界上很多发达国家曾经经历过的，所面临的问题也是世界上很多发达国家曾经遭遇过的。在这个阶段，如何保护好生态环境、防治环境污染，也正是我们关注的可持续发展问题。

　　我国政府已经把环境保护作为一项基本国策，环境保护和治理为环保产业的发展提供了巨大的市场需求，环保产业作为一个新的经济增长点正日益成为世界各国的共识。发展环保产业，培育新的经济增长点，不仅有效地提高资源的利用效率，减缓自然资源的耗竭速度，减少工业污染物排放，改善我国的环境质量，而且还可以通过加大环保产业的投入有效地启动市场，促进经济增长与环境保护的协调，为我国中长期的可持续发展奠定基础。

　　一般认为，城市经济的发展水平通常与其基础设施服务的供给水平成正比，并且由于基础设施所独具的准公共物品性、运营上的准垄断性、投资数量大以及投资回收期长等特点，加快基础设施建设，不断提供新的基础设施服务，以满足城市居民生活和企业生产日益增长的需要，责无旁贷地成为各个城市政府规划调控的重点和日常工作的主要目标。另外，城市水业及垃圾处理基础设施的发展，包括城市给水排水设施、垃圾处理设施的建设已成为城市建设的重要内容,也是保护环境、防止污染、促进可持续发展的重要组成部分。改革开放以来,特别是进入20世纪90年代以后,随着城市发展观的转变和总体经济的增长,我国城市面貌发生了巨大变化,水业及垃圾处理基础设施建设取得了显著的成就。但是应该看到,由于原有基础的薄弱和历史欠账过多,时至今日,城市水业及垃圾处理基础设施供给不足的矛盾仍然十分突出。该类问题在小城镇尤其突出。

20世纪90年代以来的经验证明,尽管政府依靠财政力量,加大了城市市政公用基础设施的投资力度,在一定程度上缓解了制约城市经济发展的"瓶颈"。但是,因为我国经济持续快速发展,人民生活水平显著提高,对城市水业及垃圾处理基础设施的需求增大,供求矛盾尚没有得到根本的缓解。造成这一状况的直接表现是有效投入不足,即建设资金短缺,而深层次的原因则是城市水业及垃圾处理基础设施投融资体制及其运行机制改革相对滞后。所以,解决这一问题的根本出路,也只能是适应社会主义市场经济发展的需要,积极稳妥地加快城市水业及垃圾处理基础设施的市场化进程,打破原来由政府包办水业及垃圾处理基础设施建设的格局,引入竞争机制,建立政府特许经营制度,努力拓宽投融资渠道,广泛吸引社会资金,逐步建立和完善以公共财政投入为主导、多元化筹资相结合的城市水业及垃圾处理基础设施投融资体制,促进城市水业及垃圾处理基础设施的发展,为全面建设小康社会和城镇化发展提供必要的基础条件。

开放城市水业及垃圾处理基础设施建设市场,吸引民间资本和外商投资,在我国有长期稳定的市场前景。2003年1月,建设部出台了《关于加快市政公用行业市场化进程的意见》,使这一市场前景在政策上得以保证。根据该"意见",城市水业及垃圾处理基础设施市场化改革目标包括三个方面:一是通过投融资体制改革,建立多元化的产权结构,有效地增加城市建设的资金投入;二是打破垄断经营,引入市场竞争机制,提高城市建设和运行的效率；三是按照市场经济规则，重新确立政府对城市水业及垃圾处理基础设施建设的职能和管理体制。由于目前我国正处于大规模的建设期，因此，从动态角度看，城市水业及垃圾处理基础设施投融资渠道的多元化，是实现市场化改革目标的重要前提条件。

1.1 水业及垃圾处理基础设施

现代城市的市政、公用设施不仅满足城市居民的生活需要，还为城市经济运行、产业发展提供不可或缺的交通、通信、能源、水务、环保等基础性服务，我们将这些市政公用设施统称为城市公共基础设施。

对于公共基础设施的经济学属性，西方经济学通常将城市基础设施视为政府提供的一种公共物品，是在市场失灵的领域由政府这只看得见的手来提供和管理的一种产品或服务。按宏观经济学的解释，公共物品是那些无论个人是否愿意购买，都可以使整个国家或地区的大众受益的物品，譬如国防、义务教育、基础卫生医疗、市政公用设施等。

在公共基础设施的经济学属性下其表现出来的特征有：

1) 社会性。基础设施往往是涉及国计民生的基础性设施或服务，其质量的好坏关系到城市居民生活和城市产业的正常运转，会产生相当广泛的社会影响。

2) 公益性。基础设施对社会公众有积极的效用，这种积极的效用可以被基础设施的使用者或者服务购买者所享用，也可以通过外在性发挥作用。

3) 共享性（非排他性）。公共设施的公共物品性质决定它的使用具有非排他性，即一个人在使用某个基础设施或享用基础设施服务时不能对其独占，而排除其他人对该基础设施的使用，或者排除其他人的使用要花费巨大的成本。经济学上把难以阻止他人使用公共物品的现象叫做"免费搭便车"问题，反映的就是共享性特征。

4）使用边际成本低。增加基础设施的一个使用者几乎不会增加基础设施的边际使用成本，或者由此增加的边际成本很低，这是基础设施普遍具有的特征。

5）时空性。公共基础设施在空间、地域和时间上的不可挪动性。一方面，公共基础设施产品的投资成本具有沉没性，一旦投资建成后，不能移做他用，基本没有残值。所以，公共基础设施产品一旦投资建成，必须按照既定的用途使用下去，否则，巨额投资将无法收回。另一方面，在建设公共设施与社会经济发展的安排上，必须有适当的超前意识，包括规划上的超前性和建设时间上的超前性。

6）投资规模大，使用寿命期长。基础设施属于固定资产投资项目，投资规模往往是几千万，使用寿命短则十几年，长的超过五十年。

1.1.1 水业

水业包括供水和污水治理领域，水行业产业链涉及的主要业务是投融资、设计、建设、运营、科研、设备制造及法律和理财咨询等。

目前我国在城市水系统健康发展上还存在以下瓶颈问题：

1）对污水污泥资源化、循环型城市虽然有了初步的认识和了解，但还没有从单纯的认识上升到影响国家安全与经济社会可持续发展的国家战略问题的高度；

2）对城市水系统健康循环理论尚未进行系统、深入的研究，缺少一个可行的、高瞻远瞩的、符合水环境发展规律的城市水系统总体思路与理论的指导；

3）缺少系统的政策法规体系和相应的技术标准；

4）缺乏经济、高效、实用的污水净化再生技术；

5) 只注重污水的处理，污水厂产生的大量污泥没有得到合理的处理与处置；

6) 城市雨水循环途径没有得到修复；

7) 没有充分利用市场杠杆作用，对于如何利用市场机制促进合理配置水资源尚没有系统认识。

就污水治理来说，从建国到 20 世纪 80 年代初资金来源主要是以国家投资为主，辅以一定的企业自筹；十一届三中全会以后环境保护被确立为我国的一项基本国策，以及从 20 世纪末开始根据国家关于治理"三河"（淮河、海河和辽河）"三湖"（太湖、巢湖和滇池）和"环渤海"的要求，企业加大了投资的力度，中央及地方政府也给予政策、资金和技术的支持。

经过几十年的发展，我国的污水处理事业虽具备了一定的规模，经历了从点源治理到面源控制、从局部回用到整体规划的政策历程。但是，污水二级处理率还很低，真正正常运行且达到国家现行排放标准处理率的更低。污水深度处理和再生回用还刚刚开始，江河湖海污染态势还没有得到有效遏制，还远远不能实现城市水系统的健康发展，战略有待于进一步调整。

1.1.2 垃圾处理行业

统计资料显示，目前我国人均生活垃圾年产量在 250~500kg 左右，全国城市生活垃圾的年产量达 1.55 亿 t，且每年以 8%~10% 的速度增长。全国历年垃圾存量已超过 60 亿 t，堆占耕地逾 5 亿 m^2，直接经济损失达 80 亿元人民币。

目前我国生活垃圾的处理仍以混合收集、混合清运、混合处置方式为主。而垃圾处置主要采取卫生填埋法，并且大多数垃圾未经有效处理被运到城郊裸露堆放。全国 660 多个城市中有 200 多个处于垃圾包围中。据统计，目前我国城市垃圾处理率仅为 50% 左右，真正达到处理标准和资源化利用的比例不足 10%。

近年来，垃圾分类回用开始引起注意，在个别小区开始建设示范工程，但是总体来说还是一片空白，垃圾、污泥的资源化工作还任重道远。

1.1.3　城镇水业及垃圾处理基础设施的特点

水业及垃圾处理基础设施，包括城市供水、污水处理、垃圾处理，既具有垄断性产业的一般性质，同时还有自身的特殊性质。

(1) **作为垄断性产业所具有的一般性质**

1) 提供的商品或服务具有可排除性和排他性。可排除性是指在正常情况下，任何消费者不付出一定的费用，就不能占有或享受商品或服务；排他性是指一个消费者占有或享受商品或服务，将影响其他人占有或享受这种商品或服务。

2) 商品或服务对每个消费者具有公平性，即任何消费者付出合理费用后，有权得到生活所必需的商品或服务。

3) 生产环节具有可分性，如污水处理单位的布局作分散性安排。

4) 赖以提供商品或服务的基础设施具有自然垄断性，即在同一地区，一般不可能同时重复建设其网线。

5) 现代生活的必需性。

(2) **城市水业及垃圾处理基础设施的特点**

1) 市场明显的地域界限性，受城市规模及其服务的网络限制，具有比较明确的区域范围。

2) 相对的区域差别性。各城市经济发展水平、政府的财力、居民的消费水平、水业及垃圾处理基础设施的水平与能力一般各不相同。

3) 较强的公益性。城市水业及垃圾处理基础设施集中服务于某一区域的社会群体，保证社会各方面生产与生活需求，为区域社会经济正常运转提供保障。同时，城市水业及垃圾处理基础设施的发展与完善还对减少污染、保护环境有着极其重要的作用。

另外，从经济属性来看，城市水业及垃圾处理基础设施具有以下特征：

1）相对于维护经营费用，一次性建设成本巨大；

2）由于存在较高的沉没成本的风险，需要周密的前期调研，前期费用较高；

3）高投入、长回收期以及现金流量的不确定性和不稳定性，导致了项目长期负债，资产负债比例一般较高；

4）产品服务具有公共物品和私人物品的混合属性，产品服务经济属性的不同决定了城市水业及垃圾处理基础设施服务和经营方式的多样性。

5）城市水业及垃圾处理基础设施需求弹性较小，生产具有规模经济的属性，经营具有自然垄断的特性。

1.1.4 我国水业及垃圾处理基础设施不足的原因分析

造成我国水业及垃圾处理基础设施短缺的主要原因有三个：

1）投资不足。我国的城市基础设施投入比例远远低于国际水平，从总量上看，我国城市基础设施投资长期处于占全社会固定资产投资和GDP的较低比重水平上，严重影响了我国城市化发展的进程。我国改革开放以来，城市基础设施建设投资比重，虽然在弥补历史"欠账"的思想指导下，比改革开放以前有很大幅度的提高，但仍然远远没有达到世界银行在1994年发展报告中推荐的——发展中国家城市基础设施建设投资比例应占其全部固定资产投资的9%～15%、GDP的3%～5%——这一目标的要求。2000年，我国基础设施投资占全社会固定资产投资的比重不到6%，占GDP的比重只有2.12%。而基础设施投资的重点主要是集中在交通、能源等领域，水业及垃圾处理基础设施的投资成为了"瓶颈"中的"瓶颈"。

2）缺乏稳定的资金来源渠道。目前，城市维护建设税和公共事业附加税是地方政府城市基础设施建设资金的主要固定来源。然而,这两项税收远不能满足城市基础设施建设所需的大量资金。为此,地方政府制定了各种政策,例如规定收取配套费、增容费、水资源费、排水设施使用费等等,多渠道筹集建设资金。但是这些收费很不规范,难以形成稳定的资金来源。中央政府的建设拨款是地方基础设施建设的另一重要来源,但是,这种拨款有着较大的不确定性。而地方财政预算本来就显得捉襟见肘,难以从历年预算中拨出稳定的专款用于城市建设。同时,外部融资的手段和规模均受到限制。如此种种原因,使得城市水业及垃圾处理基础设施建设资金难以形成稳定的资金来源。

3) 资金使用效率不高。在我国实行改革开放以前,城市水业及垃圾处理基础设施一直是作为社会福利事业来办的,不按客观经济规律办事,不讲经济效益,建设依靠国家投资,建成后还要国家拿钱维护,经营亏损要靠国家补贴。城市的自来水行业、污水处理行业、垃圾处理行业均长期实行低价政策,甚至不收费政策,价格背离价值,企业长期亏损,依靠财政补贴,给财政造成了极大的负担。改革开放以来,这种情况虽然有了很大的改变,但投资浪费、资金效率低的现象仍然十分突出。

1.1.5 我国小城镇水业及垃圾处理基础设施发展的障碍分析

由于我国小城镇的发展速度快、规模小、建设资金短缺等问题,小城镇建设目前存在的主要问题是基础设施落后,建设资金短缺,这一现状更加突出了作为基础设施的城镇供水、污水处理、垃圾处理等水业及垃圾处理基础设施的重要性。

就垃圾处理来说,当我们将关注的目光集中到广大的中小城镇和农村时,我们发现,其垃圾科学化处理基本上还是空白。大量的工业垃圾和生活垃圾基本上还是乱堆乱放,而且这些日渐增多的垃圾会产生大量的二次污染;再者,一些小城镇建成的垃圾填埋场由于处理技术不过关,产生大量的废水和废气,也会造成二次污染，给居民健康带来严重危害。由于大部分小城镇都缺乏科学合理的规划，生活区、商业区和工业区混杂在一起，一定程度上又加重了污染治理的难度。随着我国城镇化战略的实施，越来越多的中小城镇面临垃圾处理的难题将日益突出。

（1）我国小城镇水业及垃圾处理基础设施建设滞后的原因分析

自然垄断性、投资的低回报性、政策的高风险性、经营回报的高稳定性和资本的高沉淀性是城市水业及垃圾处理等基础设施的主要特征，这些特征在我国的小城镇中依然存在。

1）投入不足。从总量上看我国在水业及垃圾处理基础设施建设方面的投资占国民生产总值的比例很小，而水业及垃圾处理基础设施建设的资金需求很大，一个污水处理厂的建设少则几千万，多则上亿，以我国很多小城镇的财力一般都无力投资水业及垃圾处理基础设施。

2）投资方式落后。我国城市水业及垃圾处理基础设施建设大多沿用计划经济体制下的投资方式，即由政府负责水业及垃圾处理基础设施的资金筹措、建设及运行管理。地方政府除了承担高额的基建费用外，还需承担每年的运行费用，这给政府带来了沉重的经济负担，难以调动政府建设水业及垃圾处理基础设施的积极性。

3）融资渠道不畅。企业、公民是城镇供水的直接受益者，也是排放污水和垃圾，导致环境污染的直接责任人，因此，企业和公民应承担环境治理、提高供水能力的责任。但由于法律和政策等方面的不完善以及意识的不到位，使得"污染者负担"原则得不到充分体现。

4）投融资取向对水业及垃圾处理基础设施建设不利。在市场经济条件下，投资主体一般不愿意投资于利润少的水业及垃圾处理基础设施项目，投资方向偏离国家产业政策而流向高利润行业。虽然经过投资体制改革，划分了竞争性项目、基础性项目和公益性项目三大投资领域,但基建投资明显逐渐流向竞争性项目,即使已滞留于水业及垃圾处理基础设施建设等环保项目内的资金,也会受到利益的强烈驱动,发生资金的"水土流失"。金融体制改革,虽然严格区分了政策性金融和商业性金融的业务范围,但商业性银行趋利性增强,主要以项目的经济效益为标准,很少支持水业及垃圾处理基础设施的建设项目,而政策性银行承担的政府职责范围逐步增多,难以全面承担严格界定的环保政策性职能。总之,水业及垃圾处理基础设施产业在获取资金来源方面难度较大。同时,由于缺乏一个功能齐全的资本市场,难以使储蓄顺利地转化为基础性和公益性项目的投资。

5) 政府部门不恰当的行政干预。水业及垃圾处理基础设施投资历来都是国家的事情,政府对其有较多的行政干预。这主要体现在对水业及垃圾处理基础设施服务和收费的价格限制上,以及对其建设的投资和经营管理过多的行政干预上。水业及垃圾处理基础设施服务和收费长期难以推行,或价格长期低于市场均衡价格,致使它得不到应有的经济补偿,不能保证投资及时回收,因此,难以自我积累和自我发展。其主要原因是人们长期以来将水业及垃圾处理基础设施视为一般的福利事业而实行低价政策,只是靠国家微薄的财政补贴来运转。

在我国,大部分水业及垃圾处理基础设施基本由国家承包,从项目审批、开工建设、资金筹措,直至交工运行都是由国家承担全部的费用,加之国家财力拮据,财政收入占 GDP 的比重不高,水业及垃圾处理基础设施服务费的标准又远远低于成本价格或运行费用,使国家无力对经济发展中的环境基础设施产业进行大量的投资,导致国内的水业及垃圾处理基础设施发展滞后,欠账越来越多,包袱越来越重。而国外,利用 BOT 方式、ABS 方式、股票市场融资、建立基金等方式,使水业及垃圾处理基础设施的投资可由国家、地方和社会等各个方面来筹集,有的还可全部由企业或公司来建设和管理,建成后通过合理的收费进行偿还,政府几乎不用花钱。

(2) 我国小城镇水业及垃圾处理基础设施发展的关键

资金问题是小城镇建设的大问题,也是小城镇政府考虑最多的问题之一。虽然从全国来看,小城镇的投资、融资体制呈现出多样化的特点,但总的说来,政府部门的投资仍然是最重要的,在很多地方甚至仍是惟一的投资渠道。按照现行的财政体制,镇政府不是一级完整的预决算财务单位,地方税归县财政所有,镇政府只能按人头获得经费,超收部分按一定比例分成,各种费用则由县级政府各部门直接收取。一般情况下,各种费用总数约占预算内财政收入的 $1/5\sim1/4$,有的地方可能要多些。县财政提取比例过大,往往使一些地区的小城镇建设经费捉襟见肘。由于大量小城镇财政都是"吃饭财政",个别镇甚至连工资都难以按月发放,因此镇政府在小城镇建设上投入力度受到严重制约。目前,各地解决这个问题的方法主要是以"以地生财"和"集资建镇"等。这些方法,虽然可以在短期内解小城镇的"燃眉之急",但从长远的发展看,这些做法对小城镇的发展是有害无益的。

1.2 水业及垃圾处理基础设施融资现状与问题

1.2.1 城镇水业及垃圾处理基础设施的市场竞争性

1) 城市水业及垃圾处理基础设施服务所具有的可排除性、排他性、消费公平性、生产环节可分性及现代生活必需性,使其与一般商品的生产和消费、供给与需求具有类似性,从这个角度观察,城市水业及垃圾处理基础设施具备进入市场的必要条件:一方面企业可以盈利为目的提供城市供水、污水处理或垃圾处理服务;另一方面社会可以根据水费、垃圾处理费和处理质量选择企业。因此,至少在理论上城市水业及垃圾处理基础设施可以实现市场化。

2) 城市水业及垃圾处理基础设施依赖管网或运输渠道的垄断性，与一般商品截然不同。从这个角度观察，在城市水业及垃圾处理基础设施服务与管网或运输渠道结合为一个整体企业时，其垄断性得到扩展和延伸，从而影响了社会经济生活。在这种状态下，就要求政府对城市水业及垃圾处理基础设施建设与运营的全过程进行干预与监督，以避免因垄断经营对社会经济生活造成的负面影响。

3) 城市水业及垃圾处理基础设施的特殊性，决定了其在管理和经营方面具有地方色彩：地域界限性使城市水业及垃圾处理基础设施的管理和经营只能在限定区域。地方政府对其发展有着更直接的积极性和责任。在中央财政与地方财政分开的体制下，中央的经济调控政策更应重视地方经济利益。

上述对城市水业及垃圾处理基础设施的分析表明：城市水业及垃圾处理基础设施既具备引入竞争的条件，又具备城市水业及垃圾处理基础设施中管网部分进行垄断经营的基础，既有在处理阶段放开经营的可能，又有在收集阶段进行政府监管的必要。因此，改革要在充分认识不同环节引入竞争和进行政府管理的可能性与必要性的基础上，认清现状和问题，借鉴国外管理经验，理清思路、稳步前进。

1.2.2 城市水业及垃圾处理基础设施现行融资模式

(1) 财政融资模式

1) 政府预算内支出　政府预算内支出包括：中央财政专项拨款、"两项资金"和地方财政拨款三个部分。城市维护建设税和公用事业附加是城市维护建设的专项资金，在20世纪90年代以前是城市维护建设的主要资金，占城建资金总量的40%左右（近几年稳定在占城建资金的20%左右）。随着城市规模的不断扩大，建设资金需求增长加快，两项资金已远远不能满足需要。为此，各地加大了财政拨款的力度，2001年比1991年增长了

11倍。

尽管如此,政府财政投资占城建资金的比重总体上还是呈下降趋势。2001年,中央和地方财政(含两项资金)投资总额733亿元,10年增长了5.5倍(1991年为134亿元)。但由于城建资金需求量的急剧上升,预算内投资占城建资金的比重由1991年的50%下降到2001年的29%,如图1-1所示。

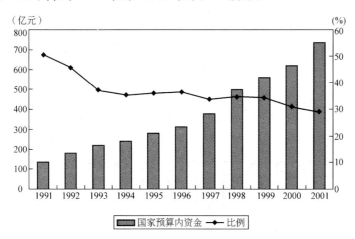

图1-1 国家预算内资金占城建资金的比例变化趋势

2)政策性收费 包括城市建设配套费和增容费、过路过桥费、市政设施有偿使用费以及其他各种收费等。1994年占城建资金的比例曾达到47%,1996年以后,随着"治乱减负"工作的开展,不合理收费被取消,2001年各种收费占城建资金的比例为10%,如图1-2所示。

总体上,政府投入所占比例呈下降趋势,而市场投入比例呈上升趋势。从1996年开始,政府投入和市场投入比例发生了明显变化,政府投入由1995年以前的90%左右,下降到2001年的52%,同时,社会资金投入迅速增长,如图1-3所示。

(2) 负债融资模式

1)银行贷款 1986年全国利用国内银行贷款只有3.2亿

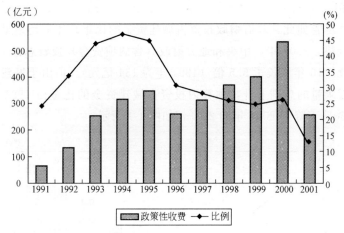

图 1-2 政策性收费占城建资金比例的变化趋势

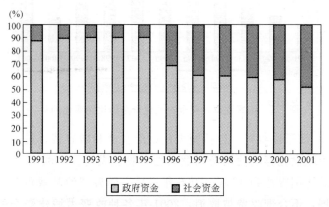

图 1-3 政府资金与社会资金所占比例的变化趋势

元,占城建资金的比重只有 2.4%,利用外资只有 700 万美元。中共十四大以后,市政公用事业加快了市场化改革的进程,价格机制初步得以确立,利用国内银行贷款的规模增长迅速,2001年 60% 以上的城市利用银行贷款,总额达到 742 亿元,占城建资金比例的 29.4%,是 1992 年的 23 倍,如图 1-4 所示。

2) 利用国债资金 "九五" 期间,中央实行积极财政政策,

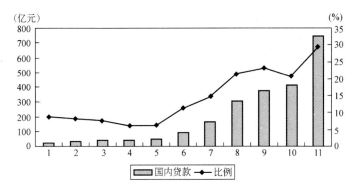

图 1-4 国内贷款及其所占城建资金比例的变化趋势

加大了对城市基础设施的资金投入。1998年至2001年，国家共安排了766亿元国债资金用于967个城市基础设施项目的建设。766亿元国债资金加上带动的银行贷款、地方政府财政资金和其他社会资金2500多亿元，相当于以往正常年份近3倍的投资总量。967个项目中已有717个项目建成投入使用，这些项目大部分是城市急需建设而以前无力投资的项目，涉及到全国95%的地级以上城市及中西部地区部分县城的供水、垃圾和污水处理等基础设施建设领域。特别是，通过国债资金的支持，使部分城市供水、道路紧张的问题得到极大的缓解。4年中，安排国债资金共计162亿元，支持了310个城市供水工程的建设，新增供水能力2366万吨。通过国债资金引导，启动了长期受资金困扰的污水处理、垃圾处理等设施的建设。到2001年底，97%的百万人口以上的特大城市、80%的大城市、65%左右的中等城市拥有了污水处理和垃圾处理设施，一批地级市结束了无污水、垃圾处理设施的历史，城市环境得到了较大改善。

3) 利用外资 从水厂建设项目贷款开始，到1999年利用外资项目达300多个，合同外资金额90亿美元左右，全国共有220多个城市利用了20多个国家政府和国际金融组织提供的中长期优惠贷款。至今，利用国外政府和金融机构贷款、与国外企业合资合作、外商直接投资等各种方式已在供水、污水处理、垃圾处理等项目中运用，近10年来实际利用外资的总规模达500多亿美元。

4）企业债券　深沪两市上市公司中共有城市供水、燃气、公交和地铁等城市市政公用企业7家，占公用事业类14％。此外，10年多来，部分城市自来水等公司发行企业债券约10多亿元。但是，从相对规模来看，我国水业及垃圾处理基础设施股票和企业债券融资总共占该领域当年投资额的比重尚不到1％，与一些国家占30％相比，直接融资比重过低。

（3）企业积累融资模式

企业自筹资金增长迅速，在城建投资中的地位日趋提高。随着收费和价格改革的实施，企业通过自身的积累用于扩大再生产的资金总量明显上升，自筹资金占城建资金的比重在1992年为9％，到2001年提高到16.2％，如图1-5所示。

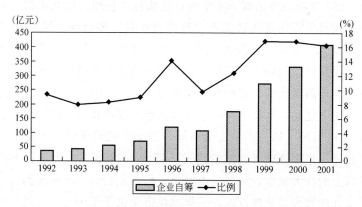

图1-5　企业自筹资金及其所占比例的变化趋势

（4）经营资源融资模式

1）土地出让转让收入　1987年国务院《关于加强城市建设的通知》提出城市建设"统一规划，合理布局，因地制宜，配套建设，综合开发"的20字方针，各地实行了"以路带房"、"以房带路"的房地产开发与城市改建相结合模式,有效地解决了城市建设资金不足的矛盾。20世纪90年代中后期,随着土地有偿使用制度的推广和完善,大多数城市开始利用土地出让收入弥补城市建设资金不足。近几年,部分城市又进一步过渡到通过土地开发和水业及垃圾处理基础设施配套建设带动土地升值,升值后的土地招标或拍卖出让,出让收入再用于城市建设,形成了城市建设与土地经营良性互动的新模式。

2) 经营无形资产收入 近几年,在城市经营思想的指导下,通过有偿竞买的办法,出让城市出租车经营权、公交线路专营权以及道路、广场、绿地、路灯、桥梁、停车场等的冠名权、广告权、收费权,取得收入再用于城市建设。

3) 存量资产经营权转让收入 将过去由政府垄断经营的城建存量资产投放市场。通过对固定资产存量经营权转让、股权转让以及资产转让等方式实现对收费路桥、自来水厂、污水处理厂等存量资产进行盘活。

(5) 外商直接投资和民营资本融资

随着政府包揽一切观念的转变,价格和收费制度的改革与创新,以及城市市政公用设施经营性和非经营性类别的划分,社会资金开始进入城建领域。各地将有盈利的基础设施项目推向市场,利用特许经营权转让以及BOT建设、发行企业债券、股票等方式盘活存量资产、吸引民间投资。1998年湖南长大建设集团股份有限公司投资建设长沙第八水厂,成为我国第一家国内民营BOT供水项目。上海、天津、青岛等城市自来水公司通过股权转让的形式,吸引外商直接投资。但目前外商直接投资只占实际利用外资的17%,民营企业投资数量也十分有限。

1.2.3 城镇供水

(1) 城市供水的发展现状

我国是水资源短缺的国家,城市缺水问题尤为突出。截止到

⊙ 融资及案例分析

2004年5月底,全国有11个省(市)的103座县级以上城市供水短缺,其中严重缺水城市占56%。很多城市生产和生活用水困难,城市供水安全受到严重威胁。

与此同时,由于水污染控制相对滞后,使得受污染的水体逐年增加,又加剧了水资源的短缺。据统计,2004年我国城市污水排放量已达356.5亿 m^3,但大部分未经有效处理而排入江河湖海。由于水体环境的污染,我国南方多水地区已经呈现水质型缺水的趋势,一些城市面临"有水难用"的困境。在北方,不少城市受到资源型缺水和水质型缺水的双重困扰。水资源短缺和水污染严重已经成为制约城市可持续发展的重要因素。在面临水资源危机的时刻,我们应当更加清醒地认识到,加强水资源保护、实现水资源的可持续利用,是保障和支持城市可持续发展的必然选择,是实施可持续发展战略的重要举措。

长期以来,供水一直被视为公益性事业,产品实行低价销售,依靠政府补贴维持简单再生产,缺乏融资能力,而政府财政能用于供水行业的投资却极为有限。同时,由于供水行业目前属亏损企业或微利产业,企业的进入和经营行为又受到政府的诸多行政干涉,因而难以吸引外来投资进入供水行业。这些因素综合影响的后果导致供水行业投资严重不足,制水设备严重老化,输水管网陈旧,失修失养现象严重,造成自来水供应的紧张状况。要改变我国自来水供不应求的问题,除了要建立节约用水的机制外,根本途径在于拓宽融资渠道,加大对供水行业的投资力度。

(2) 城市供水设施融资

1) 近年来,中央政府以财政债券的方式,持续为供水工程提供资金资助。一般占总投资的15%~20%。

2) 国际和国内银行的贷款。一般占总投资的30%。

3) 地方政府的财政投入。一般占总投资的20%~30%。

4) 自来水公司通过收费积累的资金。一般占20%~35%。

5) 现行的城市供水设施建设的其他融资方式。如对国外公司出让"特许经营权"。如我国第三大城市天津，已将一座大型水厂的经营权以合资方式部分出让给法国OTV公司，获得的资金用于新项目的建设。BOT方式是另一种融资方式，由外国公司投资建设供水工程。如四川省成都市的第六水厂，北京市的第十水厂。另外，国内企业投资建设或购买水厂的方式，也正在酝酿之中。

(3) 城市供水价格

1) 价格改革的现状　在很长的时期内，城市供水作为一项福利事业，价格极低，大部分自来水公司亏损而由政府补贴。低水价导致了水的过度消费和浪费。自来水公司的财务能力难以维持正常运行和维护。

近年来，水价改革力度加大，上调速度加快，10年内平均增长了4倍，高于总的消费价格的上涨，但是水价偏低的局面没有根本改变。

1998年原国家计委和建设部发布了《城市供水价格管理办法》，进一步推进水价的改革。该文件规定：

县级或市级政府具有确定水价的权力。

水价的制定实行听证会制度和公告制度。

实行分类水价。可按居民用水、工业用水、行政事业用水、商业服务用水等制定不同的水价，对于居民用水可实行阶梯式计量水价。

水价构成包括：成本、费用、税金和利润，利润率$8\%\sim10\%$。

污水处理费计入供水价格，一并收取。

我国水价改革的原则明确为：水的供应与服务应以完全成本回收为目标；水价的确定必须保证供水企业的财务持续性；投入的资本应能有合理的回报；供水企业应按照商业方式运营，尽可能降低成本；良好的水价机制是促进高效用水和节水的有效手段。

2）价格改革中的问题　自来水融资体制改革在我国尚属初步探索阶段，在近年来的实践中也暴露出不少问题，严重影响了供水行业多元化融资体制的发展，这些问题主要表现在：

首先，对投资者回报缺乏保障机制，由于供水行业投资具有专用性和沉淀性，投资回收期长的特点，因此，供水行业的投资者面临投资管制的可信性问题，在投资者看来，以追求福利为目标的政府，为缓和自来水供需矛盾可能会事先允诺投资者较高的投资回报率，以维护供水低价政策，从而使企业只能补偿可变成本，这种担心在BOT项目融资谈判中表现十分明显。

其次，根据目前我国实行的《境外进行项目融资管理办法》，外商在我国进行供水项目投资需要经过中央、省（自治区、直辖市）和项目所在地共计30多个部门审批，包括各级发改委、外资管理部门、税务部门、土地管理部门、环保部门、海关以及城建部门等，在具体操作中，众多经手部门时有相互抵触的政策办法，使外国投资者无所适从。

再次，由于目前我国许多城市对自来水实行计划经济模式下的低价供应、财政补贴政策，致使按合理成本加正常利润的供水市场价格有可能大大高于现行供水价格。因此，一个现实的问题就是新进入企业的自来水产品在价格上处于劣势，消费者不易接受。

3）供水价格调整　目前我国35个大中城市居民生活用水价格（不含污水处理费），由1988年的每立方米0.14元调整到每立方米1.26元，年均上涨16.4%。大部分城市供水价格已经基本达到保本水平。深圳、厦门、银川等部分城市对居民生活用水实行了阶梯式水价，用得越多，水价单价越高。目前的水价调整大部分以解决企业亏损、减少财政补贴为目的，不能体现对稀缺性资源配置的调控作用，居民感受不到水资源的紧缺，节水器具难以推广，污水再生利用缺乏市场条件。

目前的主要工作任务是要建立激励节约用水和促进自来水供

水、污水处理企业改革的水价机制，充分发挥价格杠杆在水需求调节、水资源配置和节约用水方面的作用。水价要充分体现：

资源的稀缺性，进一步理顺水资源费、自来水价格、污水处理再生水及各类用水价格的比价关系；

严格执行居民阶梯性水价和非居民用水超计划超定额加价制度，拉大价差，促进城市用水结构的调整；

充分运用行政、经济等手段，使再生水得到充分利用，促进园林绿化、市政环卫、生态景观和洗车等行业率先推广使用再生水。

1.2.4 污水处理

（1）城市污水处理的发展现状

作为世界上第一人口大国和最大的发展中国家，随着人民生活水平的不断提高，我国污水处理的需求不断增加。国内外的经验表明，加强污水处理能力和处理水平，提高水资源的重复利用率和回用率成为解决水质型缺水问题的有效途径。然而，2003年我国生活污水年排放总量达 349 亿 t，比上年增加 15.3 亿 t，增长了 5.2%，呈明显上升趋势。同时，2003 年的污水处理总量只有 148 亿 t，污水处理率仅为 42.4%。由于多年以来大部分的污水未经处理就直接排入水域，已造成 90% 以上的城市水域严重污染，很多重点城镇水源不符合饮用水标准，就连城市地下水都有一定程度的污染。污水处理能力和污水处理规模不适应，我国的水环境恶化的趋势尚未得到有效控制。

（2）城市污水处理设施融资

1）城市污水处理设施建设资金来源　我国城市污水处理设施建设资金主要来源于财政，但随着近年来城市污水处理设施规模的不断扩大，融资难的问题日益突出。财政这种单一的资金来源越来越难以满足设施的经营性支出，能够用于建设性支出的比例减小。我国的政府财政预算通常分为两个部分，即经常预算和资本预算。经常预算收入来源主要是税收，经常性支出侧重于公共产品和服务；资本预算收入来源主要是债务收入，支出是政府投资，其中以社会基础设施投资为主。

2）城市污水处理设施建设融资存在的问题　地方政府常常是通过各类投资公司向银行举债用于城市污水处理设施建设，并由政府部门承诺还款，因此，最终的还债主体还是财政。城市污水处理设施债务依赖型的融资模式使政府债务规模不断增大，利息负担沉重。现有城市财政能力大多只能归还利息，有些连利息也难以偿还，只能借新债还旧债。尽管有政府信用作为保证，但由于政府项目还款困难，银行也相应调低了该类项目的资信程度，使政府信贷再融资的成本提高。因为缺乏其他融资渠道作为替代，为加快城市污水处理设施建设步伐，债务融资仍是地方政府无奈的选择。

（3）城市污水处理收费

自1999年原国家计委、建设部、国家环保总局提出了《关于加大污水处理费的征收力度　建立城市污水排放与集中处理良性运行机制的通知》以来，全国各地都开展了城市污水处理收费方面的很多工作。但是必须看到，我国城市污水处理收费也存在并积累了多方面的矛盾和问题。

1）城市污水处理缺乏市场化的法律体系，在政府管理、市场运行、价格形成各个方面都存在不规范的问题。

2）缺乏对社会弱势群体的相关政策，社会公众尚未意识到城市污水处理收费的重要性。

3）城市污水处理设施建设与运营的市场化的体制尚未形成，政企不分、政资不分。

4）城市污水处理费同城市供水价格一起征收，但缺乏一体化的管理。

对上述城市污水处理收费方面存在的问题，要根据实际情况，通过深化改革，逐步加以解决。在这个过程中，借鉴发达国家城市在该领域的管理方法和措施，借鉴成功经验，对我们明确改革的思路和目标，找到新旧体制转换的适当途径意义重大。

1.2.5 垃圾处理

(1) 城市垃圾处理的发展现状

随着居民生活水平的提高以及城市化水平的发展，2004年全国城市生活垃圾量已达1.9亿t，预计2010年将超过2亿t。同时，城市污水处理厂的加速建设也使得污水污泥量不断增加，预计2010年污水处理厂污泥量将达0.2亿t。这些垃圾、污泥的处置问题将变得日益突出。目前大部分垃圾和污泥没能得到妥善处理，随意堆放，占用了大量土地，既切断了自然界的元素循环，又对周边土壤、地表和地下水造成严重污染。

(2) 垃圾处理设施建设的融资

城市垃圾处理行业，包含垃圾的收集、运输、处理、资源化利用和综合管理等相关环节，涉及政府主管部门、企业、社会公众的各个主体，是工业技术、社会城市综合管理的集成，具有很强的综合性。在我国，由于计划经济体制的成分在垃圾处理行业依然存在，城市垃圾处理设施建设基本上属于政府行为，由政府包干，采取非盈利性收费、政府投资、政府经营，而不是积极鼓励商业性银行和其他金融机构的介入。再加上缺乏有效的政策支持，城市垃圾处理长期以来作为一项公用事业，完全由政府部门投资建设和运行，资金极度匮乏，成为市政的沉重负担，严重影响了垃圾处理设施的建设和运行管理，不利于城市垃圾处理的产业化发展。1998年，我国建设垃圾处理厂的政府投资达到86亿元，1999年超过了100亿元，再加上垃圾处理费的连年攀高，使政府不堪重荷。

(3) 垃圾处理收费

由于我国垃圾处理进程起步较晚，各级政府和居民的环保意识比较薄弱，政府财政支出中垃圾处理设施建设费用以及垃圾处理费用预算过少。另外，由于长期以来缺乏一个合理的、行之有效的城市垃圾处理收费机制，与国际上通行的"谁污染、谁治理"的原则不相符。目前，我国对垃圾处理进行收费的城市普遍按户定额收取卫生费，但该部分费用仅能支付楼道卫生和小区垃圾短途清运的人工费。这样的收费基本上无法反映垃圾处理的全寿命成本。因此，当务之急是在各地确定一个科学、合理及可操作的城市垃圾收费机制。

1.2.6 水业及垃圾处理基础设施投融资存在的主要问题

（1）由于经济发展落后而带来的资金短缺和体制性的浪费现象并存

我国作为发展中国家，根本问题就是经济发展落后，很难有足够的积累资金用于兴建城市水业及垃圾处理基础设施，资金短缺始终是城市水业及垃圾处理基础设施建设与发展的瓶颈。而且，越是在加速社会主义现代化建设和加快城市化步伐时期，城市水业及垃圾处理基础设施的任务越重，由资金短缺而导致的城市水业及垃圾处理基础设施的供求矛盾就越突出。同时，由于管理体制和运行机制上的不科学而导致城市水业及垃圾处理基础设施投资建设的低效率和低水平服务现象十分突出。重复建设和建成的项目质量低劣，使本来就有限的资金被大量的浪费了，这更加剧了本来就短缺的资金矛盾。

（2）政府的越位和缺位现象并存

从世界各国的经验来看，政府在城市水业及垃圾处理基础设施事业中均居主导地位，但具体做法并不完全一样。在我国，政府究竟应该管些什么，做些什么，怎样才能有效地发挥主导作用，这不仅是关系全局的重要问题，也是一个非常现实的问题。改革前，由于政府定位不明确，实际工作中经常出现政府该做的没有做，即政府缺位现象；同时也存在政府不该做的做了，即政府越位现象。其中既有政企不分的问题，也有未能发挥民间力量作用的问题。这是我国城市水业及垃圾处理基础设施管理体制上的一个主要问题。

(3) 计划管制缺位和市场竞争缺位并存，实际工作常常是政府无法、无章可循，私人市场又无据、无门可入

由于城市水业及垃圾处理基础设施具有一定的垄断性和公益性，其投资运营过程完全由政府管制固然不行，但完全靠市场竞争选择更不行，这是世界各国的共同的经验。城市水业及垃圾处理基础设施涉及巨大的社会公共利益，不论是由政府直接经营管理，还是私营部门来投资经营都必须接受政府的监管和控制。对于前者，政府通过直接控制向企业的预算拨款数额、审批企业投资规模和项目、任免企业负责人、对企业的定价和盈利分配做出限制等方式来实施监督。对于私营部门投资经营的城市水业及垃圾处理基础设施项目，政府监督控制的主要方式是与企业签订合同，规定双方的权利和义务关系。

(4) 在实行社会主义市场经济体制下，公有化比例过大、垄断经营程度过高、计划控制过死

目前我国城市水业及垃圾处理基础设施企业绝大多数都是事业单位或国有独资企业，挂牌上市的企业属于极少数，混合经济性企业、私营企业、中外合资、合作企业都很少，明显地存在公有化比例过高的问题。同时，由于长期受计划经济理论的影响，过于强调城市水业及垃圾处理基础设施产品的福利性和公益性，以及出于对政治、社会承受能力等考虑，在城市水业及垃圾处理基础设施投资建设、管理、产品或服务价格、收费体系等方面基本上仍实行严格的计划控制运行模式。这就必然造成城市水业及垃圾处理基础设施经营垄断程度过高，投融资途径很难拓展。

(5) 资金严重短缺和融资渠道单一

目前我国的城市水业及垃圾处理基础设施建设资金主要靠政府和借贷，主要是因为市场机制不完善，很难从长期资金市场上筹资。但是，在现代国际竞争环境下，城市水业及垃圾处理基础

设施相对经济发展来说，需要有超前性或至少是同步发展。只靠政府资金和借贷资金是不够的。不仅资金数量远远无法满足实际的需要，而且筹资成本也过高，极大地限制了城市水业及垃圾处理基础设施建设的发展，所以当务之急是要积极拓宽城市水业及垃圾处理基础设施的融资渠道。

（6）投资效益和运营效益普遍偏低

城市正常运营和发展，需要有相应的城市基础设施的支撑。单单依靠存量城市基础设施显然难以支持城市的发展。但是如果放弃了对现存设施的充分利用，试图主要通过投资增量来达到目标也是不现实的，至少是不经济的。目前，我国一方面城市水业及垃圾处理基础设施面临紧迫的投资增建的压力，另一方面也存在建成的设施闲置或使用成本过高、效率低下的现象，有时甚至因为运行管理和维护失当，造成已有城市水业及垃圾处理基础设施迅速失效。

1.3 小城镇水业及垃圾处理基础设施建设的融资现状

1.3.1 小城镇水业及垃圾处理基础设施融资的特点

概括小城镇水业及垃圾处理基础设施的融资，有以下几个特点：

1）投融资的金额小。与大城市相比，由于小城镇的规模小，不需要建设处理能力较大的水业及垃圾处理基础设施，因而所需的建设资金较少，相对容易筹集。

2）投融资回收比较缓慢。与大城市相比，大多数小城镇的经济发展水平较低。小城镇居民的平均收入比大城市的居民要低，因此，考虑人民的经济状况，在大多数小城镇不可能收取与大城市一样的水费、污水处理费和垃圾处理费，收益的降低导致了投资回收期的延长。

3) 民众的环境意识较薄弱,收费率低。与大城市相比,小城镇居民的受教育程度明显偏低,环境意识也不够强。在这种情况下,居民就会对环境改善的重要性认识不足,这会导致居民对水业及垃圾处理基础设施建设的支持不足,甚至反对(如不缴纳污水处理费)。这会影响水业及垃圾处理基础设施的经济效益,因而降低了投资者的投资热情。

1.3.2 小城镇水业及垃圾处理基础设施传统的融资渠道

小城镇水业及垃圾处理基础设施建设传统的融资渠道与我国的计划经济体制有密切联系,主要包括以下几个部分:

(1) 财政拨款和政府担保偿还的国内、国外贷款用于水业及垃圾处理基础设施的建设与运行管理部分

城市水业及垃圾处理基础设施投资主要是政府行为,政府不可能立法让居民家家户户去投资水业及垃圾处理基础设施,最多是向居民收取水费等水业及垃圾处理基础设施服务费,大量的建设投资还是要由政府负担——不是中央政府就是地方政府。而且,水业及垃圾处理基础设施在我国早期一直被认为是公益事业,由政府进行直接投资的呼声很高。因此,在水业及垃圾处理基础设施建设资金中,财政拨款和政府担保偿还的国内、国外贷款占据了相当重要的地位。

财政拨款包括污染治理专项基金,这是指多年来由原国家计委和一部分省市拨出的专款,用于一些重点污染源、重点区域的治理,如近年来淮河流域的污水处理厂的建设资金主要来自国家专项治理基金。利用国内外贷款进行水业及垃圾处理基础设施建设也是水业及垃圾处理基础设施的重要投资渠道之一。从"八五"开始,随着国际环境保护热潮的兴起,国际金融组织和国外政府贷款明显向环境保护倾斜,我国环境保护利用国外贷款建设进展很快。"八五"期间环保利用外资达 11.77 亿美元,"九五"期间环保利用外资规模约为 50 亿美元,"十五"期间环保利用外

资的规模可达到6亿美元。其中相当大的部分是用于污水处理设施的建设。

(2) "三同时"环保资金用于水业及垃圾处理基础设施建设与运行管理

1986年3月，原国家计委等4个部门联合颁布的《基本建设项目环境保护管理办法》中规定：防治污染和其他公害的设施，必须与主体工程同时设计、同时施工、同时投产。建成投产或使用后，其污染物的排放必须遵守国家或省、市、自治区规定的排放标准。

经过十余年的实践，我国已经建立了相当完备的建设项目环境保护管理制度，从工程项目立项开始，到环境影响评价、初步设计、竣工验收，均对环境保护有明确的规定和要求。国家和地方的计划、基建部门及银行、环境保护局等机构层层把关，保证了"三同时"规定的贯彻执行。在"三同时"的防治污染项目中包括了大量的水业及垃圾处理基础设施的建设。

(3) 城市基础设施建设中的环境保护资金与水业及垃圾处理基础设施建设与运行管理部分资金

中等以上城市按固定比例提取的城市维护费，要用于结合基础设施建设进行的综合性环境污染防治工程，其中包括污水处理厂和垃圾处理厂的建设，该部分资金是环境保护资金中较为稳定的部分，而且所占总投资的比例越来越大。

城市基础设施建设的环保投资主要来源于城市建设维护税和地方财政拨款。从趋势来看，城建基础设施环境保护投资总量近年来呈现了明显增长趋势。城建环境保护投资所占城市基础设施总投资的比例也呈现了明显的增长趋势，1998年的比例就达到了60%。这就说明国家和地方政府近年来对城市环境保护基础设施的建设给予了高度重视，加大了这方面的投入，但是另一方面也说明这部分投资还需增加，如1998年城市污水处理率为30%左右，还有70%左右的城市污水未经处理直接排入水体。

(4) 排污收费用于水业及垃圾处理基础设施建设与运行管理的资金

我国的排污收费制度建立于1979年，在20余年的发展历程中，排污收费制度已经建立了比较完整的法规体系，包括国家法律、行政法规、部门和地方行政规定等，制定了污水、废气、废渣、噪声、放射性等5大类100多项排污收费标准。排污收费已经在全国所有的省市全面开展实施。根据规定，企业缴纳的排污费80%用于企业或主管部门治理污染源的补助资金，以解决老企业污染治理资金不足，其余部分则由各地环保部门掌握，用于环保自身建设。实践证明，排污收费是一项比较成熟、行之有效的环境管理制度，对于污染物排放的削减和控制发挥了积极的作用。

(5) 综合利用利润留成用于水业及垃圾处理基础设施建设与运行管理的资金

综合利用利润留成用于企业治理污染，很好地体现了环境效益和经济效益的统一。1979年12月，国家为奖励工矿企业治理"三废"开展综合利用，颁布了《关于工矿企业治理"三废"污染开展综合利用产品利润提留办法》，规定了综合利用产品实现的利润可在5年内不上缴，留给企业继续治理"三废"，改善环境。1987年，国家又颁布了《关于对国营工业企业资源综合利用项目实行一次性奖励的通知》。这些奖励政策，对企业治理"三废"，开展综合利用发挥了重要作用。

(6) 银行和金融机构贷款用于水业及垃圾处理基础设施的资金

针对经济效益较高，具有投资换代能力的水业及垃圾处理基础设施建设项目，可申请银行贷款进行建设，银行和金融机构贷款也是环境保护投资的一个重要组成部分。从目前金融体制改革和环境保护的分析情况来看，1996年以前，由于水业及垃圾处理基础设施的直接经济效益不明显，而银行贷款又要遵循效益原则，因而水业及垃圾处理基础设施项目几乎得不到贷款，这部分资金在环境保护总投资中所占的比例很小。近年来，金融机构为了支持环境保护这类公益性事业，制定出了有利于环境保护的信贷政策，对企业污染治理项目给予较优惠的信贷条件。如为了加强流域的污染治理，国务院多次组织银行发行淮河流域污染治理专项国债用于流域内污水处理厂的建设和重点污染源的治理。

第2章 国外水业及垃圾处理基础设施融资

2.1 国外基础设施融资模式回顾

2.1.1 国外典型基础设施融资模式

各国金融体制都存在以银行为基础的间接融资因素和以证券市场为基础的直接融资因素,不存在纯粹单一的融资方式。但大体上可以分为证券市场基础型的直接融资模式和银行型间接融资模式。

(1) 以美国为代表的证券基础型模式

美国融资模式的特点是企业外源融资较多地通过证券市场发行股票和债券,银行融资占较低的比例(见表2-1)。融资双方的关系是平等互利的商业交易关系,对企业的约束主要以退出为主,银行与企业关系松散。传统上商业银行业和证券业分业经营,除国债和地方债以外,银行不能发行、买卖有价证券。

表 2-1
美国非金融企业外部融资来源中直接融资和间接融资的比重(%)

年份	1946~1958	1965~1969	1970~1974	1975~1979	1980~1984
直接融资	6.14	31	36	37	21
间接融资	—	30	21	12	27

自由市场经济体制是美国直接融资模式的基础。高度依赖市

场、限制政府作用、国有经济比重极小的制度特征，崇尚冒险的民族心理和从一开始就注重发展证券市场的历史沿革，决定了美国必然采取市场化的直接融资模式。证券融资是美国经济发展的强大推动力。南北战争结束以后，证券发行为建造铁路筹集了大量的资金，促进了美国经济的飞跃。19世纪后期至20世纪初，证券发行和交易满足了企业的融资需求，促进了美国工业化的迅速发展。1933年制定的银行分离则在证券市场不成熟时期，有效地挤出了股市泡沫。20世纪70年代金融自由化改革降低了交易费用，金融创新浪潮兴起，推动了新的金融整合，促进了美国科技实力的增强以及20世纪末十余年的经济持续增长。美国模式的缺陷在于股市泡沫崩溃后引致金融危机和对企业的弱监管。第一次世界大战后，美国经济空前发展，金融重心从间接融资为主转为以直接融资为主，企业抽出资金投入股市，商业银行以子公司的名义涉足证券投资业务，从20世纪20年代初到1929年，股市以每年18%的速度猛涨，造成股市泡沫，结果1929年股市崩溃，美国经济陷入大萧条。1987年爆发股灾，使通过证券市场融资比例大幅降低。20世纪90年代末股市新高不断，引起美国股市泡沫之争，近来美联储不断推出加息，引发股市重挫，世界各国股市随之振荡。此外，美国模式松散的银企关系不利于对公司经营风险的监控和改善公司的治理机制，破产、倒闭和兼并经常发生。

(2) 以德国和日本为代表的银行间接融资模式

日德模式的特点是企业外源融资以取得银行贷款为主（见表2-2、表2-3），银行与企业关系紧密，存在长期稳定的信贷关系，银行较充分地掌握企业信息。德国全能制银行可以持股，承销证券，日本银行和证券业则严格分业经营。日本银行处于严密监管干预之下，德国银行则是放任自主的监管干预。日本银行对企业采取综合监控，相互委托和相机治理，德国采取共同控制的办法进行监管。

日本企业外部融资中两种融资形式的比重（%） 表 2-2

年份	1965~1969	1970~1974	1975~1979	1980~1984	1985~1989
直接融资	7	6	10	12	20
间接融资	55	54	53	60	75

表 2-3
德国非金融企业外部融资中两种融资形式的比重（%）

年份	1965~1969	1970~1974	1975~1979	1980~1984	1985~1989
直接融资	12	8	6	7	19
间接融资	62	60	58	55	53

日德模式的形成与两国的历史背景、经济发展战略、民族心理、政治传统和战前的金融传统有密切关系。两国历史上都有着政治上强行干预的传统，民族储蓄倾向强，二战后都由于战败使经济受创而实行赶超战略，战前都有较好的银行融资基础和经验。在当时企业经营困难的情况下，较低的盈利或剩余索取权预期使股本融资不是一个有效的融资途径，两国均对证券市场采取了一定的限制措施。德日模式成功地促进了两国战后经济的持续快速发展。两国战后资金紧缺，间接融资便于实施政府的产业政策，进行投资协调，将有限的资金集中于战略性产业及扶持大型企业。不发达的股票和债券市场，使银行成为向企业融资的主体。战后银行存在大量的呆、坏账，许多企业都背负着沉重的债务负担，银行融资制度对扶助和解救企业具有较大作用。间接融资模式的缺陷在日本表现得更为明显。过多的政府干预导致融资机制僵化，效率低下，对金融市场过度管制，导致交易成本高，交易品种少，严格的分业制不能适应金融服务业和经营环境的变化。

2.1.2　国外在水业及垃圾处理基础设施投融资面临的问题

近30年来，不论是社会主义国家还是资本主义国家，不论是发展中国家还是发达国家，都在探索更加科学的有效的城市水业及垃圾处理基础设施建设及投融资体制改革的道路。前苏联在解体前，主要实行单一的国家所有、计划管理模式。西方发达国家基本上是混合体制，即国有私有并存，因不同类型在不同时期和具体的环境而不同。研究国外城市基础设施投融资体制改革的过程可以看出，各国改革的出发点和所面临的主要难题是共同的，这些难题主要包括：

（1）城市水业及垃圾处理的基础设施的资金短缺，财政负担过重

1）现代经济和城市的发展，要求水业及垃圾处理基础设施建设先行，其投资需求的增长要快于国家收入的增长；

2）水业及垃圾处理基础设施建设主要依靠的是地方政府资金，但是地方政府在全国财政收入中比重不大，征税权力和征税面小。

3）随着城市规模的扩大，城市水业及垃圾处理基础设施的存量增加，需要更多的维护和维修费用。

（2）城市水业及垃圾处理基础设施资金容易受到各种政治因素和国家经济状况的影响，难以形成稳定的资金供给渠道

城市水业及垃圾处理基础设施建设周期长，回收慢，建成后仍需要正常维修保养，这些都要求稳定的资金来源。但是在政府预算体系中，这部分建设资金容易受政治因素和经济状况影响而削减。短期的财政困难常常不适当地中断城市水业及垃圾处理基础设施建设。

（3）由政府独立或主要承担城市水业及垃圾处理基础设施投资运营的模式，普遍存在运行效率低的现象

传统的水业及垃圾处理基础设施投资运营的模式，在保护环境，保证公平等方面并未显示出多大的优势，但其经营效率的低下却成为普遍而且越来越不能容忍的事实。

2.1.3 国外融资模式发展的新趋势

随着经济全球化和科学技术的飞速发展，金融国际化、金融创新和银行全能化是 21 世纪金融发展的趋势，对融资模式的影响表现在：

(1) 金融重心从间接融资为主转变为以直接融资为主，两种融资形式均获得新的发展机遇

第一次世界大战以后，美国经济飞速发展使资本市场蒸蒸日上，经济重心由间接融资为主转变为以直接融资为主。第二次世界大战后至 20 世纪 70 年代，美国的直接融资比重占 80%，间接融资比重占 20%。金融自由化改革促进了金融创新及金融工具的多样化，推动了金融融合。20 世纪末，科技飞速发展促进了银行、证券和保险业务相互交叉融合，银行业务趋向全能化，两种融资形式呈共同发展之势。日本长期以来以间接融资为主，20 世纪 80 年代后期，金融自由化改革使日本放松了对证券市场的限制，更多的企业选择了证券融资，经济中直接融资比重日益增大。由于在转型过程中盲目发展证券融资，放弃了间接融资的优势，泡沫经济崩溃造成日本经济低迷。为此，日本政府近年先后通过一系列的金融改革方案。其主要内容之一就是在自由化、公正化和国际原则下，形成新的资金融通机制，将金融重心由间接融资转向直接融资，使证券市场成为金融中介的主体，确保日本庞大的个人金融资产的有效运用。同时，对直接融资市场的发展及其信息透明度、惩处市场违规和市场监管方面都提出了新标准和要求。

(2) 两种融资模式的界限日益模糊，由传统的分业经营变为混业经营，全能制银行将占主导地位

美国式的直接融资模式和日本的银行融资，传统上都实行分业经营。鉴于银行和企业资金大量参与股票市场引发股市崩溃，1933 年美国通过了《格拉斯·斯蒂格尔法》，禁止银行从事证券

和保险业务，也奠定了世界金融分业制度的基础。20世纪70年代开始的金融自由化引起的资产管理业务创新、资产证券化、网上交易等金融创新模糊了两种融资模式的界限。由于各金融机构共同参与同一金融业务，加剧了混业经营的趋势。同行业的购并使银行数量减少，规模扩大，跨行业的购并使不同的业务融为一体，提供综合性的金融服务，银行变成了全能制银行。

1999年美国通过了《金融服务法》，彻底结束了美国银行、证券和保险分业的历史。该法规定放松原来对金融机构经营范围施加的各种严格限制，鼓励金融混业经营，逐渐形成了各种金融机构相互渗透，共同有效竞争的局面。日本近年通过的金融改革方案亦致力于打破传统的分业制限制，实行金融机构经营业务的自由化，完全解除银行、证券和保险业之间的分业界限。第一步允许银行、证券和保险三类金融机构通过建立子公司相互渗透，相互开放业务；第二步实行三者合一。21世纪，日本将不再有单独的银行和证券公司，任何一个金融企业将是三种金融业务合一的"金融百货公司"，已开始进入全能制银行占主导地位的时代。

2.1.4 市场经济国家城市水业及垃圾处理基础设施融资与收费经验总结

"二战"后，美、日、法等国政府开始逐步对城市水业及垃圾处理基础设施服务收费进行全面的干预和管理，一方面是以市场准入限制因投资的盲目性造成同一区域网络重复建设；另一方面是以直接干预和管理城市水业及垃圾处理基础设施服务收费为手段，控制因其自然垄断对社会经济生活的影响。这些国家对城市水业及垃圾处理基础设施的管理虽然在程度或方法上有一些差别，但其主要方面是一致的。

(1) 在政策法规的制定方面

如日本制定了《反垄断法》（1947年），以保证公平自由竞争。根据该法，组建了"公正交易委员会"，对垄断行业企业的生产经营进行监控。除《反垄断法》这类综合性法律外，日本还就城市污水处理专门制定了关于城市给水排水方面的《水道法》，对城市污水处理收费管理作出专门规定。法国在推行私有化、鼓励竞争的过程中非常注重过渡阶段的调控，制定了《价格放开与竞争条例》，明确城市污水处理收费在形成自由竞争机制之前，仍由政府进行管理。

(2) 城市水业及垃圾处理基础设施服务费的管理机构

美国的城市污水处理设施由州政府管理，而日本由中央政府主管部门会同企划厅管理审定各城市污水处理费，县议会审定政府拟定的污水处理费。在法国，对城市污水处理收费的管理集中在中央政府的竞争消费反欺诈总局（原名国家竞争与价格管理局），该局直属法国财政部。

(3) 价格调整审定程序

一般包括：对是否调整和如何调整价格进行多方面的调查；在调查的基础上核定合理的成本水平，提出保证企业的生产经营有一定收益的调价方案；召集生产企业和用户等有关方面参加的听证会；由主管部门决定是否提价以及提高多少。

(4) 收费原则

一般包括：企业收益，保证有一定的投资回报率；社会承受能力，即注意消费者和用户的利益；社会总体经济增长的影响，处理好优化价格结构与提高价格水平的关系；透明度，调价理由、措施公开。

(5) "两部制"

污水处理费一般都与供水价格一并采取容量价格和计量价格计费，容量价格和计量价格随管径和月用水量的变化而变化。

(6) 补贴制度

补贴的方式有两种。一种是补给居民，如新加坡实行的"回扣制度"。所谓回扣制度，是把补贴直接给予少数生活困难的居民。这种补贴的优点在于不把财政补贴与城市污水处理设施的经营活动混在一起，而是增强居民对城市污水处理设施的承受能力。而且，新加坡政府在实行时留有充分余地，财政部门明确"回扣"不是因价格上涨而支付，而是在财政宽裕时政府对国民收入的再分配。另一种是一些国家直接对城市污水处理单位进行补贴，使之弥补亏损，得到合理的利润，这种作法在英国和美国都可以见到。

2.1.5 发展中国家的特殊性

相对发达国家而言，发展中国家的问题更加复杂、严重，主要表现在：

(1) 严重的资金短缺使城市水业及垃圾处理基础设施建设陷入恶性循环，完全靠自身很难摆脱困境。

发展中国家的根本问题是经济发展落后，主要表现在人均国民生产总值低下。这就很难有积累资金用于兴建城市水业及垃圾处理基础设施，有时甚至连现有设施的维护资金都没有。由于缺乏必要的城市水业及垃圾处理基础设施建设和维护资金，地方经济很难有真正的发展，反过来地方经济不发展也就无法积累资金。显然，这是一个恶性循环。

(2) 不良的体制和运行机制导致城市水业及垃圾处理基础设施投资建设的低效率和浪费现象十分严重。

不科学的计划和失当的项目决策，造成的是不适用水业及垃圾处理基础设施或提供的是标准有误的服务，重复建设和建成后闲置无用的设施随处可见，使得水业及垃圾处理基础设施供给不足和设施利用不充分的现象同时并存。

(3) 运营管理和维护失当，造成已有城市水业及垃圾处理基础设施高成本运营或迅速报废。

在预算中不适当地忽略了城市水业及垃圾处理基础设施的维护和维修资金，使其缺乏必要的资金保证而陷入无法正常维护的困境。另外,由于维修不足而造成设施的服务能力丧失,产出下降。

(4) 城市水业及垃圾处理基础设施建设资金的筹措渠道单一,资金成本高

现在发展中国家的城市水业及垃圾处理基础设施建设资金主要靠政府和借贷,这是因为发展中国家市场机制不完善,缺乏多样化的资金渠道,使得城市水业及垃圾处理基础设施项目很难在长期资金市场上筹集。

2.1.6 城镇水业及垃圾处理基础设施主要融资方式

各国的融资实践表明,未来城市水业及垃圾处理基础设施领域有较大应用潜力的融资方式主要包括市政债券融资、企业证券融资、银行贷款融资、城市水业及垃圾处理基础设施基金融资以及项目融资形式,这些融资方式的共同特点就是在一定程度上引入了市场竞争机制。

(1) 市政债券融资

通常市政债券发行的目的包括弥补财政赤字和为单独的项目融资,在城市水业及垃圾处理基础设施中的应用主要是为单独的项目进行融资。这种债券的特点是具有免税效应,可以吸引众多的私人投资者、投资基金、银行信托机构的资金。该融资方式在城市水业及垃圾处理基础设施中的应用,需要项目通过一定的收费偿还投资,项目对于社会经济的重要性以及经济可行性是考虑的重要方面。发行市政债券为城市水业及垃圾处理基础设施融资在美国得到应用。

(2) 企业证券融资

企业证券融资包括企业股票融资和债券融资。股票融资分为优先股融资和普通股融资。优先股融资可以有效地防止私人对于城市水业及垃圾处理基础设施的不良控制,普通股可以有效地吸引私人参与到企业管理中,以提高城市水业及垃圾处理基础设施

的运作效率，在国家控股的情况下，也可以防止私人的控制。这种融资方式可以利用资本市场上广泛的私人资金，对项目的经济可行性有较高的要求。债券融资一般比股票融资更加简洁、快速，具有操作简单，筹资迅速的特点。企业证券融资在城市水业及垃圾处理基础设施中已得到许多应用，如实行城市水业及垃圾处理基础设施私有化后的英国，主要通过该种方式进行融资，收入流相对稳定。

（3）银行贷款融资

银行贷款融资主要包括国内银行贷款和国际贷款。国内银行贷款包括政策性银行和商业银行贷款，政策性银行贷款的资金来源受到国家财政的限制，在国家财政紧张的状况下也不能提供充足的资金。商业银行由于奉行安全性、流动性和盈利性原则，通常贷款以短期、高利率为主，长期贷款所占比例偏少，与城市水业及垃圾处理基础设施有不一致性，这种方式一般需要政府提供必要的担保或者补贴。

国际优惠贷款是指双边机构和多边机构提供的优惠贷款。双边机构贷款是指两国之间的优惠贷款，这种贷款一般具有双边经济援助性质，期限长（20~30年），利率低（年利率2%~3%），附加费用少，贷款的赠予成分在50%~70%以上，在我国城市水业及垃圾处理基础设施中的双边机构贷款主要来自法国、挪威、奥地利、丹麦、德国、西班牙、澳大利亚等国家。多边机构贷款主要是指世界银行、亚洲开发银行等金融机构的贷款。这种贷款的期限一般比较长，通常是20~30年，宽限期5~10年，且利率较低、杂费少，一般提供项目总投资额的35%~50%，个别可达到75%；贷款往往需要国内提供一定的配套资金，手续比较严密，耗时较长，约需1~2年时间。这种融资方式在许多发展中国家得到应用，到目前，根据世界银行提供的数据，我国在供水和环境卫生领域中已有46个项目利用该方式融资66.124亿美元。

(4) 城市水环境基础设施投资基金

这种融资方式需要建立专门的基金机构,用于城市水业及垃圾处理基础设施的投资。通常,基金的资金来源可实现多样化,管理上可实现规模化、专业化,使基金风险明显降低。同时,基金对项目的资助具有严格的程序,包括首先确定明确的目标,其次对项目进行谨慎地筛选和准备后发放资金,并在项目的整个实施过程中进行监管,最终对整个项目进行评价以对下一年度的基金运作提供借鉴。通常,这种融资方式需要基金建立良好的利益风险补偿机制,并需要政府部门对基金运作进行严格的监管。这种融资方式在城市水业及垃圾处理基础设施中的应用如美国的State Revolving Fund (SRF),专门提供污水处理和给水领域的借款和利息补贴,借款还要求项目有 20% 的配套资金。自该基金 1987 年建立到 1997 年末,美国 25 个州已为城市水业及垃圾处理基础设施融资 88 亿美元。

(5) 项目融资

BOT (Build Operate Transfer) 是项目融资的一种主要模式,其本质在于将政府负责建设运营的项目转交给私人投资建设,并取得一定的利润回报。这种融资方式通常涉及众多的参与方,如保险公司、供应人、建设商等,有利于建设和融资风险的分散,为保证私人资本的回收,项目期限比较长,通常为 20~30 年。BOT 方式成为近 20 年来国际上普遍采用的融资方式,在许多国家城市水业及垃圾处理基础设施领域都有所应用,如马来西亚、墨西哥、澳大利亚的水项目等,我国的成都自来水六厂Ⅰ厂也利用了该方式进行融资。国内外众多的实践表明,利用这种融资方式,可充分利用私人资金增大城市水业及垃圾处理基础设施产品和服务的供给,并可通过招投标合理引入竞争机制,具有提高城市水环境基础设施效率的潜力。但这种融资方式的采用,通常需要政府或相应机构对项目进行担保或者在适当时候提供补贴,在对产品和服务的市场容量、市场价格趋势把握不清时，可能给担保机构造成较大的资金损失，在政府不愿意或不能提供这些资金的情况下，往往会导致项目的中断，从而造成更大的损失，如印尼的给水项目。如果政府管制不佳而造成私人的垄断经营，将损害社会公平，并使得政府丧失控制权。如何确定私人合理利润回报率及风险分担是该融资方式在城市水环境基础设施中得以应用的关键问题。

另一种项目融资模式是 TOT（Transfer Operate Transfer），相对于 BOT 而言，该方式需要一次性支付一定金额资金给政府，以获得已建城市水业及垃圾处理基础设施的运营收益权，政府则将获得的资金用于建设新的城市水业及垃圾处理基础设施项目。从本质上看，这种融资方式是政府将城市水业及垃圾处理基础设施出租给私人的形式，一次性支付的金额是私人交纳的租金。这种融资方式可避免城市水业及垃圾处理基础设施建设期的巨大风险，期限相对较短，通常为 10～15 年，也有利于城市水业及垃圾处理基础设施的运作效率的提高。这种融资方式在几内亚和波兰的城市水业及垃圾处理基础设施项目中都有所应用，我国的北京第九水厂一期工程也采用了该方式。

2.2 美国水业及垃圾处理基础设施的经验及主要融资渠道

2.2.1 美国直接公共管理模式

（1）概述

直接公共/地方管理模式由在许多国家建立的原有政府水务主管部门组成。水市政设施是地方政府机构的一部分，由一个市或区的政府机构、服务商或主管部门构成。这种类型市政设施管理机构享有的自主权大不相同。一个极端情况为水务主管部门，该部门非常缺乏财务预算，并且是处在市政府的直接管理之下。

另一个极端情况是市政设施管理部门，该部门是一个自主权很大的财务实体，同时向市长、区长，或任何地方政府的官员全权负责。

直接公共/地方上一级指州或省一级的管理模式选择涉及国家或省级大型政府部门，这些部门承担多重职能，服务于大量的城市和区域管理。通常这些实体还履行许多其他的职能，包括地表水质管理，土建工程职责如建设，以及灌溉系统的维护。

（2）主要应用的国家和地区

总的来说，公共事业管理机构模式是世界范围内供水管理组织最为主要的形式，欧洲一些国家和美国由不同水设施管理模式服务的人口比例见表2-4。

欧洲和美国由不同水设施管理模式服务的人口（%）　　表2-4

	公共管理	公有供水有限公司	间接私人管理	直接私人管理
美国	86			
欧盟	48	15.5	20.5	1
德国	55	30	15	
法国	23	2	75	
英国	12			88
荷兰	15	85		

数据来源：1995年评估，来源于欧洲共同体水系统调查（1995年）。

表2-4显示：公共供水系统服务于欧洲和美国大约一半的人口。

另外，直接公共/地方管理的变化模式是在亚洲、非洲一些国家及美国应用得较多的形式。近年来，在欧洲中部和中欧经济转型国家尤为显著。前苏联解体后，许多国家，如阿尔巴尼亚、波兰、罗马尼亚、匈牙利已经从国家与省级转到直接地方政府管理。世界范围内，政府供水系统似乎失去了它存在的理由。它的衰退大概与水资源的恶化有关，这使流域范围内的水资源管理成为必要。另外，这也与排水管网围绕城市节点延伸至农村地区有关。这些发展产生了超出地方管理水平的一种趋势，即水设施迎合高层次消费者的趋势。

直接公共/上层政府模式在南亚出现，印度与巴基斯坦的国家级公共健康工程部门提供了很好的例证。省与州级公共事业管理机构模式也能在西欧、南美、非洲找到（例如尼日利亚和马拉维的水务管理委员会），尽管在土地利用方面并不占优势。

（3）经验

总结公共事业管理机构模式的经验后，可以说，即使市或省的公共事业管理机构能够提供优质的服务和投资回报，阿姆斯特丹、汉城、新加坡的政府供水系统证实了这一点；但是，在发展中国家，这种模式成效并不显著。

这些执行中存在的问题缘于许多原因。在市政府管理之下的供水事业经常被议员或市长用作赢得选票的工具；同时，他们所选择确定的价格往往低于投资回收水平，市政设施部门严重冗员。反过来说，水务主管部门也许就是一头奶牛，从售水获得的收入被用于弥补市政府水系统运行与维护损失的预算窟窿。当一个公共拥有与管理的事业机构是一个省、州或国家机构时，应注意由不同问题引起的麻烦。在发展中国家，如印度，省或州公共事业机构应强化设计与建设的导向，并且如同土建工程机构一样，在提供足够的供水服务或从消费者那里回收成本中，盈利很少或不盈利。而且，他们经常必须服从于国家的目标，而不是他们自己需要达到的目标。

2.2.2 美国水业及垃圾处理基础设施的主要融资渠道

美国市政设施建设与运营资金来源主要有两个方面，一方面是用户支付的市政设施服务费的收入，另一方面是从银行获得贷款作为投资建设资金。

（1）税

1) 财产税（如建筑税、土地税、交通税等）是地方政府最通常的资金渠道。这种融资渠道的主要特点是：

易于管理；

来源稳定，是运营费用的有效资金渠道；

税收可能成为城市少数人群，特别是弱势群体的负担；

税收需要得到利益攸关者的认同。

2) 旅店税，出租税，以及一些旅游活动的税收（如饭店、夜总会、导游）。这种融资渠道的主要特点是：

旅游区比较适用；

在不增加本地居民负担的情况下增加税收；

高税收可能阻碍旅游业的发展；

税收收入水平因旅游季节而异。

（2）费

1) 服务费 为用户提供服务或由用户享受服务，向用户征收的服务费，如用户消费的饮用水征收水费、处理用户排放的污水征收污水处理费等；

服务费可以分为人头费（享受服务的每一个人交纳服务所需的平均费用）及总量费（根据每个人使用量的大小收费）。

来源稳定，是运营成本回收的有效渠道；

总量费可以促进资源的节约和利用；

人头费会阻碍节约、造成浪费；

服务费适用范围有限；

总量费可能影响大用户的工业和商业活动。

2) 惩罚或恢复费用，向污染者或排放者征收

对于努力节约水资源和设置预防污染措施的企业，可以减少该部分惩罚或恢复费用（排污费）；

防止污染，增加收入；

促进企业的达标排放；

不确定性，不能作为收入的来源；

要强调适度原则，过分征收可能促使本地企业外迁，或某些企业违法排放。

3）休闲娱乐费，发放狩猎和捕鱼许可证时收取

向参加特殊活动的人群征收；

主要用于保护休闲娱乐场所的环境；

数量有限；

不能太高，否则会滋长违法活动。

4）影响费，向开发者收取

由受益群体交纳；

可以作为补偿费用；

可能减少继续开发的潜能。

（3）赠款/拨款

拨款是中央政府、省或市政府或其他机构用于特殊项目的资金；

一些小社区可能符合申请赠款/拨款用于市政设施建设的条件；

赠款/拨款不用返还；

绝大多数赠款/拨款都有相应的、严格的申请条件；

申请赠款/拨款具有较强的竞争性，申请者必须投入时间和资金用于项目申请，而这种申请还可能失败。

（4）贷款

贷款是需要支付利息的资金。

1）低息贷款　可能从中央政府或省（市）政府的特殊发展基金获得，也可以直接从商业银行获得。

长期低息贷款一般用于一次性投资大的项目。

贷款可以分期付款，还款计划性强，易于控制。

贷款可以用来支付在等待拨款或债券期间的短期费用。

和赠款/拨款不一样，贷款必须偿还，包括本金和利息。

特殊基金的贷款有其自身的规定。

没有担保,很难获得商业银行的贷款。

2) 滚动基金　滚动基金是一种向社会提供建设和设施更新贷款的可持续资金,由于贷款需要返还,因此该项基金可以循环使用。

提供一种低于市场利息的贷款。

这种基金经常用于市政设施的建设。

政治因素可能阻碍该基金的使用。

很多地区都有关于债务量的法律限制,包括使用滚动基金。

3) 债券　债券是政府、金融机构、工商企业等机构直接向社会借债筹措资金时,向投资者发行,并且承诺按规定利率支付利息并按约定条件偿还本金的债权债务凭证。债券的本质是债的证明书,具有法律效力。债券购买者与发行者之间是一种债权债务关系,债券发行人即债务人,投资者(或债券持有人)即债权人。

按发行主体划分:国债、地方政府债券、金融债券、企业债券。按付息方式划分:贴现债券、零息债券与附息债券、固定利率债券与浮动利率债券。按偿还期限划分:长期债券、中期债券、短期债券。按募集方式划分:公募债券、私募债券。按担保性质划分:无担保债券、有担保债券、质押债券。特殊类型债券:可转换公司债券。

债券作为一种重要的融资手段和金融工具具有如下特征:

偿还性。债券一般都规定有偿还期限,发行人必须按约定条件偿还本金并支付利息。

流通性。债券一般都可以在流通市场上自由转让。

安全性。与股票相比,债券通常规定有固定的利率。与企业绩效没有直接联系,收益比较稳定,风险较小。此外,在企业破产时,债券持有者享有优先于股票持有者对企业剩余资产的索取权。

收益性。债券的收益性主要表现在两个方面,一是投资债券可以给投资者定期或不定期地带来利息收入;二是投资者可以利用债券价格的变动,买卖债券赚取差额。

4) 商业贷款　获得投资建设资金的主要渠道是商业银行贷款、私营部门贷款、保险信贷公司贷款。与其他领域相比,市政设施的债务要高于其他行业。与教育和卫生行业不同的是,市政设施行业在贷款时没有政府的担保,但市政设施行业可以获得比私人公司贷款更低的贷款利息。

一般银行和其他金融机构都乐意向市政设施行业提供贷款,因为:

这个行业具有较低的利润风险;

这个行业是政府支持下的垄断行业,省政府和市政府是行业的所有者;

具有稳定的收入保证投资的回收。

2.3　日本基础设施融资经验与模式

世界发达国家,特别是日本,在城市基础设施建设与经营方面积累了许多丰富的经验,形成了一套比较完善的基础设施建设投资与运营政策,为基础设施建设提供了多种投资来源,从而加快了城市基础设施的建设速度。通过认真剖析发达国家经营城市基础设施方面的经验,将给我们以有益的启迪。

2.3.1　日本城市基础设施经营主体

日本城市基础设施的经营主体从资本所有者角度可以分为三类:

1) 民间资本;

2) 民间资本与国家或地方公共团体(相当于我国各级地方政府)的组合;

3）国家或地方公共团体。

从法律角度又可以分为：

1）私营法人；

2）特殊法人；

3）地方公共团体。

日本在城市基础设施发展过程中形成了多种经营主体共同经营城市基础设施的良好局面。其中，第三经济部门是由各级政府等公营部门和私营部门共同出资组成的基础设施企业。它是为了建设经营社会效益较好、但完全依靠私营企业又难以实现自负盈亏的基础设施而设立的半公半民的基础设施经营主体。第三经济部门的特征是既有民营企业所具有的经营灵活性，又有各级政府出资所具有的公共性，从而可以得到公共援助。

2.3.2 日本城市基础设施建设资金筹措途径

日本城市基础设施建设资金筹措途径主要有政府补助方式、利用者负担、受益者负担、发行债券、贷款五大类。

（1）各级政府补助

日本各级政府往往不直接参与基础设施建设投资，而是通过各种政策对基础设施投资者进行补助。这些措施主要包括：

1）日本开发银行出资——日本开发银行是由日本政府全额出资，对经济重建、产业开发等所需的长期资金进行融资的特殊银行。对建设为缓和城市交通、能源、污染、或促进城市开发所必需的城市基础设施投资（或经营）者实施出资。

2）各级地方政府出资——对于基础设施企业扩建，地方政府将从一般财政中按总建设费的一定比例出资，并将其作为企业的自有资金；对于企业修建的基础设施，各级地方政府的出资比例，根据各级地方政府和民间的财政状况及其对该基础设施的需求程度而定。

3）市政设施建设费补助，适用于集团和公营企业实施建设。

4）新城区基础设施建设费补助，适用于公营或准公营（接受地方政府出资的企业）实施建设的新城区基础设施，以弥补运营初期的营业亏损。

（2）利用者负担

1）特定城市建设资金积累制度　为了调动企业在城市中实施既有基础设施能力，加强工程的积极性，日本允许将实施大规模改建工程建设费的一部分追加到基础设施产品或服务的价格中，列入成本，并将其用于改建工程费。这一制度称之为特定城市建设资金积累制度。它的优点是：可以将工程费的一部分列入成本，以非征税的形式确保建设资金；可以减少工程建设贷款和利息支出，从而削减经营事业费。

2）内部保留金　将基础设施经营中所得利益的保留金或折旧专款等的内部保留金拨作建设资金。

（3）受益者（或原因者）负担

日本城市基础设施的受益者（或原因者）负担制度。

（4）发行债券

日本为城市基础设施建设而发行的债券，主要有地方债券等。

（5）贷款（含无息、低息、一般贷款）

无息贷款适用于日本城市建设公司建设的基础设施，国家基于建设基金对部分工程建设费实行无息贷款，偿还期限大约10～20年。地方政府也进行与此同等水平的援助，但其援助方法可以根据该地区实际项目的性质，选择出资、补助金、利息补助金、无息贷款中的某一种方法。低息贷款适用于企业所实施的基础设施安全对策工程等，由企业向日本开发银行申请，不足部分通过城市银行贷款解决。

第3章 我国现行水业及垃圾处理基础设施建设融资的外部环境

3.1 水业及垃圾处理基础设施行业发展

3.1.1 加入世贸组织所面临的机遇和挑战

我国加入世贸组织，全面融入了全球经济一体化的格局。在新的经济形势下，基础设施投融资建设将面临新的机遇和新的问题。

自1993年起，我国已连续五年成为世界第二大外商直接投资国。在基础设施建设领域，近年来利用外资虽没有大幅度增长，但利用外资结构却发生了很大变化，外商直接投资的比重有所提高。在20世纪80年代，我国基础设施建设的外资投入主要来自国外信贷资金，外资总额95%以上为国外贷款；进入20世纪90年代，除继续利用国外贷款外，我国开始大量使用外商直接投资，尝试采用国际通行的BOT融资方式。1997年，基础设施、基础产业基本建设利用外商直接投资约占行业利用外资总额的23.16%，外商直接投资额占基础设施、基础产业基本建设全部资金来源的2.31%。引进国外先进技术，扩大利用外资力度，调整外商投资结构，促进国外投资向基础设施和基础产业倾斜，成为我国利用外资的战略选择。

(1) 加入世贸组织对于我国投资环境的影响

1) 利用外资的有利因素　改革开放以来，我国的经济实力显著增强,保持着持续稳定的发展态势,广阔而富有潜力的我国市场对于外商投资具有很强的吸引力。在亚洲金融危机中,我国没有受到大的冲击,人民币没有贬值,外资收益有所保障。到目前为止,外债偿还尚未出现大的拖欠现象,外债规模、偿债指标均在安全线以内,我国树立了较好的国际形象,为进一步利用外资奠定了良好的基础。国外金融机构对华投资的积极性仍然很高。包括美国、日本及欧盟国家的一大批外资机构都对我国的基础设施项目融资表现出极大的兴趣。外商普遍认为,我国是亚太地区最具吸引力的投资地,我国利用外资仍有继续发展的余地,因而对继续在我国进行投资、获得收益充满信心。加入WTO,意味着我国今后的经济活动必须按照国际经济贸易规则进行运作,整个经济体制将朝着符合国际惯例的方向发展;加入WTO,意味着投资环境的实质性改善,国内市场与国际市场的全方位接轨。在法制和规范更加成熟的条件下,外商将更加踊跃地进入我国,会有更多的外国资本流入,其中投入基础设施建设领域的外资规模定会随之增长,必将有力地加快我国基础设施投融资建设的步伐。

2)利用外资的不利因素 亚洲金融危机对我国利用外资的不利影响依然存在。我国利用外商直接投资的75%来自受亚洲金融危机影响较重的10个亚洲国家和地区,危机的爆发直接影响了我国吸收外资的数量。我国利用国外优惠性贷款也受到波及,世行、亚行、国际货币基金组织增加了对金融危机国家的贷款,间接影响了对我国贷款规模的扩大。我国周边一些国家,或为摆脱金融危机,或为实现自身发展,也都在采取更加灵活务实的政策,积极争取国际资本的长期投入,已经成为我国吸引外资的竞争对手。全球直接投资出现放缓迹象,国际资本流向产生变化。根据世行统计,1997年发展中国家吸收外资为3380亿美元,1998年为2750亿美元,1997年发展中国家利用外商直接投资为1670亿美元,1998年为1550亿美元。由此可见,国际资本更多地流向了发达国家。如欧元的启动减少了欧元区国家之间的投资障碍，刺激了欧元区内部的相互投资，其结果是欧盟对我国的投资由"九五"前三年的大幅度增长变为1999年的突发性缩减。根据有关预测，今后几年国际资本对亚洲的投资将呈下降趋势。在外资总量减少的情形下，我国利用外资面临的竞争将会更加激烈。我国利用外资成本较过去有所增加。世行提高了贷款利率，增加了我国利用贷款的隐性成本。世行1999年不再向我国提供条件优惠的"软贷款"，软贷款利率0.7%，还款期35年，缓行期10年。1999年底世行决定，基于我国经济实力的成熟和投资计划日见成效，今后3年将把每年向我国提供的贷款减少1/3。亚行也追随世行，增加0.2%~0.25%的利率，再增加1%的起步费，加重了我国利用国外贷款的负担，势必影响我国利用国外长期优惠贷款的签约使用。

（2）应对WTO的对策

1）投资环境尚待进一步改善　投资环境包括自然环境、经济环境、社会环境、政治环境、法律环境等诸多因素，反映到基础设施投资建设领域，当务之急便是要为基础设施项目融资及外商投资构筑一个更为健全的法律体系，这是实现规范、合理、高效地融集资金与利用外资的基本保障。

2）外资投向不够合理平衡　目前国家鼓励外资直接投向基础设施的效果并非十分明显，对于外商直接投资的导向调控比较困难，其主要原因在于基础设施投资周期长、回报率偏低。值得关注的是，如果国家不能实施积极的政策导向，外资完全可能流向其他的投资领域，加入WTO之后，随着进口关税的降低，外商甚至可能向我国直接进口国外产品，石油行业便是如此。如何引导适量外资进入基础设施领域，使之与国家总体发展战略相协调，应当成为政策研究的重点。外资投向也还存在着地域失衡的问题，目前外资投向主要集中于我国的沿海地区，而经济发展相对滞后、基础设施更为薄弱的中西部地区所占比重很小。为了实现区域经济协调发展的战略目标，国家应当实行扩大外资企业税收减免程度等优惠政策，充分利用中西部地区在劳动力资源、土地资源、电力能源等方面的优势，引导鼓励外商向中西部地区基础设施建设进行投资。

3）投融资渠道不够广阔，方式不够灵活　基础设施建设需要大量资金，应该通过政府拨款、国内贷款、利用外资、企业自筹、股票债券等多种投资、融资渠道筹集建设资金。如 BOT 融资模式作为发展基础设施建设最为成功的典范，已为各国所广泛接受。近年来，我国已着手进行了一些 BOT 项目的试点工程，并取得了初步可喜的成效。BOT 模式最大的优点就在于较好地解决了政府与私人之间的投资合作，不仅减轻了政府的财政负担，避免了债务风险，还能借助私营企业的管理经验，提高基础设施项目的运行效率。在经济发达国家，基础设施债券占有重要的地位，美国、日本等国基础设施债券融资占投资总额的 1/3 左右，而我国基础设施债券融资比重还不到 3%。应该看到，我国民间资本经过多年的积累，已经孕育形成一定的规模空间，进一步发掘国内资本市场，吸收来自社会各界的民间资本，可以减轻基础设施建设对于国外资金的过度依赖。拓宽投资、融资渠道，合理利用国外资金，寻求多元化投资主体的支持，将给基础设施投融资建设带来一次深刻的革命。

4）合理利用外资与国家基础产业安全　利用外资支持基础设施建设，不仅是为了扩大基础设施的数量规模和基础产业的生产能力，更为重要的是，在引进外资的同时，应该想方设法提高利用外资的科技含量，促进我国基础产业的结构优化，加快我国基础产业的全面升级。所有这些，无论对于提高民族产业的技术水平和竞争实力，还是对于增强国民经济的发展后劲都具有极其重要的意义。在一个国家市场开放、引进外资的过程中，外商可能利用其资本、技术、管理、营销等方面的优势，通过合资、并购等方式控制国内企业，甚至操纵某些重要的产业部门，从而对这个国家的经济命脉构成威胁，形成所谓的国家产业安全问题。解决这一问题不外乎通过两种途径：一是限制外资进入某些产业，保护本国民族产业；二是培育本国企业，增强自身的国际竞争力。在国家产业安全问题上，日本的经验值得借鉴。日本在利用外资的方式、规模、行业分布、管理模式上精心制定相应对策，主要吸收国外间接投资，利用大部分外资投向优先发展的基础产业。与此同时，日本注重国外技术的消化吸收与改造创新，不断强化本国企业的竞争实力。通过比较本国企业与国外企业在资金、技术、管理等方面的综合能力，日本将本国企业分为三种类型：第一类是有竞争力的产业；第二类产业是虽已具有相当竞争力，但与国外企业相比尚有一定距离，仍需适当受到保护；第三类是比较薄弱的产业。在直接投资方面，对于第一类产业，外商可拥有100%的股份；对于第二类产业，外商可拥有50%的股份；对于第三类产业，外商投资必须经过严格的市场准入审批程序。在证券投资方面，日本也作出了相应的管理规定。日本的经验告诉我们，只要立足本国国情，开放保护相宜，基础设施、基础产业建设完全能够在国际竞争面前维护自身利益，保持健康发展。

3.1.2 水业及垃圾处理基础设施建设的产业化

（1）制约产业化发展所存在的问题

1）对水业及垃圾处理基础设施建设重视不够　在城市基础设施建设过程中，多数地方尤其是中西部地区受财力的限制，把更多的精力投入到供水、供气、城市道路及广场建设，对生态环境和污水、垃圾处理设施建设重视不太够，投入较少。在没有建立合理的运营及投资回报机制的情况下，污水、垃圾处理设施完全由政府拨款建设，融资渠道单一，建设资金严重不足。

2）收费机制亟待完善　各地执行的污水、垃圾处理收费项目、性质、标准各不相同，收费率低，难以满足项目建设和运营的需要。有些地方过于强调城市环境保护基础设施的公益性，既没有财力补贴，又不出台收费政策，造成一些中央补助投资建成的污水处理厂"晒太阳"，有钱建设无钱运营。

3）管理体制改革不到位　由于城市污水、垃圾处理行业具有一定自然垄断性，行业管理体制改革进展缓慢的情况下，多数城市的污水、垃圾处理单位仍然是事业行政性单位，机构臃肿，队伍庞大，效率低下，缺乏责任约束机制和独立经营的积极性。有些地方出现运行成本与价格不断攀升的局面。

4）产业化运作不规范　目前，一些城市采取合资、合作和BOT等方式，对污水、垃圾处理设施的投资运营按照产业化模式进行了积极的尝试。但在具体操作过程中，由于缺乏经验和必要的指导，项目运作不尽规范，有些地方政府承诺高额固定回报，社会投资演变为长期高息贷款，有的项目转让后放弃了政府监管，安全运营难以保证。

（2）推进产业化发展的主要意见

针对以上问题，所谓产业化就是指改革价格机制和管理体制，鼓励各类所有制经济积极参与投资和经营，逐步建立与社会主义市场经济体制相适应的投融资及运营管理体制，实现投资主体多元化、运营主体企业化、运行管理市场化，形成开放式、竞争性的建设运营格局。

1）首先是收费问题，这是产业化发展的基础条件　加快推进价格改革。已建有污水、垃圾处理设施的城市都需开征污水和垃圾处理费。征收的污水处理费要能够补偿城市污水处理厂运营成本和合理的投资回报，有条件的城市，还可适当考虑污水管网的建设费用。全面实行城市垃圾处理收费制度，保证垃圾处理企业的运营费用和建设投资的回收，实现垃圾收运、处理和再生利用的市场化运作。污水和垃圾处理的征收标准可按保本微利、逐步到位的原则核定。江苏省无锡、镇江、常州等几个城市已将污水处理费提高到每吨1.15元左右，南京市也在1元以上，这样就为市场化运作创造了条件。江苏省在2002年提出,将太湖治理规划要求建设的77座污水处理厂调整增加为86座污水处理厂。这会使太湖流域水质得到改善,进一步改善该地区的投资环境。当然,污水、垃圾收费问题涉及到千家万户,各级政府一定要依法稳妥操作。针对这个问题,需要进一步解放思想。电信业在几年前也是个福利性事业单位,当时安装电话还是一种有级别的福利,手机根本不能普及。可是产业化后,在收费到位之后,我国的电话安装率大大超过了其他发展中国家,手机普及率仅次于美国,排全世界第二位。一次手机通话的费用就大大超过城市一吨污水的处理费。但是目前我国城市污水处理收费在6毛钱以上实为少数。像江苏,江苏等几个大城市的污水处理费都在1元钱以上,这可以使污水处理设施欠账问题得到根本解决。现在苏、锡、常地区,是我们国家吸收投资最好的地方,台商、日商大量的产业往这里转移,就其原因就是看中它的环境。所以江苏省也看到环境治理好了,投资环境才能好。否则污水乱排、垃圾成堆,根本无法建立高精尖的企业。

2) 第二是改革管理机制问题 现有从事城市污水、垃圾处理运营的事业单位,要在清产核资、明晰产权的基础上,按《公司法》改制成独立的企业法人。暂不具备改制条件的,可采取目标管理的方式,与政府部门签订委托经营合同,提供污水、垃圾处理的经营服务。鼓励企业通过招投标方式独资、合资或租赁承包现有城市污水、垃圾处理设施的运营管理。鼓励将现有的污水垃圾处理设施在资产评估的基础上,通过招标实现经营权转让、盘活存量资产,盘活的资金要用于城市污水管网和垃圾收运系统的建设。

3) 第三是针对城市污水、垃圾处理项目建设运营的特点,提出一些产业化的指导性具体意见 关于合理回报的问题,当地政府或委托的机构可参照同期银行长期贷款利率的标准,设定投资回报参考标准,并根据其他具体条件计算出项目的运行成本,合理确定城市的污水、垃圾处理的价格,以此价格作为对投资者招标的标底上限,通过招标选择最优化的方案及项目的投资及运营企业。政府或者指定代理人与投资者之间的协议应体现"利益共享、风险共担"的原则,不得为投资者提供无风险的投资回报担保或者变相地固定担保。

4) 第四是根据基础设施项目投资大、回收期长的特点,提出政府应给予的一些必要的政策扶持 对新建的城市污水、垃圾处理设施项目建设在用地、生产用电等方面要给予一定优惠。鼓励城市政府用污水、垃圾处理费收费权质押贷款,积极尝试以各种方式拓宽污水、垃圾处理设施建设的融资渠道。国家支持城市污水、垃圾处理工程的项目法人利用外资,包括申请国外优惠贷款,并且要对中西部地区产业化项目给予适当补助。今后,凡是未按产业化要求进行建设和经营的污水、垃圾处理设施,国家将不再在政策、资金上给予扶持。根据污水、垃圾处理项目的自然垄断性,政府有关部门需要加强监督管理,要加快制定污水、垃圾处理设施建设、运营、拍卖、抵押、资产重组、资金补助、收费管理、市场准入等方面的配套政策,清理行政性的壁垒和地区分割障碍,为国内外投资者投资、经营污水、垃圾处理设施创造公开、公平、公正的市场竞争环境。积极推进城市污水和垃圾处理产业化规范有序地发展。城市污水、垃圾处理实行产业化后,各级政府要转变传统的管理模式,加强对市场秩序的监督和管理;要制定明确的污水、垃圾处理操作规程和质量标准,明确运营企业的责任和权益。

3.1.3 我国城市水业及垃圾处理基础设施市场化

(1) 改革的基本原则

在充分论证和实践的基础上,以法律的形式确定城市水业及垃圾处理基础设施收费的价格形成机制,尽可能地引入竞争机制,促进企业自觉地改进管理,提高效率;政府要对市场运行秩序依法进行管理。

因地制宜、因事制宜，改革要以各城市政府为主，根据地区经济和行业的具体情况，提出切实可行的改革方案和措施。

改革要循序渐进，改革要因势利导、分步进行，尽量避免因改革动作或跨度过大对社会生活和经济运行造成负面影响。

改革要着眼长远，有利于城市公用事业和城市经济的持续发展。

改革要统筹兼顾，要兼顾企业和用户（居民）、企业和财政、生产企业与网络经营企业多方面的利益，使各有关方面共同承担改革带来的风险和涨价压力，保证改革措施能够落到实处。

（2）改革的基本思路

根据上述改革的基本原则，城市水业及垃圾处理基础设施收费改革的基本思路是：以建立城市供水、污水处理、垃圾处理收费管理办法为保证，根据各城市资源分布和经济发展水平的差别及行业特点，在实现供求基本平衡、完善城市水业及垃圾处理基础设施通过企业组织形式转换的基础上，因地制宜和因事制宜地在城市供水、污水处理、垃圾处理领域引入竞争机制，培育适合我国国情的价格形成机制，并构建科学、合理的城市水业及垃圾处理基础设施收费体系；对具有垄断性的供排水管网等仍由政府进行监管。

1）引入竞争机制　竞争是加强企业的外部约束，进而提高效率的最有效的手段。因而传统的竞争性产业价格形成机制改革，主要内容是取消国家的价格管制，由市场来决定价格。以污水处理为例，污水处理单位依靠排水管网进行服务，但是污水处理本身并非必须独家进行。因此，管网以外污水处理环节显然不具自然垄断性。根据先期改革国家的经验，可以对污水处理领域的结构进行改造，使自然垄断性业务和非自然垄断性业务分离，前种业务继续实行区域性独占，价格仍由国家管制，后种业务则变一家独占为多家竞争。

2）再造价格管制机能　价格管制的作用是对那些不适宜价格竞争的产业，通过模拟市场价格的强制执行，来替代市场对企业的外部约束和优化资源配置。我国的价格管制所以不具有相应的机能：价格管制的原则不明确；没有规范化的定价标准和方法；价格管制机构职能单一，且遭割裂；对价格管制机构的监督体系尚未建立。因此，建立规则严密、功能健全的价格管制体系已经势在必行，包括：

确立明晰、可行的管制目标或管制原则。"合理经营、公平负担、调节需求、兼顾社会福利"。

制定规范、合理的定价标准和方法。

建立职能完备的价格管制机构。

培育有实效的社会监督体系，实现：管制规则法制化；建立专业性的消费者协会；普及提价公证会制度；信息公开化。

3）执行"两部制"的城市水业及垃圾处理基础设施服务费

"两部制"　以污水处理行业为例。按污水排放量并以此为依据建设、维修和管理城市污水处理设施而投入的资金计算的城市污水处理费，称容量费用。该部分费用按合同容量向污水排放单位收取，不仅能保证城市污水处理单位的资金回收并增值，也促使城市污水处理系统提高效率。在城市污水处理设施运营过程中投入一定量的资金，应按城市污水的实际排放量收取费用，以达到资金的回收并增值，称为计量费用。

• 定额累进计量制度　利用价格杠杆促进污水排放单位减少污染物排放，从源头上实现水污染的防治。

• 社会承受能力与弱势群体　城市污水处理费的征收，与其他公用事业价格一样，都需要考虑社会承受能力问题，特别是弱势群体。因为公用事业涉及社会的稳定，人民的安定，因此在城市污水处理费制定、征收、调整的过程中都需要召开公开听证会。同时积极利用财政、社会福利等资金，通过财政补贴的方式保证污水处理费能够达到社会公众可以承受、污水处理单位可以接受、政府财力可以逐渐减轻的目的。最终推进污水处理设施建设与运营的市场化道路。

(3) 改革的方向

城市水业及垃圾处理基础设施行业是城市经济和社会发展的载体，它直接关系到社会公共利益，关系到人民群众生活质量，关系到城市经济和社会的可持续发展。要加强领导、精心组织、统筹规划、稳步推进，从投融资体制改革入手，推动城市环境基础事业的市场化进程。

目前，根据市政公用行业市场化政策，水业及垃圾处理基础设施市场化改革的实现形式是：经营性市政公用设施的建设和运营实行特许经营制度。对于供水、污水处理、垃圾处理等存量设施或新建设施，采取公开向社会招标形式选择企业的经营单位，由政府授权特许经营。

对于基于公共政策和公众承受能力等原因，价格或服务收费一时不能到位，必须由政府出资建设或补贴的，可以采用政府资金与社会资金联合投资建设与经营的方式。确需政府补贴的项目，由财政补贴。

具体讲，要通过 4 项改革实现 4 个转变：

1) 通过投融资体制改革，实现垄断经营向开放竞争的市场格局转变。有一定经济回报的经营性项目，要在加快推进价格改革的基础上，按照特许经营方式，向社会公开招标，鼓励国内外各类经济组织采用 BOT 等方式进行投资建设和经营，实行项目业主负责制，由投资者承担投融资风险。无经济回报的公益性项目建设应由政府出资，但也要按市场规则运作。成立政府投资工程集中采购机构，代表政府组织项目的建设实施。

2) 通过原国有企事业单位实行政企分开的改革，实现单一产权向多元化的产权结构转变。原国有投资形成的大量市政公用企事业单位要实行政企分开和股份化改制，逐步形成国家独资企业、国家控股企业、国家参股企业和非国有企业并存的多元化的产权结构。各种企业以平等的身份参与特许经营权的竞争。

3) 通过价格形成机制和财政补贴机制的改革，实现由计划机制向以市场机制为主配置资源的转变。经营性的城市环境基础事业定价关系到投资者的积极性、消费者的承受能力和社会的整体利益。要建立科学合理的价格形成机制和科学可行的财政补贴机制，使其既能刺激企业愿意投资，主动降低成本，提高效率，又能满足公共利益的需要，保证市政公用事业的可持续发展。

4) 通过改革政府管理方式，实现政府由直接经营管理者向市场管制者角色的转变。政府由过去管企业、管行业变为管市场，通过事先控制和事后监督，依据法规对企业的市场进入、价格决定、产品质量和服务条件加以管理。

城市环境基础行业的市场化改革的过程就是市场机制作用不断增强的过程，我们期望通过改革使城市环境基础行业的发展更加健康并充满活力。

(4) 城市水业及垃圾处理基础设施建设市场化的途径

从城市水业及垃圾处理基础设施建设与运营的融资与收费问题的分析来看，市场力量与竞争可以为改善城市水业及垃圾处理基础设施服务。而随着技术的革新，以及管理的创新，使得多种形式进行竞争成为可能。关键问题是如何引入竞争机制，理顺价格机制，吸引多元化投资主体的参与，实现市场化建设与经营。根据国内外专家和学者针对我国城市水业及垃圾处理基础设施领域的市场化提出的很多方案，我们认为，结合我国目前的实际情况，市场化管理的具体途径有下面几类。

第一种途径：联合建设与经营。

该方案吸收专业水业及垃圾处理基础设施服务公司的经验和能力，要求承包方负责相应设施五年或五年以上的经营，根据合作合同策划水业及垃圾处理基础设施建设投标与持续五年经营管理合同。一般来说，与经营相比，承包商对建设更有兴趣，它可以与其他公司成立联合体，这些公司将共同负责城市水业及垃圾处理基础设施的经营管理，对当地工程师和工人进行培训。

1) 该方案的优势　符合《中华人民共和国招标投标法》（简称《招投标法》），即：确保通过公开投标的标准体系赢得政府关心的主要项目（特别是基础设施和政府出资的项目）的所有合同，将会受到我国有关部门的鼓励和推崇。该方案将从合格的投标人中选择最能胜任的公司进行水业及垃圾处理基础设施建设与经营。

实施该方案可以使具备承担项目的建设和经营的能力的公司，既具备了城市水业及垃圾处理基础设施管理（包括经营管理）方面的专业知识以及管理经验，同时也具备建设经验。

2) 联合体的组织形式　《招投标法》允许两个或两个以上法人或公司组成一个联合体，作为一个投标人共同参加投标，在该情况下组建的联合体将是具有专业建设经验的任何公司与具备水业及垃圾处理基础设施经营经验（或反之亦然）的专业公司共同投标。成为联合体投标人后，联合体各成员应具备承担项目中由其负责的、投标部分的能力。

• 交钥匙的形式　招投标法主要要求采用交钥匙的形式，交钥匙建设项目的定义包括项目的勘测、设计、建设和监理以及用于建设的重要设备、材料等的采购。

• 性能合同的形式　该方案要求投标程序建立在性能合同的基础上，因为承包方承诺进行城市水业及垃圾处理基础设施建设与经营，它有权推荐自己的处理工艺。执行合同与交钥匙合同类似，但除此之外，承包方还需担保水业及垃圾处理基础设施的性能：处理量、出水水质，处理质量和程度、能耗等。这是吸引优秀承包方和供货商的最好办法，他们能够推荐其研究中心精心研究出来的最有效的、最现代化的工艺，而该领域内的咨询公司则只能推荐已推出、使用数十年的处理工艺。将建设和经营相结合的主要意义在于承包商将会致力于推荐运行成本低（包括能耗在内）的工艺。

第二种途径：由市政公司和私营专业公司成立合资公司。

一方面，由于政府干预和领导决策在城市水业及垃圾处理基础设施事业发展的部分失灵，私有化逐渐被认为是一种有益的选择。另一方面，城市水业及垃圾处理基础设施事业作为人民生活的基本需要，私营公司是否能够脱离盈利目标而提供高效的水业及垃圾处理基础设施服务，这些地区是否有足够的支付能力来满足私有化的需要？因此妥协的方案是，公共部门不是亲自从事活动，而是把特许的城市水业及垃圾处理基础设施建设与服务承包给外部的专业公司，由它们负责成本、服务的质量和数量。

1) 该种方案的优势 利用了大城市既有城市水业及垃圾处理基础设施设施，以及市政公司在城市水业及垃圾处理基础设施服务方面的经验，可以与私营专业公司成立合资公司，参与本地区或者其他地区的水业及垃圾处理基础设施设施的建设与运营的投标。

结合了公有制和私营的市场化原则，是公有事业和私营企业的交叉，市政公司可以保持设施的所有权，并由专业的公司引入先进技术、经验、能力。

2) 合资公司的形式 合资公司的形式一般取决于市政公司选择的投资伙伴。表 3-1 列示了三种可能的情况。

合资公司的形式 表 3-1

	投资者	私人投资者	合资公司地位
1	市政公司	我国公司	取决于各方拟成立的企业类型
2		在华外资企业	外资注册资本在 25% 以上，属于在华外资企业
3		海外外国投资	外资在注册资本中超过 25%，属于在华外资企业

由经营企业之间或者经营企业与非法人机构合资，如果符合成为法人资格，则合资公司可以获得法人地位，否则合资公司各方按其投入资金的比例或者协议规定的各自财产或经营管理的财产承担民事责任。

第三种途径：建设－运营－转让（BOT）。

BOT方式通过许多项目的验证，已经达到了越来越高的可靠性，在我国的城市水业及垃圾处理基础设施领域，这一概念使私营企业能够进入领域内设施的建设与运营，从而取代了原来单依赖于财政的模式。国内外的私营投资者以BOT方式建设水业及垃圾处理基础设施，并按预先协商的基础上进行一定年限的经营管理（一般25年），然后按协商的条件将其移交给当地政府。

BOT项目的参与方取决于水业及垃圾处理基础设施本身，私人参与的形式和项目融资的方式。在水业及垃圾处理基础设施中，公共部门为国家、省以及市三级。

1) 承包部门。在城市水业及垃圾处理基础设施建设过程中，承包部门就是水业及垃圾处理基础设施的业主，即政府主管部门。围绕这个承包部门，可以设置省级部门和国家级部门，负责解决融资和担保。

2) 项目公司和项目赞助人。项目公司由几个公司的合资企业组成，它们包括承包商、供货方、建筑商等等。具有城市水业及垃圾处理基础设施的丰富经营经验的公司的参与是确保项目长期使用的一个重要因素，同时也是鼓励项目赞助人的一个重要方面。

3) 国家金融机构。

4) 保险人。主要包括两种险种，即技术和政治。

3.1.4 水业及垃圾处理基础设施发展的前景

应当看到，我们所取得的成绩与"十五"计划《纲要》对城市环境保护基础设施建设所提出的目标还相差很远。要完成"十五"计划《纲要》的目标，需投资7000亿元，据测算，仅水污染治理几个专项计划，如"三河三湖"、"环渤海碧海行动"、"三峡库区及上游"等规划内水污染治理工作投资规模就近2500亿元。

目前，我国城市污水、垃圾处理设施主要还是沿用以政府投资为主的建设模式,仍然采用政府补贴为主的运行政策,如此巨大的投资需求以及庞大的运行费用,仅靠各级政府财力是远远不够的,必须要通过引入市场竞争机制,对项目建设与管理按照企业化、市场化的模式运作,才能从根本上解决资金不足以及投资、运行效率不高的问题,从而完成"十五"计划纲要提出的任务。因此,当前通过改革体制、规范管理、加强监督等措施,加快推进城市污水、垃圾处理产业化显得尤为迫切和必要。

另外,从宏观经济角度来看,在当前情况下,水业及垃圾处理基础设施投资对国民经济的增长是正的贡献。1997年亚洲金融危机以来,我国经济运行一直面临着的问题是总需求不足,物价水平呈负增长,与基本建设有关的物资供过于求,生产能力部分放空。在这种情况下,城市水业及垃圾处理基础设施建设就有可能成为扩大内需的投资重点,大力发展环保项目建设是一箭双雕,既可以解决生态环境和经济可持续发展问题,又可以调整经济结构、拉动内需。

3.1.5 水业及垃圾处理基础设施融资前景

(1) 需求分析

目前我国城市污水处理能力较低,我国水环境恶化的总体趋势还远远得不到有效遏制。我国七大水系有一半以上江段被严重污染,90%以上的城市水域受到不同程度的污染,近50%的重点城镇的集中饮用水源不符合取水标准,65%以上的饮用水源受到污染。水污染造成的经济损失约为GNP的1.5%~3%。水环境恶化及水资源短缺问题已经成为城市可持续发展的重要制约因素。如再不及时采取系统措施从根本上解决水问题,将产生不可逆转的灾难性后果。

此外,随着居民生活水平的提高以及城市化水平的发展,预计2010年污水量将超过2亿t。同时,城市污水处理厂的加速建设也使得污水污泥量不断增加,预计2010年污水处理厂污泥量将达 0.2 亿 t。这些垃圾、污泥的处置问题将变得日益突出。目前大部分垃圾和污泥没能得到妥善处理,随意堆放,占用了大量土地,既切断了自然的元素循环,又对周边土壤、地表和地下水造成严重污染。城市化的发展还破坏了雨水循环规律,造成了城市型洪涝灾害,减少了中小河川的生态基流,加重了城市水环境的劣化,威胁了城市供水安全。

十几年来,经济和社会的发展对城市水业及垃圾处理基础设施的需求增长很快,城市建设投资一直是以高于国民经济增长的速度增加,但目前发展水平还有待继续提高。如果"十五"期间要新增每日 2600 万 m^3 的污水处理能力和 15 万 t 的垃圾处理能力,至少需要 1000 亿元的投资。城市污水和垃圾治理的出路在哪里,关键是实现城市污水和垃圾处理的产业化。如果不进行体制和机制创新,不运用市场机制推行污水和垃圾收费,不加快培育污水和垃圾产业,是很难解决我国城镇化过程中水污染和垃圾污染问题的。加之,到 2010 年,我国的城镇化水平将由目前的 37% 达到 45%,城镇化水平每提高一个百分点,城镇人口将新增 1000 多万人,所有这些必将对城市各项基础设施建设形成巨大的需求。

水业及垃圾处理基础设施现状及发展　　　　表 3-2

		2001 年底	"十五"目标	"十五"期间新增
城镇供水	普及率	72.26%	98.5%	4500 万 m^3/d
垃圾无害化处理	处理率	58.2%	65%	15 万 t/d
污水处理	处理率	36.5%	45%~60%	2600 万 m^3/d

要满足这些需求,仅靠政府资金投入是十分有限的,必须发挥政府、企业、个人、外资等各方面的投资积极性,多方面拓展融资渠道,建立更加多元化的城市水业及垃圾处理基础设施投融资机制。

(2) 融资的途径

适应快速发展的城市水业及垃圾处理基础设施建设的需要应从两方面入手：其一，完善现有融资渠道；其二，开拓新的融资渠道。

1) 完善现有融资渠道　债务融资是城市水业及垃圾处理基础设施建设的主渠道，城市政府可以为满足基础设施建设需要保持较大规模的债务水平，但先决条件是在未来必须有稳定的收入流，能够支付债务利息和本金，以保证政府财政收支的良性循环。这其中包含两方面的意义：其一，债务规模要适度；其二，逐步实现城市基础收费。

城市水业及垃圾处理基础设施建设如果利用单一商业银行融资，贷款的风险较大，而且银行贷款的期限较短，多为3年以下，在城市水业及垃圾处理基础设施建设过程中，政府需要与银行谈判再融资，交易成本较高。解决办法是基础设施的国有公司发行债券。债券发行可以满足设施建设的资金规模、资金时间以及资金成本上的要求，充分体现效率的原则，同时由于债券面向社会大众，比银行贷款更具有约束力，从而可以降低金融风险。

2) 开拓新的融资渠道　城市水业及垃圾处理基础设施具有一定的竞争性和非独占性两个特点。这就决定了城市水业及垃圾处理基础设施不是单纯由政府投资，也需要民间投资、国有企业与非国有企业共同投资。但目前我国城市水业及垃圾处理基础设施的建设几乎在各方面都受到政府部门的支配与控制，理由是城市水业及垃圾处理基础设施对社会经济的影响重大；城市水业及垃圾处理基础设施的规模效益明显；基础设施具有自然垄断性质；投资风险大、数量大、回收期长，民间资本不愿投资、不愿经营等等。

但改革以来的实践表明，政府和国有企业在城市水业及垃圾处理基础设施建设的垄断在一定程度上造成了资源配置失误和供不应求，增加额外成本。因此，由政府和国有企业垄断设施的建设与经营不具备必然性与合理性。相反，通过多种类型主体的参与，提供城市水业及垃圾处理基础设施服务，有利于开展竞争，提高效率，促进公平。民间投资有助于减轻财政负担，更好地分担市场风险、分清责任、加强监督和管理。但问题是如何为民间资本提供盈利机会，如果没有稳定的收入流就很难吸引民间资本的参与。鼓励民间资本参与城市水业及垃圾处理基础设施的途径可以有两种：第一，引导民间资本投资新项目；第二，鼓励民间资本参与经营既有项目。

民间资本投资主体参与城市水业及垃圾处理基础设施建设的重要手段是项目融资。项目融资是利用项目的资产和现金流进行贷款，为大型项目提供了融资便利。在项目融资过程中政府可以通过提供特许经营、市场保障等优惠条件来组织融资，从而保证了项目的相对稳定的收益，降低了项目的投资风险，以吸收民间资本参与。在城市水业及垃圾处理基础设施建设领域，为了保证项目的经济强度，收费是必须的、也是可行的。在逐步实现城市水业及垃圾处理基础设施服务收费的过程中，需要一定的财政补贴以补偿资本成本。

在城市水业及垃圾处理基础设施领域削弱垄断、促进竞争的有效方式是利用经营特许权本身作为竞争投标的标的物定期竞标。竞争会在特许权的投标阶段发挥其作用。基础设施可以通过管理、租赁或特许合同赋予非国有企业经营。当然，为了保护大众的利益，政府要在水费、污水处理费、垃圾处理费等基础设施服务定价方面行使监督的职能。

3.2 水业及垃圾处理基础设施传统投融资体制

我国传统的水业及垃圾处理基础设施投融资模式是和计划经济为主导的经济体制相适应的，投融资必须按财政、信贷、物资和外汇的四大平衡来进行，而这种平衡是通过数量调整实现的。我国的城市水业及垃圾处理基础设施建设资金长期依靠财政投入，国家充当了投资的单一主体，又在融资机制中充当了融资和被融资方的角色。

3.2.1 集中计划决策与物资和信贷的控制

由于在计划经济体制中，财政收入占国民收入的比重大，国家在财力集中的前提下用行政命令的方式下达投资计划。而项目审批制是政府用计划控制投资方向和数量的最重要方式。城市水业及垃圾处理基础设施项目的上马，在计划体制下，必须经由上级主管部门报国家计划委员会等部门予以批准立项，然后分解为年度计划下达。国家对投资的控制相当严格，而且在计划经济时期，立项是关键。若不被立项，意味着该项目在金融和物资上将得不到配套的支持。在物资供应分配方面，城市基础设施投资涉及的物资品种繁多，数量庞大。计划经济时代通过统配、统管等方式来控制基础设施投资的资本品。在物资管理上，国家计划委员会按照投资项目来编制物资计划，统筹物资平衡，中央和各地方都成立物资局，负责物资的分配计划和供应的实施；银行部门执行的是财政的簿记和出纳的职能，银行无自身的独立利益和决策能力，只是为国家确定的投资项目提供所需的资金。

3.2.2 国家财政投融资

在计划经济体制下，国家财政投融资是指国家以财政手段，把资金从其原所有者中筹集起来，再分配给所需的部门。财政投融资包括税赋投融资、国有企业收入投融资和债务投融资三种形式，这三种融资方式尽管形式上存在着不同，但是本质上有相同之处。第一，国家处于融资中介的角色；第二，居民对被国家融通去的资金没有支配权，即国家可以按自身的意图来使用这些资金；第三，国家融通来的资金除了税赋融资的部分用于国家管理开支后，绝大多数资金投资在国有企业上。而长期以来，国家对居民提供的服务和保障并不是通过公共开支，而是通过企业开支实现的,由此产生了政府和企业角色的错位,融资的效率不高。国家债务投融资自然是在国家和居民之间清楚地界定了债权和债务关系,并且国家明确承担着还本付息的义务。而税赋投融资和国有企业收入投融资看似没有融资成本,但是存在着隐性的成本。国家筹集了资金,就承担了一定的义务,例如,进行公共产品的供给,在职工低工资条件下,负担起职工的养老、医疗保险等。然而由于资金投入国有企业后,企业把这种资金视为无成本的融资,所以导致国有企业的预算软约束和国有企业的低效率,这种成本就以社会产出和效率损失的形式体现出来。在经济转型过程中,这种隐性成本在市场经济中就会凸显出来。

3.2.3 投资主体一元化的后果

国家包揽了城市水业及垃圾处理基础设施投资,由于基础设施的投资就是国家这个单一主体,所以产生了一系列问题。

1) 在国家的产业发展战略中,假如水业及垃圾处理基础设施投资并不列为投资的重点,则即使水业及垃圾处理基础设施投资存在着较大的经济利益和社会利益空间,资本依然不可能流入该领域。

2) 投资主体一元化,使得在做项目投资决策时缺乏应有的制约。为了迎合一定的政治要求,大量的"戴帽"工程和"条子"工程上马,而项目是否具有可行性和经济效益成为次要的,决策的不科学直接导致了基础设施建设概算超标的现象非常普遍。

3) 由于投资主体是国家,资金来源于财政,所以在投资项目具体实施时,有关部门没有预算的硬约束。

4) 在计划经济体制向市场经济体制转型的过程中,依然沿袭水业及垃圾处理基础设施投资一元化的做法,其后果是水业及垃圾处理基础设施的成本高估或是质量降低。有数据显示,我国公共工程建设的转包率在5成以上,大型公共项目的建设成本和同期欧美国家相当，可见概算超出实际成本和正常利润相当高，而且高概算或超概算下工程质量差的情况依然存在。

5）我国工程建设长期以来实施的是以建设指挥部的形式来负责工程建设中的各项具体事务，且一旦工程完工后，指挥部也就自动解散。这种体制的缺陷在于指挥部不是一个在长期内存在的实体，也不是一个法人，因此，对工程完工后的决算和质量都不负责。

3.2.4 水业及垃圾处理基础设施传统投融资体制分析

我国城市水业及垃圾处理基础设施（供水、污水处理和垃圾处理等）的建设资金和其他基础设施建设资金主要来源基本相同：第一，财政税费收入；第二，土地批租收益；第三，债务收入。随着近年来城市基础设施规模的不断扩大，融资难的问题日显突出，表现在：财政税费收入越来越难以满足经常性支出的需要，能够用于建设性支出的比例减小；土地使用权出让价格被人为压低，而土地开发成本不断上升，使土地批租净收益不断减少甚至为负值。因此，使主要由政府承担的城市水业及垃圾处理基础设施建设越来越依赖于债务，特别是银行债务融资。

我国的政府预算通常分为两个部分，即经常预算和资本预算。经常预算收入来源主要是税收，经常性支出侧重于公共产品和服务；资本预算收入来源主要是债务收入，支出是政府投资，其中以社会基础设施投资为主。在财政收入一定的情况下，经常性支出规模的缩减，特别是政府机构及事业单位行政管理费用减少，将使政府有更多的资金用于社会基础设施投资，也就可能减轻政府在基础设施建设过程中的债务负担。一些城市的政府官员在谈到水业及垃圾处理基础设施投资资金不足时，经常提到政府收入只能满足"吃饭"财政的需要，因而无力支撑水业及垃圾处理基础设施投资需要，却从来不谈这种支出结构与方式是否合理。显而易见，大力压缩不合理的行政事业费支出，将使城市政府在水业及垃圾处理基础设施建设中获得更多可支配财力。

土地批租收益是城市水业及垃圾处理基础设施的主要融资渠道之一。一般来讲，应该是：政府通过贷款或其他方式筹集资金，用于待开发区域内土地平整、道路等基础设施建设，从而促使待开发区域内土地升值，土地使用权出让所获收益用于补偿基础设施投资的支出，盈余部分可以投入新地块的开发和利用。只有政府的土地使用权出让价格高于开发成本，才能实现上述过程的良性循环和投资资金的周转使用，政府才不会陷入债务困境之中。但实际情况是，各地政府在土地资源开发和利用上各自为政和竞相杀价，使土地收益严重流失。其中又以开发区间的竞争行为最为严重，危害最大。1991～1996年，全国设立的各级、各类开发区多达4210个，其中省级以上设立的有1128个，其余为市、县甚至乡镇自行设立。以沿海某市为例，该市各区都设有经济开发区，在土地批租上都拥有较大的自主权。各区为吸引外商在本区的经济开发区中投资，不惜大幅度降低土地使用权出让价格，外商则以此为机会，有意压低价格，从中渔利。这种多个土地供给者面对有限需求者的市场环境，使宝贵的土地资源发挥不出最大效益。该市北部工业区土地开发成本为 367 元/m^2，而土地使用权出让价格只有 100～150 元/m^2，政府收不抵支 200 元/m^2 左右。开发土地越多，政府赔得越多。另外，各开发区都设有各类指挥部，开发区指挥部和管委会在土地管理上也拥有独立的权力，土地收益中的绝大多数被这些单位留用。例如，某市每年土地批租收入可达 15 亿元左右，其中只有 1～2 亿元能够进入财政预算收支渠道。再有，目前土地批租过程中的暗箱操作、不透明现象十分严重，土地的使用权出让往往是某位领导的一句话就可以解决问题，根本没有形成严格、规范的土地使用权拍卖制度。所有这些都造成了城市土地收益的巨大流失。

我国法律规定地方政府不得向银行借贷,因此地方政府常常是通过建立各类投资公司向银行举债。但是,由于此类贷款用于水业及垃圾处理基础设施建设,并由政府部门承诺还款,因此最终的还债主体还是财政。城市水业及垃圾处理基础设施债务依赖型的融资模式使政府债务规模不断增大,利息负担沉重。现有城市财政能力大多只能归还利息,有些连利息也难以偿还,只能借新债还旧债。尽管有政府信用作为保证,但由于政府项目还款困难,银行也相应调低了该类项目的资信程度,使政府信贷再融资的成本提高。因为缺乏其他融资渠道作为替代,为加快水业及垃圾处理基础设施建设步伐,债务融资仍是地方政府无奈的选择。如某市在各区通过政府各类投资公司向银行借款用于水业及垃圾处理基础设施的资金规模累计分别达到3～6亿元,每年银行利息2000万元左右,各区政府只有不断压缩其他方面的支出才能勉强保证归还银行利息,而本金只能在银行挂账。国内其他有些城市也存在类似问题。

从风险控制的角度讲,商业银行一般倾向于提供期限相对较短、规模相对较小的贷款,如果集中投放建设周期较长、资金规模较大的基础设施项目会给银行带来较大的经营风险。实践也表明:政府水业及垃圾处理基础设施的银行融资已经和正在给银行系统带来大量不良资产,因而孕育着较大的金融风险,化解这些不良资产的过程可能比解决国有企业的高负债问题更加困难。因为其中一些项目属于市政设施,收入水平较低,甚至不能弥补运营成本支出,不具有稳定的收入流,因而难以进入规范的商业程序进行资产重组和市场化。债务负担过重已经使许多地方政府陷入困境,一些地方财政长期无法支付银行本息,政府债务问题很可能进一步危害到经济的稳定发展。过度银行债务依赖型的融资模式是城市水业及垃圾处理基础设施融资体制性缺陷的必然反映和集中表现,而这一体制也越来越难以适应快速发展的城市水业及垃圾处理基础设施建设的需要。

3.3 我国融资模式选择的主要制约因素

在我国向社会主义市场经济转轨过程中，单一的以银行为中介的间接融资传统模式已越来越不能满足资本形成和经济快速增长的需要。20世纪80年代中期以来，以股票和债券为工具的直接融资形式在我国逐步得到发展。权衡不同融资形式的利弊得失，选择适合我国国情的融资模式，对促进我国经济改革与发展有着重要意义。

3.3.1 融资模式选择的主要依据

直接融资和间接融资是市场经济中两种基本的融资形式。直接融资是以发行股票和债券的形式向资本的初始所有者筹资，间接融资则指以商业银行等为中介机构而进行的融资，即金融中介机构一方面以发行间接证券的形式从资金盈余者那里吸收资金，另一方面则通过购买赤字单位发行的直接证券等形式面向赤字单位提供资金。融资模式的选择受各国经济发展阶段、市场发育程度、历史传统和现实需要等因素制约，同时也与直接融资和间接融资在上述因素制约下的不同适用性有关，此外还要考虑相应的风险监管能力能否防范和化解金融风险。

(1) 经济发展阶段及融资市场演化程度

与经济发展的各个阶段相适应，融资形式的发展存在着从自我积累为主到外源间接融资为主再到高效直接融资为主的变迁过程。在经济发展的初期，经济自给性强，人均收入低，金融资源匮乏，企业倾向于自有资本积累；在经济开始起飞和转轨阶段，工业代替农业成为国民经济的主导部门，普遍存在着资金短缺、基础设施不足和产业结构不合理等问题。政府为了对重点产业或地区实行扶持和倾斜，进行公共产品供给和基础设施建设，利用大银行集中金融资源进行扶持，带有政策性指导性的间接融资具有重要的作用。随着经济转轨的进程的加快,第三产业比重加大,在银行市场化改革的同时,直接融资得到重视和发展,导致分业经营受到挑战。在经济发展成熟阶段,科技成为新的产业部门,交易技术高度发达,间接融资和直接融资相互融合,全能制银行或"金融百货公司"渐居主导地位。

(2) 融资形式的不同功能和风险

融资形式的演化是对金融交易费用最小化选择和权衡各自的功能和风险趋利避害的结果。间接融资通过银行中介完成储蓄到投资的转换,银行具有信息生产的优势,节约了投融资双方相遇的信息成本和交易摩擦成本,银行与企业关系较为紧密,便于对项目进行监管。其缺陷主要是容易造成政府干预及体制僵化,融资效率低,负债企业经营风险转嫁银行,诱发金融危机。直接融资通过交易机制和价格信号发挥市场的功能集聚资金,满足风险偏好型投资者的需要,具有制度生成机制。在市场流动性较高,交易费用较低的情况下有较高的效率。直接融资的缺陷主要在于投融资双方信息不对称,银行与企业关系较为松散,股票市场对企业通过退出、接管和兼并来进行弱监管。股市崩溃常导致企业破产、倒闭和个人资产缩小,在混业经营的情况下还会将风险传导致银行,引发全面经济危机。

(3) 历史传统和现阶段经济发展的需要

对经济有强行政干预传统和民族性谨慎保守的国家,历史上一般采取银行主导型的间接融资模式;有自由市场经济体制传统和民族心理偏爱冒险的国家,多以直接融资为主。各国现有融资模式大多沿袭了历史传统。现时经济发展的需要使融资模式发生了革命性的变化。随着经济全球化和科技的进步,在发达国家中,采取间接融资为主的国家的金融重心向直接融资转化,以直接融资为主的融资模式转为全能制银行。转轨经济国家大都根据经济发展的需要增加了直接融资的比重。

3.3.2 我国现有融资环境的特点

长期以来,我国融资模式以银行间接融资为主,20世纪80年代才开始发展证券市场。我国现有融资模式有如下特点:

1) 以银行为中介的间接融资为主。我国四大国有专业银行集中了全社会75%以上的存款和80%的贷款。

2) 企业内源融资率低,外源银行融资依赖过高。目前我国企业资金80%来源于外源融资,其中60%~70%又来自于银行。

3) 直接融资发展迅速,但比重仍然偏小。现在我国直接融资比重仅占企业融资的10%,流通市值只占国民生产总值(GNP)的15%左右。而西方发达国家和亚洲新兴工业化国家的这一比重分别达70%和90%。

4) 融资机制保留着很强的行政化特征。目前我国四大专业银行属国有独资,主要官员由政府委派,承担着政府管理经济和自主经营的双重职能,政策性业务和商业性业务相混合。在证券市场,从股票发行上市审批制到股市涨跌都有政府干预的痕迹,违背了市场的内在规律,扭曲和削弱了证券市场的功能。

3.3.3 我国融资模式选择的制约因素

融资模式总的说来受制于我国经济发展水平和改革的进度。融资模式的选择要考虑到以下因素:

1) 银行融资长期占统治地位,具有组织优势和信息优势,在我国经济不发达和市场体系不完善的情况下,必须继续发挥其产业协调作用,有利于帮助企业投资和重组,监控企业和约束管理人员。

2) 国民收入流程结构由政府主导型变为居民主导型要求投资主体多元化和大力发展直接融资。

3) 居民的高储蓄倾向、低风险承受能力和证券市场有效性不足使直接融资的发展有一定的限度,况且在分业经营的情况下,无限制地发展直接融资会使银行业萎缩,最终可能导致两种融资形式均陷入低效化。

4) 从融资成本与风险、资本积聚速度来看:

• 由于目前我国股市上市公司回报率极低,而投资者意在取得利差,加上直接融资的不可逆性,使得资金成本极为低廉,股市资金成了公共产品,融资成本低于间接融资。

• 由于股市以个人投资者为主,风险由散户分摊,分业经营阻断了风险传播,目前直接融资风险较小,不会影响经济稳定。

• 由于企业债务高企,银行借贷,直接融资积聚速度快于间接融资。

最后,从资本盈利能力和减债效果来看,由于上市公司改制先行了一步,其资金的投向、运用和收益受到公众的监督,促进了上市公司的盈利能力的提高。因此在目前我国国有银行体系和国企改革滞后,间接融资效率低下的情况下,证券融资是使社会再生产顺利进行、促进经济增长的有效途径。

第4章 符合国情的小城镇水业及垃圾处理基础设施融资模式

我国经济已从高速发展转向平稳运行。在当前国内外的经济形势下,基础设施是经济增长不可或缺的重要条件,而基础设施的融资方式是否合理成为资源配置是否成功的重要环节,对投资的效率、质量和经济发展,以至经济制度的建立关系重大。深入考察融资方式在全球范围内的演变,有助于认识我国基础设施融资体制的发展规律和趋势,以选择合理有效的融资方式。

基础设施融资体制实质是三种融资方式的演变发展。按照历史发展及其性质的不同,融资方式可以分为财政融资、信贷融资和证券融资三种方式。基础设施融资体制就是在这三种融资方式的演变中实现的。

我国基础设施融资体制大体经历了三大发展阶段。第一阶段是在20世纪70年代以前,主要是靠财政融资的单一方式。基本是靠国家财政预算无偿拨款,银行作用甚微,很少的信贷资金被用于基础设施建设,虽然是以贷款形势,但主要由行政按财政融资方式分配。第二阶段是在20世纪70年代以后,由于经济发展的推动,开始大量运用银行信贷融资。1979年进行的融资体制改革,不但在流动资金的供给上,而且在基建投资中由财政拨款改为银行贷款,逐步形成了以信贷融资为主的基础设施融资体系。20世纪90年代中期,资本市场有了长足的发展,但证券融资尚处于发育成长时期,整个基础设施融资格局以信贷融资、财政融资和证券融资共同发展。目前从这三种融资方式的发展看,财政融资的规模和比例在下降,但存在效率不高、风险监控不力的问题；信贷融资的规模巨大但是基础脆弱；资本市场发育不足。从我国的经验和教训中可以发现，这三种融资方式有着自身的优点和特点，他们要相互配合，但不能相互混淆。协调三种融资方式，并保持协调配合的良性发展才有利于基础设施的建设。

4.1 建设-经营-移交（BOT-Build Operate Transfer）模式

BOT，即建设-运营-移交，是指当地国政府与项目公司签订合同，由项目公司筹资参与基础设施和公共工程项目的开发和建设。项目建成后，由项目公司在规定期限内经营该项目以收回其对该项目的投资，以及其他合理的服务费用等，经营期限一般为15～20年，在规定的经营期限届满时，项目设施无偿转让给当地政府。它是近年来国际社会，尤其是发展中国家所普遍重视并经常采用的一种新的经济技术合作方式。BOT方式由土耳其总理土格脱·奥扎尔1984年首次提出后，迅速在发展中国家得到广泛应用。

4.1.1 BOT模式的主要作用

BOT模式受到人们青睐的主要原因是该方式具有区别于其他方式的优势，即它是一种集融资、建设、经营和转让为一体的多功能投资方式。

（1）解决资金融通的困境

BOT投资项目的投资主体是私营公司，项目主体是当地政府的基础性项目，因此出现了带资承包方式，由私营公司或国际财团进行融资承包建设项目。这种功能不仅解决了当地政府资金短缺的问题，而且更重要的是使当地政府摆脱债务危机的困扰，同时使项目风险分散或转移。这种融资功能的发挥取决于投资项目的性质、投资者的财务实力和信誉、项目风险和当地政府给予的支持。

(2) 为建设项目的顺利完成提供保障

BOT 建设功能是通过采取招标方式实现的,是通过多种方式来投资完成的,因此 BOT 建设项目是项系统工程。在这个大系统中,既有项目主体、咨询设计、工程实施,还有经营管理等组织系统。

(3) 项目建成可持续运营提供保障

BOT 的经营功能体现了工程承包"前伸后延"的发展趋向。项目合同前伸到投资机会和可行性研究等阶段,后延到指导投产和运营阶段。这种经营功能是通过当地政府给予投资项目的特许权实现的。因此,BOT 的经营又与国际技术贸易、补偿贸易、租赁贸易等相互结合。

我国有世界上最大的 BOT 方式的市场,而 BOT 方式的项目都在基础产业,这一点又与我国吸收外商投资的重点相吻合,使政府投向基础产业建设的资金有充分回旋的余地,从而弥补基础产业发展中的缺口。

4.1.2 运作 BOT 项目存在的障碍

我国在利用 BOT 方式融资方面已经迈出了可喜的第一步,但前面的道路仍是困难重重。

1) 对采用 BOT 融资方式在认识上还存在疑虑。BOT 在我国还属于新生事物,组织 BOT 的运作更是一项全新的工作,人们需要一个熟悉、了解、认可、实践、探索、提高的过程。由于 BOT 项目的承担者都要求项目所在地政府对其投资的收益给予一定的担保和必要的政策优惠,以使其有足够的收入偿还项目贷款,并获得一定的利润,因而目前实行 BOT 方式还有一定的困难。这主要是因为许多人对 BOT 方式还缺乏全面的了解,同时担心运用 BOT 方式会影响国家对这些关系国计民生的领域的控制权。其实,采用 BOT 方式投资的项目,主要是那些目前经济发展中急需、而国家眼前又无力投资或者一时拿不出大量资金来投资的项目，采用BOT方式可以在较短的时间内利用外资把这些项目建设起来，从而大大增强我国经济生活的有效供给能力，带动和促进经济的快速发展，并取得广泛的经济和社会效益。评价BOT方式的优劣不能仅仅从一个项目自身的收益来判断，而应从对地区经济及国民经济和社会发展的影响来综合考虑。

2) 项目选择上的困难。一般BOT投资者喜欢投资于那些技术上成熟、投资风险尽可能小、投资回报率高的项目，而我们的基础设施项目大都是投资规模大、建设期长、投资回报率低的项目。这就给我们选择项目带来很大困难。

3) 由市场决定的价格体制尚未形成。按照BOT的运营原则，外商投资于基础设施项目是要获得一定利润的，因此要向项目的用户收取费用。而我们知道，在计划经济模式下，政府往往对垄断性行业的经营进行补贴，使项目的产品价格低于价值。但是，在BOT方式下，外商对项目的产品价格和服务定价是经过严格核算的，一般要比原计划经济模式下价格高，这一方面使老百姓较难承受，另一方面又会使得BOT谈判难以成交。

4) 运行BOT项目技术上的困难。因为采用BOT投资方式要在投融资、国际招标、项目管理、财务、工程、法律、商务等方面行使国际惯例，按规范的BOT投资方式运作。为此，要求我们既要了解我国的国情，又要熟悉BOT投资方式的国际惯例，这是保证BOT项目得以顺利执行的基本条件，我国目前还缺少这方面的专门人才，如果没有一支专业队伍，在BOT项目谈判中就很难维护我方的利益，而且BOT项目的成功率也会比较低。

4.1.3 积极实施BOT的主要措施

(1) 建立健全相关的法律法规

1) 政府应尽快制定正式的法律文本以明确项目融资的有关

规则　法律文本具体内容大致包括：项目融资模式（如 BOT、TOT、TOO 等）内涵的定义和说明，项目范畴、规模和批准部门的权限和手续，优先实施的项目，特许经营权的性质和内容，项目融资和建设实施的程序，担保要求，偿还的原则，环保要求，知识产权保护，鼓励性政策和措施以及风险分担的原则等。如有可能，有关部门还应该编写出特许权协议的标准参考文本，以规范融资协议的内容。

2）合理限定 BOT 方式的应用范围和条件　防止出现基础产业在短期内的过度民营化。从目前的经营增长态势和政策环境看，BOT 方式的推广在地方利益驱动机制的作用下会得到加强，这样做的结果必然导致基础产业不必要的民营化，由于我国经济对资本的吸收力很强，其弊端在近期内也许还不会暴露，但从长远看却是显然的。

（2）转变领导观念

各地领导一定要高瞻远瞩，勇于研究新事物，接受新事物，学习和了解如何采用 BOT 等以前不熟悉的模式，用新的思路和方法来进行项目融资。采用 BOT 模式来融资和建设基础设施时，一定要有"双赢"（Win-Win）的思想，即认识到这种方式对双方都是有利的。项目发起人花费大量精力，冒着很大的风险来为政府的基础设施项目融资、建设和运营管理，地方政府就应该给予足够的优惠政策。各地领导要认识到地方政府付出的仅是一个时期的"经营权"而得到的有形和无形效益却是多方面的，如缓解资金压力、减少投资风险和完善管理等许多收益是不能用金钱来计算的。

（3）规范政府投融资管理体制

在大多数基础设施建设项目中，不可避免地要求公共部门的介入，所以，项目建设往往采取公私合作的形式。为此，政府的投融资管理体制必须规范，只有这样才能使外来投资者了解当地政府对采购程序、担保等问题的具体要求，使投资者确信当地政府支持外来投资，确信自己投资的权益可以得到合法有效的保护，也只有这样才能真正吸引更多的外来资本进入BOT项目。

（4）重视国内融资

我国综合国力已经达到较高水平，国内资金雄厚的大型国有企业、民营企业已具有相当大的规模，这些大中型企业在资本运作过程中，越来越关注对收益稳定的大型基础设施建设的投资。我国试点的所有BOT项目都是针对境外资金的，从BOT的长远发展来看，必须改变这种只偏重吸引外资的状况。针对国内投资者的BOT融资应得到政府和行业主管部门的足够重视，同时给予针对性的研究和引导。在当前我国国内资金已经具备相当实力的条件下，主管部门应敏锐地抓住时机，重视和积极吸引国内资本参与BOT融资。

（5）加强专业人才培养

BOT等项目融资模式建设，是一项综合性很强的工作，涉及工程技术、施工管理经验、金融、法律法规、文件编制、外语（涉外工程）和谈判技巧等方面的专业知识。有关部门和企业应该采取多种方式，有计划、有针对性地培养和造就一批融多种技术于一身的复合型人才。在进行BOT建设中，将这些人才有机地组合起来，建立一个各方面力量均衡的项目管理队伍，以满足我国基础设施建设采用BOT等模式进行融资时对人才的需求。

（6）优选一批适合BOT融资模式的基建项目，逐步积累实践经验

我国在刚开始采用BOT模式兴建基础设施时，应首先优选少数项目进行试点，逐步积累经验，然后再将成熟的理论和经验进一步推广。政府在项目立项前一定要充分论证，认真进行项目的可行性研究（包括工程经济评价、建设和生产条件、市场、法规、技术和环境等各个方面）和经济评价（包括国民经济评价和财务评价）。对于BOT模式来说，特别要进行细致准确和实事求是的财务评价，使投资者对投资回报确有把握。对于急需的但

对项目公司投资回报没有把握的项目，政府一定要研究补偿措施或提供其他优惠条件（如税收优惠、另外提供可开发的项目等）。通过项目优选，一方面可以逐步积累实践经验，完善融资理论；另一方面可以在项目建成后产生良性连锁反应，从而进一步推广先进的融资理念和方法。

4.1.4 实施水业及垃圾处理基础设施 BOT 项目的可行性

在"八五"期间原国家计委就提出了利用 BOT 引进外资，投资基础设施的设想。政府对于 BOT 投资十分重视和支持，并在交通基础设施项目中进行了 BOT 项目的试点，实践证明 BOT 投资方式在我国水业及垃圾处理基础设施领域也是可行的，其原因在于：

（1）符合国家发展环保产业的政策导向

环保产业是国民经济的重要组成部分，也是防治环境污染，改善生态环境的物质技术基础，因此国家鼓励环保产业的大力发展，但是资金和技术问题的困难，又制约了水业及垃圾处理基础设施的建设。引入 BOT 投资方式，可以获得更为充裕的资金和更为先进的技术，这必定会推动环保产业的发展。

（2）符合污染集中控制的思想

鉴于传统环境污染点源控制机制存在投资分散、整体效益低下、不利于先进技术和管理手段实施等缺陷，国家提出了污染集中控制的指导原则。水业及垃圾处理基础设施是在特定范围内为保护环境而建立的污染集中治理设施，如城市大型污水处理厂、城市垃圾处理场。运用 BOT 方式促进水业及垃圾处理基础设施产业化发展，是实施污染物集中控制的具体形式之一。

（3）环保产业有广阔的市场，对外商有较大的吸引力

我国环保产业有着广阔的市场。以污水处理厂为例，为使我国的流域水体变清，还必须修建一大批城市污水处理厂，据1999 年的资料表明，在淮河流域要建 52 座（14 座已开工），辽

河21座（4座已建成），巢湖2座（1座已开工），太湖33座，海河也正在规划。所以我国巨大的水业及垃圾处理基础设施市场对外商有较大的吸引力。

（4）水业及垃圾处理基础设施具备BOT项目的要求

BOT投资项目一般有以下特点：①规模较大，资金需要量大；②技术要求高；③具有盈利能力；④使用期限长。水业及垃圾处理基础设施如城市垃圾处理厂，一方面耗资巨大，建造和运营过程中要求有较高的技术含量；另一方面政府通过补贴、税收优惠、政策倾斜能够保证水业及垃圾处理基础设施投资者从处置污染物和后期产品出售中获得稳定收益。而且，水业及垃圾处理基础设施的使用寿命一般都较长，因此适宜于用BOT方式进行投资。

总之，利用BOT方式进入环保建设项目，应是我国经济结构调整的战略选择，是我国投融资体制的一项重大改革，它在投资主体多元化、法人治理结构的完善、引入国际先进的投融资方法等方面，都具有十分明显的功效。相信它的引入，对于制止一直困扰我国的环境污染严重、重复建设、乱上项目和严重浪费稀缺资源等现象，加快我国基础设施建设，推动经济增长，将会发挥重要的作用。

采取TOT模式——徐州污水处理厂 1.6亿元转让经营权30年

淮河流域第一座城市污水处理厂——徐州污水处理厂的经营权转让最近尘埃落定。安徽国祯环保节能股份有限公司斥资1.6亿元以TOT方式购买了该污水处理厂30年的经营权。TOT是城市环保基础设施的一种融资方式。其含义是"转让-运营-转让"，即政府通过出让污水处理厂、垃圾处理场一定期限的经营权、收益权，来吸收社会资本投资环保基础设施。项目的投资者在规定的经营期限内支付运营费用、收回投资并获得一定的利润，经营期结束后，将该项目的经营权再移交给当地政府。TOT融资方式在我国处于刚刚起步的阶段，它与BOT的不同之处在于，BOT是由投资者新建一座污水处理厂或垃圾处理场，而TOT是政府将过去已经建成的污水处理厂或垃圾处理场出售给投资商经营，政府可将收回的投资用于城市污水管网等设施的建设。TOT模式的好处是可以盘活市政存量资产，使政府有更多的财力来从事其他方面的城市建设。此外，由于政府出售的是已经建成的且能正常运营的环保基础设施，建设期的风险不用承担，从而更能吸引投资者。

徐州污水处理厂是淮河流域水污染治理的重点工程，是徐州市政府利用国债资金、外国政府贷款和地方财政资金于1994年和1998年分二期建成的。该厂日处理能力为16.5万t，占了徐州市生活污水排放量的1/2。徐州市政府这次与国祯环保公司合作，以TOT方式实现了徐州污水处理厂的经营权转让，这对于盘活市政存量资产，推动污水处理的市场化、产业化，促进全市公用事业发展，起到十分积极的示范和推动作用。

4.2 资产证券化（ABS-Asset Backed Securities）模式

4.2.1 资产证券化融资模式的起源和发展

资产证券化起源于20世纪60年代末美国的住宅抵押贷款市场。这一时期的美国社会对住宅抵押贷款的需求大幅上升，远远超出了当时储蓄机构的放贷能力，其储蓄资金被大量提取，利差收入逐渐减少，竞争实力也明显下降，经营状况日趋恶化。为了解决住宅融资中的资金短缺问题，美国政府决定启动并搞活住宅抵押贷款二级市场。1968年，联邦国民抵押协会首次公开发行

"过手证券",这是最早意义上的资产证券化交易。20世纪80年代以来,随着世界经济的飞速发展,资产证券化的内含和外延发生了变化。其应用范围从最初的住房抵押贷款逐渐扩展到汽车、信用卡、其他信贷资产以及各种应收款项,业务规模迅速增长,被证券化了的资产所有者不仅指商业银行等贷款机构,还可以是企业等非金融机构。资产证券化的概念已不单指一种实际过程,而在更重要的意义上成为一种内容十分丰富的理财观念和方式。步入20世纪90年代,随着金融管制在欧美的放松和巴塞尔协议在各国的实施,以及银行对资本充足率和不良资产的重视,大大刺激了资产证券化在世界各国的发展。1995年,世界银行属下的国际金融公司以其在南美等发展中国家的长期资产为抵押,发行了4亿美元的不可追索证券。1994年,香港发行了3.5亿港元的抵押贷款债券。到1996年,资产证券化进一步延伸到印尼、泰国、马来西亚和日本等亚洲国家。特别是1997年下半年开始,东南亚及东亚一些国家爆发了严重的金融危机,进而诱发了许多国家的经济和社会危机。金融危机严重影响了这些国家的企业和银行的资产结构和融资能力。在资本外流,银行、企业大量倒闭的情况下,许多国家和地区的企业及金融机构纷纷谋求通过证券化方式筹集资金,证券化融资方式就此迅速发展起来。据资料记载,1998年东南亚各国发行的资产支持证券已超过20亿美元。

4.2.2 资产证券化的融资特点

1. 证券化通常是将多个原始权益人所需融资的资产集中成一个资产池进行证券化,由于资产的多样性而使得风险更小,成本进一步降低。用于证券化的资产具备下述特征:

- 具有可预测的未来现金流量;
- 资产或债权均质化:包括标准化的契约,易于把握还款条件与还款期限的资产;

- 资产达到一定的信用质量标准,即资产的呆账风险低或有高质量的担保品做抵押,呆账损失可以合理地估算;
- 资产规模大,整个资产组合中的资产应尽可能地具有分散的特性;
- 稳定的本利分期偿付。

2. 独特的不显示在资产负债表上的融资方法,资产负债表中的资产经组合后成为市场化投资产品。由于在不改变资本的情况下降低了资产的库存,原始权益人资产负债率得到改善,有关的资产成为所发行证券的让渡担保抵押品,但原始权益人仍继续为该筹资资产服务。

3. 利用结构融资技巧提高资产的质量,使公司的资产成为高质资产。

4. 投资者的风险取决于可预测现金收入而不是企业自身的资产状况和评级的高低,由于高等级担保公司的介入又使投资的安全性大为提高。

5. 证券化应用范围广,凡有可预见收入支撑和持续现金流量的,经过适当的结构重组均可进行证券化融资。

6. 对于投资市场的吸引力是开发证券市场的关键,而证券化融资有效地解决了这个关键问题。由于获得高评级的证券发生违约破产的比例很低,证券化融资可以使投资者放心,从而拓展了投资主体。

4.2.3 资产证券化融资模式的具体操作

(1) 资产证券化过程中的参与者

资产证券化作为一种新兴的金融工具,由于它具有比传统融资方式更为经济的特点,因而近年来发展迅速,被证券化的金融资产种类越来越多,证券化交易的组织结构也越来越复杂。实际运作中通常包括以下几个要素:发起人(Originators)、特设信托机构(Special Purpose Vehicle,SPV 或称发行人)、投资者

(Investors)、投资银行（Invest Banks）、资信评级机构（Rating Agency）、信用增级机构、管理机构、受托管理机构及律师、注册会计师等。各要素在证券化系统中扮演着不同的角色，各司其职，起着相互联系、相互牵制的作用。

(2) 资产证券化融资模式的操作过程

1) 明确资产证券化所要达到的目的，精心设计与组建"资产池"　"资产池"（Asset-Pool）是个很形象的比喻，它是指资产证券化过程中选取、整合资产的过程。这里，资产的选取、整合不仅限于一家企业的资产，而可以将许多不同地域、不同原始权益人的资产汇聚到"资产池"。

2) 组建特设信托机构（SPV），实现"真实出售"（True Sale）　SPV是一个以资产证券化为惟一目的的、独立的信托实体，注册后的SPV的活动必须受法律的严格限制，其资金全部来源于发行证券的收入。SPV成立后，与发起人签订买卖合同，发起人将资产池中的资产过户给SPV。这一交易必须以"真实出售"的方式进行，即出售后的资产在发起人破产时不作为法定财产参与清算，资产也不列入清算范围，从而达到"破产隔离"（Bankrupt Remote）的目的。

3) ABS的信用增级与信用评级　经过前两个阶段，证券化交易就进入了核心环节：信用增级与信用评级。作为以资产为担保而发行的ABS，其投资利益能否得到有效的保护和实现主要取决于证券化资产的信用保证。资产所产生的违约、拖欠或债务偿付期与ABS偿付期不符都会给投资者带来损失，这些风险构成了ABS的信用风险和流动性风险。信用增级的目的就在于降低和消除这类风险，使ABS能够为投资人所接受。它通常由信用资质较好的信用增级人以担保、保证或保险的形式实现。而信用评级是向证券市场投资人提供证券选择的依据，它是整个资产证券化中相当重要的一环。对ABS的评级一般由得到资本市场公认的信用评级机构进行，如标准普尔公司（Standard Pool）和穆迪公司（Moody's）等。

4）ABS 的发行　ABS 发行是将经过信用增级和信用评级机构评估为投资级的证券发行到投资人手中的过程。大多数 ABS 的发行和承销工作由投资银行担当，同时投资银行在与资产证券化发起人共同协作的基础上处理与 ABS 证券发行相关的会计、法律和税务等诸多事项，并使之符合 ABS 证券发行的最终要求，可以说投资银行是整个资产证券化操作的组织者。SPV 从投资银行处获取证券发行收入，再按资产买卖合同中规定的购买价格，把发行收入的大部分支付给发起人。

5）证券挂牌上市交易，资产售后管理和服务　ABS 发行完毕后到证券交易所申请挂牌上市，从而真正实现了金融机构的信贷资产流动性的目的。但资产证券化的工作并没有全部完成。发起人要指定一个资产池管理公司或亲自对资产池进行管理，负责收取、记录由资产池产生的现金收入，并将这些收款全部存入托管行的收款专户。托管行按约定建立积累金，交给 SPV，由其对积累金进行资产管理，以便到期时对投资者还本付息。待 ABS 到期后，还要向聘用的各类机构支付专业服务费。由资产池产生的收入在还本付息、支付各项服务费之后，若有剩余，按协议规定在发起人和 SPV 之间进行分配，整个资产证券化过程即告结束。

4.2.4　我国实施水业及垃圾处理基础设施资产证券化的必要性

城市水业及垃圾处理基础设施是城市存在和发展的物质载体，也是衡量城市经济和生活水平的重要标志。多为投资巨大，外部效应强的公益性项目，通常政府财政在其中发挥着不可替代的作用。而随着我国逐步转向市场经济体制，水业及垃圾处理基础设施由主要依靠政府向多元化投资转变。由于改革中分配体制逐步向企业和个人倾斜，财政收入占 GDP 的比重有所下降，由于财力有限，国家财政预算内基建投资的份额也有所下降。可见，政府对水业及垃圾处理基础设施的投资已经不再占主导地位，来自银行的贷款，引进外资和建设单位自筹的资金以及国内发行股票债券进行融资的比重日益上升。但是，由于水业及垃圾处理基础设施一般规模大，期限长，相对资金收益率低，偿债能力差，银行往往不愿对其贷款，再加上水业及垃圾处理基础设施关系重大，对引进外国直接投资（FDI）有诸多限制。因此，如何探索和寻求水业及垃圾处理基础设施建设的新的融资渠道和方式，多方位筹集建设资金，形成多元化的筹资主体已成为加快城市现代化建设的重要课题。

4.2.5 ABS融资方式进行水业及垃圾处理基础设施融资的优点

（1）低融资风险

首先，ABS是以现存和未来可预见现金流量支撑的固定回报投资证券，而不是以发起人信用支撑的证券，因而可以降低证券的风险。其次，ABS采用"真实出售"，即在债券发行期内SPV拥有项目资产的所有权，原始权益人一旦发生破产，能带来的预期收入的资产将不被列入清算范围，实现了"破产隔离"，避免了投资者受到原权益人的信用风险影响。

（2）低融资成本

ABS方式的运作只涉及到原始投资人、SPV、投资者、证券承销商等几个主体，无需政府的许可，授权及外汇担保，是一种按市场经济规则运作的融资方式。水业及垃圾处理基础设施运用ABS，可以最大限度减少酬金，差价等中间费用，降低融资成本。另外，ABS证券采用"真实出售"、"破产隔离"、"信用增加"等一系列技术提高了资产的资信等级，使得一些资产流动性差的水业及垃圾处理基础设施项目有机会进入证券市场以较低成本进行融资。

(3) 实现所有权和运营权的分离

采用 ABS 方式融资，虽然在债券的发行期内项目的资产所有权归 SPV 所有，但项目的资产运营和决策权依然归原始权益人所有。因此，在运用 ABS 方式融资时，不必担心项目是关系国计民生的重要项目或关系国家军事机密的项目而被外商所控制和利用。

(4) 筹措大量的资金

如果能够很好地利用 ABS 方式在国际资本市场上进行融资，就可以缓解我国水业及垃圾处理基础设施建设资金不足的现状。与此同时，如果能在国内市场上发行 ABS 债券，由于其较低的投资风险，可以调动起私人投资国家基本建设的热情，也能为日益增强的机构投资者，如互助基金等提供良好的投资途径，促进其高效运行。从而为水业及垃圾处理基础设施筹措大量的资金。

(5) 改善项目公司的财务状况

1) 采用 ABS 方法，融资不在资产负债表上体现，资产负债表中的资产经过改组后成为市场化的投资品，这样可以增加公司的表外业务收入，便于公司进行资产负债管理。

2) ABS 证券的发行依据不是公司全部的法定财产，而是以被证券化的资产为限，资产证券的购买者与持有者在证券到期时可获得本金和利息的偿还，证券化资金来源与担保资产所创造的现金流量，即资产债务人偿还的债务到期本金与利息。

4.3 公共部门与私人企业合作 (PPP-Public Private Partnership) 模式

以国家财政为基础进行水业及垃圾处理基础设施建设是世界各国普遍采取的政策。但随着经济的高速发展，对水业及垃圾处理基础设施建设投资的需求与日俱增，单单依靠国家财政拨款建设水业及垃圾处理基础设施显然已远不能满足对水业及垃圾处基础设施建设投资的巨大需求。改革开放以来，我国经济取得了巨大的发展，但水业及垃圾处理基础设施建设资金的不足，成为制约我国经济发展的"瓶颈"。如何解决这一问题成为时下的焦点问题。

4.3.1 PPP融资方式的起源

随着政府财政在水业及垃圾处理基础设施建设中地位的下降，私人企业在其中开始发挥越来越重要的作用。在水业及垃圾处理基础设施的建设中，采取了多种多样的私人企业参与建设的方式，比如UVW方式。但是这些方式存在着诸多问题。

（1）在水业及垃圾处理基础设施建设中引入私人企业参与，采用招投标体制时经常会使得投标价格过高。这是由招投标双方的一些特点导致的

1）参与投标的私人企业或私人企业的联合体为了保证为项目所在国政府或者所属机构提供最高的资金价值，为了给投资者和贷款者一个合理的回报，同时为了自己能够获得盈利，不得不把投标的价格定得高一些。他们不仅要考虑项目所在国政府或者所属机构在项目建设中的目标，也要考虑投资者和他们自己的利益。

2）参与投标的私人企业或私人企业的联合体在与项目所在国政府或者所属机构以及项目的投资者进行谈判时，磋商所需要的时间过长，参与各方花费的人力、物力都很大，准备工作很繁琐等，都会导致投标的价格过高。

项目所在国政府或者所属机构需要对投标方承担风险的能力及其从银行、政府、各类世界组织或金融市场筹集资金的能力进行评估。在招投标过程中，双方都需要准备大量的文件，搜集信息，这个准备过程有可能持续几年。

（2）吸引私人企业参与水业及垃圾处理基础设施建设的一个目的就是利用私人企业的资金、先进的技术和管理经验来更好地

进行水业及垃圾处理基础设施的建设，提供服务。但是，在现行的项目融资模式中这个目标没有完全达到。

在项目的初始阶段，项目的确认、设计和可行性研究等前期工作基本上都是由项目所在国政府或者所属机构进行的并报政府审批。这个阶段基本上没有私人企业参与，而恰恰就是在这个阶段对项目进行过程中所采用的技术等进行了一个基本定位。这就使得在私人企业参与项目的建设和运营工作时，所使用的技术必须是已经经过政府企业管理审批的技术，从而对私人企业的技术创新进行了很大的限制。假如私人企业对项目中所使用的技术进行了创新，就需要面临再次的审批过程，而通过与否还是个未知数，无形中给私人企业增加了风险。因此，私人企业在项目过程中所作的技术改进工作就仅限于对技术细节的设计和对使用哪种原材料的决定。

目前，在各类大中型水业及垃圾处理基础设施项目中采用的融资方式，如 BOT 中是存在这些问题的。我们认为这些问题的产生主要是项目的组织机构的设置存在问题。在引入私人企业参与水业及垃圾处理基础设施建设的项目中，影响项目实施的一个基础因素就是项目的组织机构的设置和项目参与各方之间的相互影响和作用。在目前的组织机构中，参与项目的公共部门和私人企业之间都是以等级的方式发生相互影响；项目的组织机构的设置是金字塔式的。

图 4-1 示意性地描绘了这种金字塔式的项目组织机构的结构。

图 4-1　金字塔式的项目组织机构

1) 在金字塔的顶部是项目所在地的政府，是引入私人企业参与水业及垃圾处理基础设施建设项目的有关政策的制定者。项目所在地政府对水业及垃圾处理基础设施建设项目有一个整体的政策框架、目标和实施策略，对项目的建设和运营过程的参与各方进行指导和约束。

2）在金字塔的中部是项目所在地政府的有关机构，负责对项目所在地政府制定的指导性的政策框架进行具体的解释和运用，并把政策框架概括形成具体的目标，同时根据这些政策框架制定本机构的目标。

3）金字塔的底部是项目的私人参与者，通过与项目的所在地政府的有关机构签署一个长期的协议或合同，对本机构的目标、项目所在地政府的政策目标和项目所在地政府的有关机构的具体目标进行协调，尽可能使项目参与各方在项目进行中达到预定的目标。

在这个金字塔式的组织机构内部有两个层次的相互影响和作用：

• 机构内部的相互影响和作用是指同一机构内部受相同的规范指导的各部门之间的相互作用；

• 机构之间的相互影响和作用是指不同机构之间受不同的规范指导的各部门之间的相互作用。

项目的参与各方都有自己的一系列组织目标和特性，从而影响着其参与项目的目的也不同，这就决定了其在项目组织机构中所扮演的角色的不同。正是由于参与各方的不同目标导致了他们之间的利益冲突。

项目所在地政府或有关机构参与项目的目标总的来说可以分为两类：一类是低层次的目标，是指特定项目的短期目标，也就是改善公用设施的服务；另一类是高层次的目标，是指引入私人企业参与水业及垃圾处理基础设施建设的综合的长期目标，也就是使政府的支出体现为资金的价值。如果风险与报酬达到平衡的话，那么引进私人企业可以使短期目标得到有效的实现。私人企业参与者的短期目标是获得利润，长期目标是在水业及垃圾处理基础设施建设的市场中保持竞争优势，增加市场份额。项目组织机构总的目标就是建设水业及垃圾处理基础设施，提供有效、高质量的服务。既然项目参与各方的目标各不相同，那么如何设置组织机构才能协调各方，达到项目组织机构的总的目标呢？

4.3.2 PPP融资方式概述

PPP即公共部门与私人企业合作模式是指政府、营利性企业和非营利性企业基于某个项目而形成的相互合作关系的形式。通过这种合作形式，合作各方可以达到与预期单独行动相比更为有利的结果。合作各方参与某个项目时，政府并不是把项目的责任全部转移给私人企业，而是由参与合作的各方共同承担责任和融资风险。PPP代表的是一个完整的项目融资的概念。

PPP模式的组织形式非常复杂，既可能包括营利性企业、私人非营利性组织，同时还可能有公共非营利性组织（如政府）。合作各方之间不可避免会产生不同层次、类型的利益和责任的分歧。只有政府与私人企业形成相互合作的机制，才能使得合作各方的分歧模糊化，在求同存异的前提下，完成项目的目标。

PPP方式并不是对项目全局的改头换面，而是对项目生命周期过程中组织机构的设置提出了一个新的模型。

一般来说，私人企业的长期投资方有两类：①一些基金，只对项目进行长期投资，不参与项目的建设和运营；②建筑或经营企业，既对项目进行长期投资，又参与项目的建设和经营管理。这种模式的一个最显著的特点就是项目所在国政府或者所属机构与项目的投资者和经营者之间的相互协调及其在项目建设中发挥的作用。其组织机构的设置如图4-2所示。其中政府的公共部门与私人参与者以特许权协议为基础，进行合作。与以往私人企业参与水业及垃圾处理基础设施建设的方式不同，他们的合作始于项目的确认和可行性研究阶段，并贯穿于项目的全过程，双方共

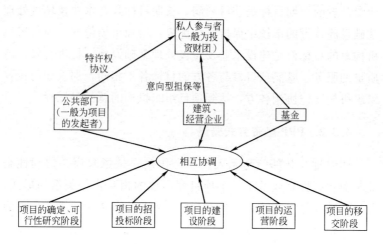

图 4-2 组织机构的设置—PPP 模型

同对项目的整个周期负责。在项目的早期论证阶段,双方共同参与项目的确认、技术设计和可行性研究工作;对项目采用项目融资的可能性进行评估确认;采取有效的风险分配方案,把风险分配给最有能力的参与方来承担。

PPP 融资方案与以往私人企业参与水业及垃圾处理基础设施建设的项目融资方案相比,虽然并不是全局上的改变,但带来的影响却是巨大的。

第一,这种组织机构的设置形式可以尽早确定哪些项目可以进行项目融资,并可以在项目的初始阶段更好地解决项目整个生命周期中的风险分配。

第二,PPP 融资模式可以使得参与水业及垃圾处理基础设施项目融资的私人企业在项目的前期就参与进来,有利于利用私人企业的先进的技术和管理经验。PPP 方案尤其适用于道路建设。在道路建设中,由于在项目的早期计划阶段对于建设所采用的技术设计方案已经确定,从而使得在项目建设过程中进一步技术创新受到限制。如果采用 PPP 方案,可以使有意向参与项目建设的私人企业与项目所在地政府或有关机构在项目的论证阶段共同商讨项目建设过程中所采用的技术方案,从而有可能采用较新的研究成果。

第三,在PPP方式下,公共部门和私人企业共同参与水业及垃圾处理基础设施的建设和运营,双方可以形成互利的长期目标,更好地为社会和公众提供服务。而且,PPP模式下有可能增加项目的资本金数量,进而降低较高的资产负债率。

第四,通过PPP融资模式,使得项目的参与各方重新整合,组成战略联盟,对协调各方不同的目标起到了关键性作用。

第五,在PPP融资模式下,有意向参与水业及垃圾处理基础设施项目的私人企业可以尽早和项目所在地政府或有关机构接触,可以节约投标费用,节省准备时间,从而减少最后的投标价格。

PPP方式突破了目前的引入私人企业参与水业及垃圾处理基础设施项目组织机构的多种限制,尤其适用于大型、一次性的项目,如监狱、道路、铁路、医院、地铁以及学校等等,应用范围十分广泛。

PPP融资模式在国外的应用实例

PPP融资模式虽然是近几年才发展起来的,但在国外已有实际应用。以南非的奈尔斯布鲁特市的水资源与卫生系统的建设为例。

1. 项目确定原因

该市的水资源与卫生系统急需进行彻底改造,否则对当地居民的日常生活和工业发展都会产生严重的负面影响。这项建设需要大量的资金投入,当地政府无力解决;同时由于当地的水资源和卫生系统的设施使用费偏低,使得项目建成后的回报率可能较低。于是,该市经过多方咨询后,决定采用PPP融资模式进行该项公共设施的建设。

2. 特许权协议简介

在 1999 年 4 月 21 日，由当地议会批准与私有企业-GNUC 公司签署了一项长达 30 年的特许权协议，由 GNUC 公司负责提供建设、经营、维护和管理工作。

在特许权期间，没有当地议会的批准，GNUC 公司不得擅自买卖固定资产；特许权期结束后，所有的固定资产全部归当地政府所有。

由 GNUC 公司每年向该市交纳一定的特许权费用，这些费用是有限的，并不是按照项目回报的一定比例计算的。

如何设定项目的回报率是颇有争议的一个问题。以该市的观点，设定的回报率应足以促使 GNUC 公司发挥它的专业优势更好地提供设施的使用。

政府的批准在协议中体现出来也是至关重要的。

3. 项目的组织机构的设立

（1）项目公司的成立

GNUC 公司负责成立项目公司，作为特许权人承担合同规定的责任和义务。

（2）当地政府的作用

当地政府利用特许权费用成立了一个合同执行事务所，根据协议和有关法律的规定，对项目公司的建设和运作进行监督。

（3）长期投资方与当地政府的关系

长期投资方与当地政府达成一项协议，如果 GNUC 公司不履行对投资人的偿债义务，当地政府必须终止合同。而且，如果合同在特许权期内终止，当地政府必须承担对投资人的偿债义务。这项措施的运用，使得当地政府必须与投资人合作，合同在特许权期内终止时，努力寻找一个可替代 GNUC 公司的公司来承担 GNUC 公司在合同中的责任和义务。这对双方都形成了一种牵制，尽可能保证合同的有效执行。

4.3.3 项目 PPP 融资模式的可行性

在水业及垃圾处理基础设施领域项目 PPP 融资模式的可行性主要表现在：

(1) 为社会效益突出、经济效益不足的"准经营性项目"提供融资

相当一部分水业及垃圾处理基础设施项目具有公益性与收益性并存的特点，项目自身经济效益不足是项目融资的最大障碍，除政府以外，一般情况下没有人对这类项目的投资有积极性。采用 PPP 融资模式可以通过政府对项目的扶持，提高项目的经济强度，降低项目风险，维护投资者和贷款方的利益，使项目融资成为可能。

(2) 政府减轻预算压力和债务负担

对于自身具有一定经营效益的水业及垃圾处理基础设施建设项目，政府可以通过安排项目 PPP 融资的方式，较为灵活地处理债务对政府预算的影响。这样政府不是以直接投资者和借款人的身份介入项目，而是以项目提供扶持措施的方式来组织融资，既解决了项目建设资金的需求，又避免了政府直接举债。

(3) 为超过项目投资者自身筹资能力的大型项目提供融资

水业及垃圾处理基础设施项目投资额度一般较大，一些大型项目投资金额往往达几十亿甚至上百亿元，项目的投资风险超出了项目投资者所能够承担的程度。项目 PPP 融资利用项目自身的资产价值、现金流量和政府给予的扶持措施安排有限追索贷款，使得为这类项目安排资金成为可能。

(4) 为跨国公司控制在海外投资项目的风险

一般情况下，基础设施项目都关系到国计民生，政府往往从政治角度要求对项目的控制权。一些跨国公司虽然实力雄厚，但当这些公司对海外进行投资时，特别是投资在没有经营控制权的企业或风险较高的国家和地区时，多数情况希望将项目风险与母

公司的其他业务在一定程度上分离，以达到控制风险的目的。采用项目PPP融资模式一方面可以通过"有限追索"将项目风险与母公司的其他业务剥离，另一方面可以通过"公私合作"实现与项目所在国家或地区政府的风险共担，从而有效控制母公司的投资风险。

4.3.4 各国政府对PPP的扶持措施

"政府扶持"的实质是将项目的成本从该项目的消费者身上转移到全体纳税人的身上，因此政府对所扶持的项目应该慎重选择。政府扶持的目的是为这类项目吸引大量的私人投资，并促进项目的成功。理论上，政府扶持措施所等价的金额不能高于消费者盈余的当前值加上项目外部效益净值。这种计算尽管合理但实现起来非常困难。在可能的情况下，政府可以通过对专营项目招标等方式引进竞争以降低政府扶持的成本。政府扶持的措施包括：

(1) 税收政策支持

税收政策支持是指在法律允许的范围内，通过精心设计的投资结构和融资模式，将政府对投资的税务鼓励政策在项目参与各方中最大限度地加以分配和利用，以降低筹资成本、提高项目的偿债能力。这些税务政策随国家、地区的不同而变化，通常包括加速折旧、利息成本、投资优惠以及其他费用的抵税法规等。政府基本上不需要为提供优惠的税收政策而承担经济上的风险，但如果项目自身不具备盈利能力，单纯的税收优惠是难以发挥对融资的刺激作用的。

(2) 放松价格控制，提供特许经营权及扩大特许权限

在一定范围内政府放松对价格的控制并提供限制市场竞争的特许经营权，可以使项目公司有相对宽松的经营环境和盈利空间；扩大项目公司的特许权限，可以使项目公司通过对可盈利的其他项目的特许经营来对主营项目进行补偿。政府提供上述扶植

措施所承担的金融风险是比较低的,上述措施对融资的刺激力度也相对较低。

(3) 资助和二级贷款

政府提供资助和二级贷款是为了在项目的启动阶段推动特许权所有者的融资活动以及减轻项目资本金的开支负担。为建设项目提供的实物资助包括土地及项目配套设施等;提供无需偿还的建设资金资助是更为直接的扶持措施(意大利的收费高速公路系统是典型的例子,当地法律规定,在其建设过程中政府赞助可以高达项目成本的40%)。二级贷款是后于一级贷款偿还而先于股东分红偿还的一种贷款,是在项目资本金和一级贷款不能够满足项目需求的情况下由政府提供的优惠贷款。政府提供二级贷款的一个典型例子是马来西亚设计于1988年的南北收费高速公路的私营特许(它实际上就是PPP项目,只是当时还没有用这几个字头而已),马来西亚提供了大约6亿美元的二级贷款,相当于整个项目总投资的1/5。提供资助和二级贷款对融资的影响力和政府承担的风险均属中等水平。

(4) 经营收入担保

政府保证在项目经营收入低于一个特定的最低水平时,以现金向特许权人补偿。担保水平一般要低于预期的基本水平,但至少要保证资金构成中一级贷款的偿还。这种扶持方法在南美的许多付费道路项目中非常普遍,近年来已为亚洲所用,在我国的水厂、电厂项目中也有所尝试。采取这种利益与共的方法的目的是为了稳定投资者的信心直至项目圆满完成。这种方法对提高私营融资的影响力很大,但在某些项目中政府承担的金融风险也相对较高。

(5) 贷款和外汇汇率担保

贷款担保意味着如果项目不能产生足够的收益来偿还债务,政府就必须动用公共财政来补足。广东省为深广高速公路8亿美元全部一级贷款提供了担保。外汇汇率担保在发展中国家发展项目的私有融资方面通常起到关键的作用。外汇兑换率不论对国外投资方还是对项目所在地政府都是一个难以估计的风险，政府提供汇率担保，风险就到了政府一方。最显著的例子是20世纪70年代的西班牙，外汇汇率担保被广泛用于私营付费高速公路项目中。贷款和外汇汇率担保对提高私营融资的影响力是很大的，但政府要承担的金融风险也很高。

（6）股本金回购担保

政府提供此项担保就是承诺当专营公司的盈利水平低于担保水平时，投资人可以选择让政府将专营公司的股本金买下来。由于金融风险很大，股本金回购担保政府接受起来是难度较大的，但比起全部项目都由政府投资来讲，公共财政的压力还是小多了。

4.3.5 我国水业及垃圾处理基础设施应用 PPP 模式的关键

虽然 PPP 融资模式在国外已有很多成功的案例，但在我国基本上是一个空白。在我国的水业及垃圾处理基础设施建设中存在的主要问题是资金不足。水业及垃圾处理基础设施具有明显的公益性，社会效益要高于经济效益，同时其初期建设的投资巨大，单靠运营过程中的收入难以弥补。因此，有必要在水业及垃圾处理基础设施的建设中引入市场竞争机制。

拓宽融资渠道和发展多元化的投资主体。私人企业参与水业及垃圾处理基础设施的建设就是一种很好的方式，可以有效缓解建设资金不足的局面。

PPP 模式在我国的应用中，应注意以下几点：

第一，水业及垃圾处理基础设施一直以来都是由政府财政支持投资建设，但已越来越不能满足日益发展的社会经济的需要；而且政府在水业及垃圾处理基础设施建设中存在诸多如效率低下等弊病，因而政府在水业及垃圾处理基础设施提供中的角色迫切需要改变。政府应由过去在水业及垃圾处理基础设施建设中的主导角色，变为与私人企业合作提供公共服务中的监督、指导以及合作者的角色。在这个过程中，政府应对水业及垃圾处理基础设施建设的投融资体制进行改革，对管理制度进行创新，以便更好地发挥其监督、指导以及合作者的角色。

第二，PPP模式是国际上比较通行的建设水业及垃圾处理基础设施的方式之一，尤其是在美国已经发展得较为成熟，但该模式在我国还没有起步。我国入世后，国外的一些大型企业必然会以PPP模式更多地参与我国的基础设施建设。因而政府应该认真研究PPP模式及其在我国的应用前景，以国外的一些应用实例为基础，在我国的水业及垃圾处理基础设施的建设中进行推广和规范。在这个过程中，政府应在国家政策上给予鼓励，支持PPP模式在我国的应用。

第三，在PPP模式下的项目融资中，参与的私人企业一般都是国际上大型的企业和财团。政府在与他们的谈判与合作中，所遵循的不仅有国内的法律和法规，同时也要遵循国际惯例。我国加入WTO后，会有越来越多的国际企业走进我国，参与我国的基础设施的建设。在这一过程中，政府应该行动起来，在立法制度上有所突破，迅速完善我国的投资法律法规，使其适应这一形势的发展。

第四，在水业及垃圾处理基础设施的建设中，参与的私人企业不仅可以是国际大型的企业和财团，同样，国内的一些有实力的企业也应该抓住这个机遇，参与进来，积极与政府合作，参与水业及垃圾处理基础设施建设项目。

总而言之，PPP方式在我国有广阔的应用前景。通过PPP方式的推行，有利于加快我国水业及垃圾处理基础设施的建设步伐。

在西部水业及垃圾处理基础设施建设推行PPP融资

项目PPP融资方式不仅在融资领域具有得天独厚的优势，而且可以促进环境基础领域运营机制的改革，加快实现产权多元化，提高项目经营效率，降低设施运营成本。现阶段在西部水业及垃圾处理基础设施推行 PPP 融资方式还需要解决以下几个问题。

1. 对现行法律法规进行补充完善

现阶段在我国项目 PPP 融资方式适用的法律法规有：《中外合作经营企业法》，1995 年 1 月由对外经济贸易合作部发布的《关于以 BOT 方式吸收外商有关问题的通知》，1995 年 8 月由原国家计委、电力部、交通部联合发布的《关于试办外商投资特许权项目审批管理有关问题的通知》，由原国家计委、国家外汇管理局发布的《关于借用长期国外贷款实行总量控制下的全口径管理的范围和办法》，我国定期修订公布的《指导外商投资方向暂行规定》和《外商投资产业指导目录》。以上法律和规章所涵盖的内容基本上确立了我国项目融资的法律框架。但是由于上述法律法规出台较早且并不是针对 PPP 项目制定的，因此国际上 PPP 项目融资的一些惯例和做法与我国现行的法律、法规是相冲突的。

(1) 现行法规条文的法律层次较低，内容相对简单，存在立法空白。PPP 项目是一项复杂的系统工程，涉及面广，参与部门多，法律关系错综复杂，需要系统的法律法规对其加以规范。上述法律文件除《中外合作经营企业法》外，均属国务院下属各部委制定的规章制度和政策规定，有的制定单位在国务院机构改革后已经撤销，法律文件的层次、地位较低。有些条文内容简单，大部分内容是针对 BOT 项目制定的，对于 PPP 项目运作过程中的诸多具体问题均未涉足，如特许授权采用何种形式、政府如何扶持、特许授权文件与其他合同的关系、项目运作过程中的风险管理等。

(2) 现行法规对政府扶持限制较多，制约了 PPP 方式的发展。如前所述，为 PPP 项目融资提供一定程度的借贷、外汇兑换率及最低经营收入担保尽管会使政府承担一定的风险，但可以有效地刺激融资，国际上 PPP 融资的经验说明了这一点。我国现行的法律法规不支持政府对项目采取上述扶持措施，但近年来有些地区在具体操作中已有所突破，如北京市政府于 2000 年 10 月 20 日发布的《北京市人民政府批转市计委关于对经营性基础设施项目投资实行回报补偿意见的通知》中，对有关政府补偿问题做出了明确规定。针对 PPP 项目的特点对现行法律法规进行补充完善，使之与国际接轨，是在西部地区发展项目 PPP 融资模式要解决的首要问题。

2. 拓宽融资渠道，降低融资成本

(1) 放松对国家政策性银行贷款和外国政府贷款的使用限制。在基础设施领域，虽然 PPP 项目可以吸引私人投资、减轻公共财政的压力，但是由于某些政策中残存的对私营经济的歧视以及诸多限制性条件，PPP 项目很难使用条件优惠的国家政策性银行贷款和外国政府贷款。在政策上应该鼓励重点基础设施 PPP 项目使用国家政策性银行贷款和外国政府贷款。

(2) 允许保险基金、社保基金、住房基金等大型基金在基础设施领域投资 PPP 项目。保险基金、社保基金、住房基金等大型基金拥有巨额的资金，既要防范金融风险，又要千方百计保值增值，面临着巨大的经营压力。基础设施类 PPP 项目投资周期长，回报稳定，非常适合上述各种基金投资。如果国家对上述基金的投资限制能够放宽，不仅能够改善基础设施投资不足的局面，而且能够大大缓解各种基金的经营压力。

(3) 将证券市场的有关政策向西部地区基础产业倾斜。目前我国证券市场已有上千家上市公司，但主业在基础设施领域的上市公司只有 60 多家，西部地区则更是寥寥无几。上市规则的限制是主要原因。基础设施产业市场需求稳定，行业风险小，收益稳定且成长性好，在政府给与一定扶持的条件下，具有很高的长期投资价值,而且基础领域企业盘子大,不易被炒作,具有稳定股市的作用。为了将证券的发展与基础领域改革和产业结构调整结合起来,当前国家应当将证券市场的有关政策向基础产业,尤其是西部地区倾斜,架起资本市场与基础产业之间的桥梁,利用资本市场盘活基础领域庞大的国有资产并引入增量资金以求大力发展。

综上所述,基础设施建设作为我国实施"西部大开发"战略的先导与重要内容,对西部地区的长远发展具有某种程度的决定性作用。发展项目 PPP 融资模式有利于动员社会力量与私人资本参与基础设施建设,加快以市场导向促进基础设施领域的改革步伐,打通民间资本直接进入基础设施领域的投资渠道,促进西部地区基础设施的快速发展。在我国西部地区基础设施领域推广 PPP 融资模式需要解决的主要问题是补充和完善现行的法律法规,拓宽融资渠道。

4.4 股份制模式

水业及垃圾处理基础设施建设,以其巨额的投资,改善城市投资环境、提高生活质量、推进城市化进程。股份制这一新的运营管理模式也就应运而生。股份制,是以投资入股的方式把分散的、属于不同所有制的资金(资本)集中起来,统一经营使用,实行所有权同经营权相分离,并按投资入股额参与企业管理和股利分配的一种资本组织方式和企业组织形式。股份制是商品经济市场化发展的必然产物,即社会化大生产和信用制度发展的结果。近年来,随着我国市场经济建设的进一步发展和西部大开发战略的提出,加快水业及垃圾处理基础设施的建设已成为社会经济和人们物质文化生活密不可分的一部分。那么,股份制能否进一步推动我国水业及垃圾处理基础设施的建设并实现现代股份制管理呢？

4.4.1 水业及垃圾处理基础设施运用股份制的历史依据

水业及垃圾处理基础设施为什么要由股份资本来经营呢？马克思1857年在《经济学手稿》中分析了两个原因：一是水业及垃圾处理基础设施建设耗资量大，因而"必须有大量资本积聚在资本家手中，才能够承担如此规模的并且周转即实现过程如此缓慢的工程，因此，大部分是股份资本"。二是水业及垃圾处理基础设施是"公共工程"或者叫做"公益性工程"，"这些工程同时又是一般生产条件，因而不是某些资本家的特殊条件"。因此，单个资本一般难以投资经营污水处理工程，只有采取股份公司形式，由股份资本去投资经营。马克思的这些分析是基于对资本主义社会制度下的水业及垃圾处理基础设施行业而言的。但无论是社会主义水业及垃圾处理基础设施行业还是资本主义水业及垃圾处理基础设施行业，他们都具有投资量大、见效周期长和属于社会公益事业的特点。城市供水、污水处理、垃圾处理等工程都需费巨资实施先期建设投入，都须具备社会生产商品流通所必备的一般条件，都是公益性工程。过去，我国一直采取国家投资来建设这些公益事业，所有公益性工程的投资建设乃至管理运营都由国家政府来进行。但实践证明，不仅以计划经济方式的预算资金投入有限，而且后期公益管理实施也难以保障，根本无法满足"多、快、好、省"的主观需求。改革开放以后，我国落后地区的水业及垃圾处理基础设施一直处于发展滞后的状态，严重制约相关区域的经济发展。而当今西方工业国家如意大利、法国的水业及垃圾处理基础设施特许经营公司，就是成功利用股份制发展的典型例子。这种特许经营已成为这些国家发展基础设施的主要方式。既然都是社会公益建设事业，资本主义可以利用股份制来发展这一行业，而且取得了巨大成功，我们为什么不可以借鉴呢？

我们有充分的理由选择股份制来代替我国依靠政府、财政投资建设和管理的体制,并按市场经济的运行规则,建立起适合我国水业及垃圾处理基础设施行业发展的一种特殊的新的股份制形式。对此,很有必要构建一个机制完善、运作高效、产权清晰、管理规范的企业法人实体,来独立对水业及垃圾处理基础设施进行筹资、建设、经营和运作,分离所有权和经营权,建立投资风险约束机制和利益机制,做到利益共享、风险共担。这就是实施以股份制为主要经营管理模式的新机制。

4.4.2 股份制是水业及垃圾处理基础设施的很好的经营管理模式

（1）水业及垃圾处理基础设施的建设管理特点与股份融资方式

水业及垃圾处理基础设施建设的最大特点,就是需要巨额的长期投资。在我国以前的计划经济体制之下,水业及垃圾处理基础设施完全依靠政府的投资、建设和管理,所有权和经营权高度集中,缺乏经营风险和竞争的压力,在管理上存在种种弊端和漏洞,不仅使水业及垃圾处理基础设施发展缓慢,政府的压力也很大,负担逐年增加。因而为顺应水业及垃圾处理基础设施建设的要求,首要之举,就是其投资体制应当尽快引入股份制,使水业及垃圾处理基础设施建设的投资、经营和效益分配由政府的单一性扩展到社会民间的、外资的多元化,由单一积极性变多元积极性。这种体制可由六种投资体制构成：

- 国家全额投资；
- 国家控股投资；
- 国家参股投资；
- 中外合资；
- 发行股票融资；
- 经营权转让筹资。

近几年,我国对水业及垃圾处理基础设施投融资体制进行了逐步改革,建设资金开始从政府投资为主发展到向银行贷款、向社会发行债券、股票和有偿转让经营权及利用外资等各种方式。在多种投资方式之下,水业及垃圾处理基础设施的建设得到了快速的发展。面对水业及垃圾处理基础设施行业这一事关国民经济发展重要命脉和人民生命财产安全的社会公益事业,我国的水业及垃圾处理基础设施的建设与管理有必要构建一种机制完善、运作高效、产权明晰、管理规范的企业法人实体来独立完整地对水业及垃圾处理基础设施进行筹集资金、施工建设和运营管理。

(2) 水业及垃圾处理基础设施运用股份制可能带来的好处

股份公司可明确地界定投资者、决策者、经营者之间的关系,合理分离所有权与经营权,建立起投资风险约束机制和利益机制,做到利益共享、风险共担。水业及垃圾处理基础设施引入股份制以后,投资者对水业及垃圾处理基础设施的效益估算、工程建设的质量、施工进度、营运成本等提出严格的要求,决策者和经营者都必须把投资者(股东)的利益放在首位,对工程严格管理、降低造价、保证质量、努力经营,否则,投资者可能会撤出投资,使股份公司无法继续发展。这样,将彻底改变传统的水业及垃圾处理基础设施建设管理模式,能有效地控制投资规模,提高投资效益。

4.4.3 我国水业及垃圾处理基础设施股份制的基本模式

水业及垃圾处理基础设施股份制的实施是一个新课题,如何用自有的资源优势换取、筹措建设资金,是一个难题,解决的出路仍然是大胆开创股份合作的筹资管理方式,在政府提供优惠的政策措施(如资源分享)基础上,水业及垃圾处理基础设施股份制应根据具体情况采取多种筹资和管理形式。这可以采取以下几种模式:

(1) 经营权转让

国家将已建成的水业及垃圾处理基础设施的经营权转让给特许经营公司，国家一次或分期收回投资。特许经营公司在经营期内通过收取水业及垃圾处理基础设施服务费和其他开发经营活动获得效益。这种方式国家需先行承担水业及垃圾处理基础设施行业建设任务，并负责建设资金的筹集。

（2）租赁

国家将已建成的水业及垃圾处理基础设施租赁给特许经营公司经营，国家通过收水业及垃圾处理基础设施服务费收回投资。

（3）有偿监管

国家将已建成的水业及垃圾处理基础设施交给监管公司，委托监管公司收费、管理、维修保养，并获得一定的承包经营费。

总之，除借鉴国外的股份制先进经验外，更应结合我国的实际，发挥政府主导监管作用，努力探索水业及垃圾处理基础设施的运营体制，找到一条具有"我国特色"的水业及垃圾处理基础设施建设开发之路，为我国国民经济发展作出更大的贡献。

（4）BOT方式

指政府特许外商或国内投资者从委托人（通常是政府部门）手中获得建设水业及垃圾处理基础设施的特许权，在一定时期内享有独立从事这个项目的投资、建设、经营权，从中获得经济效益，经营期满后，水业及垃圾处理基础设施经营项目将无条件地移交给国家。

4.5 地方债券与国际融资

4.5.1 地方债券

（1）我国允许地方政府发行债券的必要性

世界上大多数国家都允许地方政府发行债券。在一些发达国家，债券融资是地方政府筹集资金的重要渠道，也是实现政府职能和进行基础设施建设的重要资金来源。我国尚未允许地方政府发债，但从当前的经济和财政状况看，允许地方政府发行债券已越来越必要。

1）实施西部大开发战略，存在着严重的资金供求矛盾

• 实施西部大开发战略，改善投资环境，必须加大对西部地区的资金投入。

• 西部大开发面临严重的资金短缺问题。

2）允许地方政府发行债券，能为地方政府造就一个灵活的筹资机制

• 由于债券是有偿使用，又受到社会监督，会促使地方政府更关心资金使用效益，增强还款的责任感。目前我国中央政府通过发行国债取得部分收入，等发行结束后再转借给地方政府使用，与其这样，倒不如让地方政府以自己的信用在资本市场上筹集资金，无疑有利于强化地方政府的债务意识和偿还债务的压力。

• 地方政府债券的发行能减轻中央政府的财政压力，有利于降低财政赤字。

（2）允许地方政府发行债券的可行性分析

1）我国经济持续快速发展，为地方政府债券的发行提供了经济条件。

2）我国证券市场的日益发达和证券监管机制的日益健全，可以保证地方政府债券顺利发行。

3）现在我国债券规模还处于安全线以内，发行地方政府债券的潜力完全存在。

（3）地方政府发行债券的有关设想

1）制定修改我国有关法律。

2）明确地方政府债券的用途，使其充分发挥效益。

3）合理确定地方政府债券发行的规模。

4）建设地方政府债券的监控机制。

5) 协调地方政府债券的债期，平衡其利率。

4.5.2 国际融资模式

水业及垃圾处理基础设施建设需要大量的资金，"十五"期间的全国环境投资需 7000 亿，约占同期国内生产总值的 1.3%，一些大中城市的投入的比例相对更大一些。尽管我国每年用于水业及垃圾处理基础设施的财政拨款在逐年上升，但目前的经济发展尚不能为之提供更多的财政支持，水业及垃圾处理基础设施的建设非常需要外资的投入。应该看到，水业及垃圾处理基础设施建设主要是为明天服务，如果还依靠目前的财政支出在"五年计划"中逐年实现，不仅会使今天的使用者和纳税人承担了本应由明天的使用者和纳税人承担的部分费用；而且，还可能因费用的增加和税赋的加重导致今天的社会不稳定。在水业及垃圾处理基础设施建设上，应巧用"上代人的钱"、"当代人的钱"和"下代人的钱"。

不同的项目有不同的融资方式，对各种适用于水业及垃圾处理基础设施的融资方式的深刻了解将有助于更加有效地利用资本，更加有效地建设水业及垃圾处理基础设施。

(1) 国际金融组织贷款

国际金融组织主要指世界银行和亚洲开发银行，他们都向成员国中的中低收入国家提供优惠贷款。"八五"期间我国利用国际金融组织贷款 12.1 亿美元，"九五"期间则上升到 39.8 亿美元，在水业及垃圾处理基础设施领域，我国利用国际金融组织的贷款已占到我国环保利用外资总额的一半以上，大大推动了我国水业及垃圾处理基础设施的建设。国际金融组织贷款相对普通信贷具有以下优势。

1) 贷款的稳定性　国际金融组织越来越重视环保，相应调整了贷款方针，使贷款项目更倾向于环保领域。为此，世界银行设立了专门负责持续保护环境的发展项目的副行长，亚洲开发银行制定了中期发展战略,并提出把加强自然环境和生态环境管理作为战略目标之一。随着我国经济的发展,在世界银行占主导优势的美国不断向世界银行施加压力,逐渐减少对我国的优惠贷款,但对于具有环境效益和社会效益的项目基本没有影响,在总体贷款下降的情况下,环保贷款还有增加的趋势,并且世界银行和亚洲开发银行对于水业及垃圾处理基础设施贷款的政治风险很小。

2）贷款的优惠　世界银行和亚洲开发银行的优惠表现在其贷款时间长,利率低,详见表4-1。

国际金融组织贷款　　　　　　　　　表4-1

	软　贷　款	硬　贷　款
世界银行	1999年7月1日起,世界银行已停止向我国提供软贷款	利率低于国际市场利率,三个月或半年调整一次
亚洲开发银行	不收利息,仅收低于1%的手续费	采用伦敦银行同业拆放利率为基础的浮动利率,每半年浮动一次

应积极申请利用全球环境基金（GEF）赠款或争取多边、双边赠款或优惠贷款来支持世界银行贷款项目,以软化世界银行的硬贷款。在项目的前期准备中,也可积极向世界银行、GEF、联合国开发署以及其他多边或双边机构争取符合其政策的赠款。

利用世界金融组织的贷款主要问题是申请的时间较长,并且只提供项目建设总投资的20%～30%,其余资金必须自己配套,尽管世界银行一直在争取利用双边发展并且目前我们只能利用硬贷款,但应该看到世界银行、亚洲开发银行的贷款的严格管理也促进了我们管理水平的提高。

（2）全球环境基金（GEF）

在1989年的国际货币金融组织和世界银行发展委员会年会上,法国提出建立一种全球性的基金用以鼓励发展中国家开展对全球有益的环境保护活动。1990年11月,25个国家达成共识建立全球环境基金（GEF），由世界银行、联合国开发计划署UNDP和联合国环境署UNEP共同管理。作为一个国际资金机制，GEF主要是以赠款或其他形式的优惠资助，为受援国（包括发展中国家和部分经济转轨国家）提供关于气候变化、生物多样性、国际水域和臭氧层损耗四个领域以及与这些领域相关的土地退化方面项目的资金支持，以取得全球环境效益，促进受援国有益于环境的可持续发展。GEF是联合国《生物多样性公约》、《气候变化框架公约》的资金机制和新近签署的《持久性有机污染物公约》的临时资金机制。

2000年6月为了支持北京市的燃煤锅炉置换工程，积极推进燃煤锅炉置换为燃气锅炉，全球环境基金（GEF）向北京市政府提供了一笔2500万美元的赠款，这项赠款将用于帮助建立天然气使用及供热节能的新技术、开发最佳使用模式、开发燃气锅炉市场、进行能源和环境管理研究等工作。

GEF的贷款非常优惠，甚至有一定数量的赠款，在建设符合GEF资金支持领域的项目时，应予以特别关注，积极争取。

（3）政府贷款

政府贷款是指发达国家政府向发展中国家政府提供的援助性的长期优惠贷款，主要由纯软贷款、混合贷款、赠款组成。各国政府贷款情况见表4-2。利用外国政府贷款为我国经济发展服务，历来是我国鼓励的利用外资形式之一。尽管其主要目的是向贷款输出国输出本国的技术和设备，但却是条件优惠的贷款，贷款一般要求采购提供贷款国的设备，比例有所不同。

我国利用国外政府贷款始于1979年11月28日，比利时最早向我国承诺提供贷款。20世纪80年代，我国利用外国政府贷款的主要领域是基础设施，基础工业和原材料工业等。20世纪90年代以后，由于受经济合作与发展组织有关规定的限制及贷款国有关政策限制的调整，根据1991年12月赫尔辛基协议，经济合作与发展组织（OECD）国家向我国提供的政府贷款将只能

西方国家政府贷款 表 4-2

国别	条件	币种	水业及垃圾处理基础设施领域	采购要求
日本政府贷款	年利率0.75%～1.8%；还款期30～40年（包括10年宽限期）	日元	环保、市政设施（供水、污水处理）等	大部分项目可从全世界所有国家采购，部分项目限制在我国和日本采购
日本国际协力银行不附带条件贷款	年利率2.4%；还款期12～15年（包括4～5年宽限期）	日元	能源、城市基础设施、技术改造等工业项目	国际竞争性招标，可从全世界所有国家采购
德国政府贷款	软贷款年利率0.75%，还款期40年（含宽限期10年）；商业贷款年利率5%～6%，还款期10年（含宽限期5年）	欧元	污水处理：100%软贷款，年利率2%，还款期20年；垃圾处理、风力发电：软、硬贷款一般各50%；节能环保：软、硬贷款比例一般为1:2	有限招标采购；德国供货成分应超过合同额的50%，其余可用于第三国和我国国内采购，但国内采购应优先考虑中德合资企业
瑞士政府贷款	40%～45%赠款,55%～60%出口信贷	瑞士法郎	供水、污水处理、垃圾处理和其他具有环保性质的项目	限制性采购
法国政府贷款	法国政府贷款由国库贷款和出口信贷组成,比例通常各占50%。赠与成分一般都在30%以上，使用OECD统一利率，还款期10年,项目建设期通常为宽限期	欧元	大型基础设施建设、高新技术环保项目	原则上项目合同金额的85%采购法国技术设备,15%可用于第三国采购

续表

国 别	条 件	币种	水业及垃圾处理基础设施领域	采购要求
意大利政府贷款	环保与基础设施项目使用纯软贷款、年利率0.5%,贷款期35年(含宽限期14年)中小型工业项目使用混合贷款,其中54%为软贷款,年利率1%,贷款期25年(含10年宽限期);46%为出口信贷,执行OECD统一利率(约5%~6%),贷款期5年	欧元美元	城市供水、污水处理、城市集中供热	项目合同金额的85%须采购意大利设备,15%可用于第三国采购,但意大利政府对贷款项目的意大利供货成分要求较严格
西班牙政府贷款	50%为政府贷款,年利率0.3%~0.8%,贷款期30年(含10年宽限期);50%为出口信贷,使用OECD统一利率,贷款期6~10年,对出口信贷部分收取信贷保险费,可用贷款支付,无承诺费和手续费	美元欧元	风电、太阳能、水处理、垃圾处理、环保	项目合同总额的90%以上须采用西班牙设备。对于列入2000~2002年财政合作计划的项目合同总额的70%以上须采购西班牙设备
荷兰政府贷款	项目申请贷款总额的35%为政府赠款;另65%为出口信贷,使用OECD统一利率,贷款期6~10年,或由用户自筹资金解决	欧元美元	挖泥船、水处理、环保	项目合同总额的50%以上须采购荷兰设备
奥地利政府贷款	A类贷款期限25年,年利率2.95%;B类贷款期限20年,年利率2.55%,全部款项在宽限期后每年2次等额偿还	欧元	城市供水、污水处理、消防设备、灌溉、工业废水处理、垃圾处理等	项目合同金额的75%采购奥地利设备,25%可用于第三国采购
比利时政府贷款	无息,贷款期30年(含10年宽限期)。政府贷款约占合同金额的52.39%,其余为出口信贷	欧元美元	供水、污水处理、垃圾处理等领域	用于第三国采购比例上不超过合同总额的25%

续表

国别	条件	币种	水业及垃圾处理基础设施领域	采购要求
丹麦政府贷款	无息,贷款额1500万欧元以下的项目,试投产后分10年还款;1500万欧元以上的分15年还款;贷款额为200万特别提款权以下的竞争性项目,分8年还款,贷款资助合同金额的85%	欧元美元	城市供水、污水处理、风力发电、垃圾处理、集中供热、环境保护等	丹麦供货比例不低于50%
挪威政府贷款	无息,贷款期10年,宽限期为建设期。一般政府贷款占合同金额的85%,另外15%由项目单位自筹,经外方主管部门批准,可申请合同金额100%的贷款	欧元美元	城市供水、污水处理、集中供热及环境保护等	挪威供货比例不低于50%
瑞典政府贷款	无息,贷款期10年,宽限期为建设期。一般政府贷款占合同金额的85%,另外15%由项目单位自筹,经外方主管部门批准,可申请合同金额100%的贷款	欧元美元	城市供水、污水处理、垃圾处理、集中供热及环境保护等	瑞典供货比例不低于70%,对经瑞方特别批准的项目可提高第三方采购比例
芬兰政府贷款	无息,贷款期10年,宽限期为建设期	欧元美元	能源、城市供水、污水处理、集中供热及环境保护	芬兰供货不低于51%
北欧投资银行	年利率为LIBOR,加0.65%,贷款期10~13年,宽限期为建设期	欧元美元	能源、环保	北欧国家供货不低于70%

资助环保、社会发展等非盈利性项目,在贷款的地区分布上,目前逐渐由东部向西部倾斜。但这些变化对环境生态工程的建设没有影响,所以环境生态工程更应该充分利用政府贷款这一优惠的融资渠道。

日本的政府贷款在水业及垃圾处理基础设施中主要是协力基金贷款,条件相对其他国家比较优惠,但随着其他政府由于各种原因减少政府贷款以及越来越多的国家竞争,日本政府贷款的地位在上升,申请的难度在加大。另外,英国、澳大利亚和卢森堡现已停止向我国提供政府贷款,对外援助的方式转而通过世界银行以及联合国有关国际组织向我国及其他发展中国家提供贷款或其他形式的开发援助。

混合贷款是目前主要的贷款形式,见表 4-3。

混 合 贷 款　　　　表 4-3

类型	比例	利率	适合国家
赠款+出口信贷	35%的赠款+65%的出口信贷	软贷款利率一般低于1%,硬贷款利率由OECD决定	荷兰
	40%的赠款+60%的出口信贷。中西部赠款的比例为50%		瑞士
软贷款+出口信贷	大致各为50%		大多数国家如西班牙、法国、加拿大等
赠款+软贷款+出口信贷			奥地利、以色列和北欧四国

(4) 出口信贷

出口信贷是出口方政府为扩大本国产品出口,提高本国产品在国际市场上的竞争力,在本国政府银行或私人银行设立的一种供本国出口商或进口商使用的利率较低的贷款。出口信贷利率与市场利率之差由其政府补贴。

1) 卖方信贷

这种方式是指出口承包商出面向本国有关银行贷款,使进口承包商得以延期付款而得到供货,利息计入合同价内。这样,买方甚至难以觉察信贷性质。当买方不熟悉国际金融情况时,采用此种方式较为有利。

2) 买方信贷

指出口国银行向进口国银行或企业贷款,以供买方或进口承包商支付卖方或出口承包商的贷款。这是出口国鼓励自己的厂商出口产品的一种方式。为了防止过分竞争带来的损失,由经济合作及发展组织 OECD 确定贷款利率,一般在 8%～11.5%,贷款期限不超过 10 年。出口信贷是混合贷款的重要组成部分。

(5) 中外合资

中外双方各按一定比例出资建设项目,外方条件往往是要求对设计、设备选用有决定权,并参与项目建设的全过程,项目投产后优先获得投资回收和一定投资回报。我国广州西郎污水处理厂的建设,就是采用的这种方式。中外合资的另一种方式是对已有的产权进行部分转让,南京市政府将其江心洲污水处理厂的部分产权转让 9 亿元,与北京首创集团、香港东方联合公司组建合资公司就是采用这种方式。

4.6 小城镇水业及垃圾处理基础设施融资方式分析

如前面第 1 章所述,小城镇水业及垃圾处理基础设施融资除了水业及垃圾处理基础设施自身的特点外,还存在投融资的金额小、投融资回收比较缓慢、民众的水环境意识较低、收费率低等几个特点。

4.6.1 水业及垃圾处理基础设施融资现状分析

根据国内外城市水业及垃圾处理基础设施领域中所采用的各种融资方式的本质特征,我们将其概括为财政融资、政策性融资和市场融资三种融资机制,如图 4-3 所示。

财政融资以资金无偿使用为主要特征,以利润上交财政、亏损由财政补贴为主要形式。该方式是计划经济体制下事业性的给水排水模式的产物,对城市水环境基础设施而言,融资成本低

图 4-3 城市水业及垃圾处理基础设施融资机制

廉,风险小。市场融资要对投资者提供市场回报,其显著特点是融资方式灵活,能较好地保持企业的独立性和自主性,企业由于受到来自还本付息方面的压力,往往注重提高资金的使用效率和企业的整体运行管理水平。这种融资方式需要更为完善的外部环境,如为保证市场经济有效运行的政策法规体系、社会整体经济水平、教育水平等和更高的企业内部素质如独立性、自主性和经营能力等。政策性融资是以资金低偿使用为特征的融资机制,这种融资机制的特点介于财政融资和市场融资之间,是市场与政府综合作用的产物。三种融资机制特点及有关应用的比较见表 4-4。长期以来,我国城市水环境基础设施主要以财政融资机制为主,辅以政策性融资机制,市场融资机制所占比例较小。这种融资结构决定了我国的城市水环境基础设施并不是按照市场机制运作的企业,而是由政府拥有、政府投资以及政府运作的公共事业。以事业性为主体的水环境基础设施发展模式,虽然在一定程度上有利于维护社会公平,防止私人垄断利润,但另一方面,由于政府财政预算的紧张、城市水环境基础设施需求激增,导致城市水环境基础设施投资供需矛盾加剧。而且,这种模式缺乏竞争激励机制,是导致

城市水业及垃圾处理基础设施融资机制的特点　　表 4-4

融资机制	财政融资	政策性融资	市场融资
资金安全	好	中	差
资金成本	低	中	高
资金风险	小	中	大
使用领域	社会效益好,经济效益不明显	社会效益好,经济效益稍差	经济效益好
当前我国	比例大	比例小	比例小
发达国家	比例少	比例适中	比例大

现有城市水环境基础设施运作效率低下、人员冗杂、创新不足、技术革新缓慢等问题的重要原因。

当前在发达国家和一些发展中国家，在城市水环境基础设施中掀起了私人参与的浪潮，如英国、法国、澳大利亚、墨西哥等。有关数据表明，从 1990 年到 1997 年，发展中国家私人参与城市水环境基础设施的项目从无到近 100 个，累计使用私人资金 2.97 亿美元，这种变革的本质是城市水环境基础设施融资机制和融资结构的创新，这种创新满足了城市水环境基础设施的巨大资金需求，同时提高了城市水环境基础设施的运行效率。

4.6.2 水业及垃圾处理基础设施融资模式分析

为实现城市水环境基础设施中各方的利益均衡，我们应当从宏观上确定哪些融资方式在实际运用中应优先采用。基于融资方式的上述分析，考虑到城市水环境基础设施项目的经济盈利性和社会环境效益等特点，本文认为应首先采用国际优惠贷款融资，其次选用项目融资形式（如 BOT 或 PPP），再次是选择城市水环境基础设施基金和市政债券，最后是企业债券（ABS）、商业银行贷款，从整体上推动城市水环境基础设施领域融资主体多样化的局面。促进城市水环境基础设施形成合理融资机制和融资结构的关键问题在于：如何创造良好的融资环境，以提高城市水环境基础设施的自我融资能力，最终实现城市水环境基础设施的可持续发展。在这个过程中，最为重要的两个问题在于确定良好的定价机制和实行管理体制改革。

各种主要融资方式具有自身不同的特点、应用方式以及局限性，它们之间的比较见表 4-5。从运作机制而言，城市水环境基础设施基金和项目融资方式需要建立一整套的运作约束机制。从项目的盈利性看，商业银行贷款，城市水环境基础设施投资基金，企业债券、项目融资和市政债券都对项目的盈利性要求比较高，而国际优惠贷款对项目的盈利性要求相对较低。

城市水业及垃圾处理基础设施主要融资方式的对比 表 4-5

项目		国际贷款	BOT	城市基金	市政债券	ABS	银行贷款
融资机制	政府性						
	政策性	★★	★	★★	★★		
	市场性	★	★★	★	★	★★	★★
主要资金来源主体	本国政府						
	本国企业		★★	★★	★★	★★	★★
	本国居民		★		★★	★★	★★
	国外私企		★★	★			
	国外机构	★★					
	国外政府	★★					
资金特点	股本		★★			★★	
	债务	★★	★	★★	★★	★★	★★
融资形式	直接		★★	★★	★★	★★	
	间接	★★	★				★★
需要建立新的机构			★★	★★			
具有丧失控制权风险			★★				
较大提高效率潜力		★★	★★	★★	★★	★★	★★
利润回报程度		较低	中	中	中	高	高
约束/监督机构		企业/机构	私人	基金	政府	私人	企业/机构

第5章 BOT的融资模式

5.1 BOT项目融资中的政府信用与法律环境

5.1.1 BOT工程是基于政府信用所建立的融资模式

(1) BOT工程是政府工程

由于BOT工程主要是基础性项目工程，如水厂、污水处理厂、垃圾处理场等，而这些项目的建设是需要政府来投资、协调、管理的，搞好基础设施建设本身就是政府的一项基本职能。同时，BOT工程项目的建设运行是基于特许权协议而进行的，政府在BOT工程项目中拥有特殊的角色，是向项目建设公司授予特许经营权的授予方，是特许权协议的一方主体。在实际操作中，或许在大多数BOT项目工程中政府并没有直接成为特许权协议的一方当事人，而是由政府专为项目的建设特别成立的公司来作为合同的一方，但这并不排除BOT工程项目特许权协议的政府色彩。由于政府在BOT项目工程特许权协议中是作为授予特许经营权的授予者，所以政府在BOT工程的运作过程中始终是处于主导者地位，主导着BOT工程的运行。

(2) BOT工程的建设资金是基于政府信用而得以筹措

BOT工程是一种项目融资工程，过去BOT工程的项目公司一般为外商投资或民间投资企业，并通过外商投资人实现项目的国际融资或民间融资。目前BOT工程正呈现出向本土化方向发展的趋势，成为基础设施建设吸引民间资金的重要方式。同时

BOT方式又进一步演绎出TOT、ABS等新的融资方式。

BOT工程是一种大型融资工程，融资是BOT方式运作的核心。投资和借贷是融资的两种基本方式，BOT项目的融资是通过项目公司股东的投资和项目公司向财团、银行借贷来实现，而且贷款是BOT工程融资的重要来源。在BOT融资模式下，由股东投资组成项目建设公司，项目建设公司通过从项目所在国政府获取特许协议，作为项目开发和安排融资的基础，并以公司资产和项目预期收入对外承担债务偿还的责任。因此，在BOT项目贷款中债权人的追索权是有限的，仅限于项目公司的资产及收益，不能要求项目的发起人及公司股东承担贷款的偿还责任，也不能对于项目以外的资产和收益行使追索权。项目公司是BOT项目贷款的借款人和债务人，项目的收益是其偿债的来源，项目的财产是其担保偿债的抵押物，但项目公司是有限责任公司，对建设和经营中发生的债务承担有限责任。

在BOT工程建设资金中贷款所占的比例很高。我国目前关于股本与借款的最高比率一般为1：3，虽然股本与贷款的比例因为具体工程项目不同而高低不等，但总的来说BOT工程的负债比例一般较高，可以说BOT工程的经营是负债经营，而且负债率很高。由于BOT工程往往是投资周期长、投资数额巨大的公共性基础设施工程，其融资的特点是投资人必须先行投入巨额项目建设资金，等项目建成后投资人再通过对该项目的长期经营，从中取得收益，然后还本付息，收回投资。其对经营目标的预期，在很大程度上建立在项目所在地政府授权的基础上，政府授权的变动会严重影响公司的经营，影响项目投资人和债权人的利益，政府信用是项目投资人和债权人利益的重要保障。

（3）特许经营权是BOT项目公司的一项由政府授予并以其行政权力保障的无形资产

BOT工程是信用工程，融资的安全性是BOT成功的基础，其还贷能力是建立在项目公司基于特许权协议所产生的特许项目经费（收费）权的基础上。

特许权协议是项目所在地政府与项目公司签署的，对双方当事人具有同等法律效力。根据特许权协议，签约方政府有义务授予项目公司对基础建设项目的融资、建造、经营和维护权；在协议规定的特许期限内，项目公司拥有对投资建造设施的所有权和经营权，并由此回收项目的投资、经营和维护成本，获得合理的回报；特许期满后，项目公司有义务将设施无偿地移交给签约方的政府部门。特许权协议在 BOT 工程中具有十分重要的意义，它既是对双方当事人权利义务的约束，也是项目公司取得的对投资建造设施的所有权、经营权的法律依据，更是项目公司发起人、股东投资和项目公司安排融资的法律基础。我国已于 1997 年开始停止了商业合作项目的政府担保，政府的特许权协议也就构成了对银行或财团的信誉担保。

在 BOT 项目融资工程中，政府具有双重身份，既是公共事务的管理者，又是特许权协议的一方当事人，这种主体的特殊性使双方当事人在特许协议中的法律地位实际上不平等，在特许权协议履行中政府处于优势地位和主导地位。如果政府受利益驱使，不守信用，不兑现授权，甚至收回特许权协议中授予项目公司的经营（收费）权资格，则处于被动地位的项目公司很难牵制政府的失信行为，也难以防范由此所产生的风险及这种风险所造成的损失。同时由于政府行为缺乏必要法律的约束，这就使项目公司的利益无从保障，最终导致投资人在 BOT 项目融资工程面前望而却步，在巨大的市场需求面前投资乏力。

BOT 项目基于政府的授权获得了一定期限内的特许的经营（收费）权，由于 BOT 项目的资产在期限届满后无偿交给政府，使得政府给予 BOT 项目公司的特许经营（收费）权事实上成为 BOT 项目公司的最重要的资产、最重要的经营保障和经营收入的最基本来源。

（4）BOT 工程在运作过程中无法离开政府的协助

BOT工程投资巨大，运行期长，涉及很多利益攸关者的利益。如污水处理设施的建设，涉及土地征用，收费管理，污水排放、收集等需要政府协助的工作，也涉及到道路通行者需要交费的问题。由于BOT项目一般为基础工程项目，如果离开政府的协助，就不可能运行。在民主社会中，政府是民选的并有明确的任期，这使得政府工作的具体执行者定期发生变化。要使得回收期达数十年的项目得以顺利的运行，需要一届一届政府的配合。这对政府而言又必须是以政府信用来对BOT项目的投资者进行必要的保障。不因政府首脑的更替造成BOT项目实施的困难，增加投资风险。

政府既是项目的购买者，也是项目的使用者，还是其最终的所有者，因而政府必须保证政策的稳定性，并对项目提供支持和必要的担保，以此来承担一定的风险。政府对BOT项目的支持和担保一般包括：政策上给予一定的支持；保证后勤供应；保证项目在特许期间运营的最低项目收入；保证在通货膨胀情况下对价格进行合理的调整；保证外汇的兑换；特许期间对项目减免税等。政府承认这种所有权，并保证这种所有权应根据本国法律予以尊重和保护，政府应做出决定、发布命令或采取必要的措施以保护这种所有权。政府保证在任何情况下，无论是任何理由，在建造期或竣工期之后，基础设施的所有权和项目公司的其他资产不得予以征用、充公、收归国有或受到限制。但项目公司取消本工程则属例外。

在BOT工程中，作为特许权协议的一方当事人政府应当实践协议中作出的承诺，履行约定义务，否则应当承担违约责任。但作为公共事务的管理者，政府行使国家权力，实施管理职能，在特许权协议履行过程中如果政府一旦不守信用，作为特许权协议的另一方——项目公司，在寻求救济、追索利益时则往往处于不对等、不平等的地位，这就使特许权协议关系不同于一般的合同关系。而且政府一旦失信，商家对政府几乎没有选择余地。虽然有行政诉讼程序，但司法机关对政府的监督是有限的，而且即使通过行政诉讼程序，令失信违约的政府部门承担了违约责任，给利益攸关者在经济上的损失给予了必要的弥补，但这种事后的补救，也无法保障项目建设的正常进行和项目工程的正常运作，这种损失及造成的浪费是无法弥补的。特许权协议是一种君子协定，更多的靠当事人的自我约束，而不是法律的强制，政府信用以及基于这种信用所带来的当事人对协议的自觉履行是 BOT 工程项目融资正常进行的根本保障，因此说特许权协议是一种信用协议。

5.1.2 我国 BOT 项目的法律保障

我国目前以 BOT 方式建设的基础工程，对政府的信用注意不够，主要体现在以下两个方面：

（1）没有一部完善的适用 BOT 项目的法律

1995～2000 年间，我国的基础设施建设方面的投资高达 5000 亿美元。为了解决经济的高速发展和基础设施能力相对不足之间的矛盾，BOT 这种在国外早已流行的融资方式在我国找到了巨大的市场。1993 年，原国家计委在制定"八五"吸引外资计划中首次提出引入 BOT 融资方式，用于电厂、铁路、公路、港口、城市供水和环境保护等水业及垃圾处理基础设施建设。北京开发区污水处理厂、广州西朗污水处理厂、深圳垃圾发电厂等一批环保项目，均是采用 BOT 模式运作起来的。这些成功案例预示着 BOT 模式在我国基础设施项目建设方面具有广宽的发展前景。

但 BOT 模式在我国毕竟尚处于起始阶段，目前尚没有制定专门适用 BOT 工程融资关系的法律。对外贸易经济合作部虽于 1994 年发布《关于以 BOT 方式吸引外商投资有关问题的通知》，但立法层次较低，且缺乏具体的操作性规定，也没有涉及关于加强政府信用建设方面的内容，对于政府信用危机所带来的危害更无相应的处理规范。这种状况与政府所承担的市场管理职能以及当前政府职能的转换极不相称，应当完善立法，加强法律对政府信用的约束。

（2）BOT工程中对政府行为缺少必要的制约

权力没有制约必然被滥用，政府在BOT项目中既是项目的合作一方，也是项目公司特许经营权的授予方。在我国现有体制中，缺少对政府的制约手段。另外，由于政府换届，也引起不同时期的政府对项目的认识和看法发生变化，导致政府对项目建设公司的配合和特许权的保障方面存在缺陷。其结果导致投资者对其投资项目长期经营的缺乏信心，严重影响其投资的积极性。根据现有BOT项目的纠纷来分析，政府行为的随意性对BOT项目的损害很大，政府信用已成为制约BOT工程项目融资发展的重要因素。

5.1.3 建立政府信用是我国BOT项目融资发展的基础

信用是商品经济发展的产物，又反过来推动商品经济的发展。在任何社会体制下，政府毫无疑问都应为民表率，假如政府信用缺失问题不能从根本上解决，重塑社会信用机制几乎是不可能的。而BOT工程是信用工程，政府信用的建立和完善是我国BOT工程项目融资得以发展的基础。

（1）完善立法，加强法律对政府信用的约束

针对目前立法现状，应根据我国BOT工程发展的需要，制定专门的适合BOT工程的法律，规范BOT工程项目融资的实际操作，并立法规范加强信用制度建设，尤其是对在BOT工程中处于特殊地位的政府的信用建设，将政府信用纳入法律规范的范围，并建立相应的约束机制，减少政府行为的随意性。

（2）规范特许权协议，明确政府的义务

由于我国目前尚没有成文的BOT法规，且法律体系正处在快速发展和变化之中，法律法规的变动不可避免地带来投资者利

益的调整，在一定程度上造成投资收入的不确定性。投资人基于这种不确定性，往往要求与政府达成一份长期的购买协议，以确保有一份最低的收入。这就需要在特许权协议中明确规定政府的义务，并以此作为政府信用的约束。这些义务包括：

1) 批准项目公司建设开发和经营项目，并给予使用土地、获取原材料等方面的便利条件。

2) 政府按照固定价格购买项目产品（如发电项目）或政府担保项目可以获得最低收入。

3) 在特许权协议终止时，政府以固定价格或无偿收回整个项目。融资安排中一般要求项目公司特许权协议的权益转让给贷款银行作为抵押，有时贷款银行要求政府提供一定的从属贷款或贷款担保作为融资的附加条件。

4) 项目所在国政府为项目建设和经营提供一种特许权协议（Concession Agreement）作为项目融资的信用保证基础。

5) 由本国公司或外国公司作为项目的投资者和经营者筹集资金和建设基础设施项目，承担风险。

6) 项目公司在特许期限内拥有、运营和维护这项设施，并通过收取使用费或服务费用，回收投资并取得合理的利润。特许期满后，这项基础设施的所有权无偿移交给政府。

(3) 完善政府信用的监督体系

司法监督、行政监督和舆论监督是政府信用监督体系的重要组成部分。司法监督是事后的监督，是对既成损失所采取的一种弥补措施，事后监督虽然必要，但事中监督更为重要，它能保障BOT工程的正常运作。因此许多国家十分重视舆论监督，舆论监督是经常性的。同时，政府内部的自我监督也是十分必要的。从根本上说，信用是需要靠利益机制来约束的，在BOT工程中，政府及其官员缺乏直接的利益制约，这是导致政府行为随意性的根本原因，如果"民告官"，百姓来信来访，政府或政府官员的信用问题成为对政府官员业绩考察时的重要因素，成为对其政绩评价、官职升降的重要依据,并且切实加以落实,必将有效改善政府的信用状况。

随着我国加入 WTO,更多的国际资金将会在我国寻找投资渠道,我国经济近年来的快速增长,预期未来将继续不断增长,国内资金也将寻找投资渠道。若我国建立起 BOT 工程中的政府信用体系,将大大有利于我国基础项目的建设步伐,推进我国现代化建设的进程。

5.1.4 BOT 的法律环境

参与 BOT 项目的政府、投资者、融资机构等当事人和为项目提供法律服务的律师,首先必须全面了解我国关于 BOT 项目的法律环境。目前我国适合 BOT 项目投资的法律法规虽极不完善,缺乏专门性的法律,许多问题法律没有明确规定,但也并非完全无法可依。如果是外资 BOT 项目,下列法律法规构成了一个粗略的体系。

1) 宪法。我国宪法第 18 条规定:"我国允许外国投资者依照我国法律规定在我国投资。外国投资者必须遵守我国的法律,其合法的权利和利益受我国法律的保护。"宪法的这一规定是所有外资立法和有关国际条约的最权威法律依据。

2)《中外合资企业法》、《中外合作企业法》、《外资企业法》及其实施细则,分别适用于以合资、合作、独资方式建立的 BOT 项目公司。

3)《民法通则》、《公司法》、《合同法》、《担保法》及其司法解释等民商事法律以及《招投标法》也适用于 BOT 项目。

4) 外汇管理、外债登记、对外担保等法律法规。

5) 我国现行法律、法规中对外商来华投资应享有的各种优惠政策如关税、进出口权、土地使用权、所得税等方面的规定,对 BOT 项目公司也适用。

6) 地方人大和地方政府在不与国家法律、法规相违背情况下制定的地方性法规和规章。

7) 我国参加和承认的有关国际多边公约、双边条约的规定。如我国与投资者母国关于双边投资的协定、关于避免双重征税的协定。1958年《关于承认和执行外国仲裁裁决的国际公约》、《多边投资担保机构公约》、《关于解决国家和他国国民之间投资多边公约》等。根据我国法律规定，我国缔结或者参加的国际条约同我国法律有不同规定的，国际条约的规定优先，但我国声明保留的条款除外。

8) 具体BOT项目所属行业的大量专门法律、法规，如公路项目的《公路法》及大量技术规范，供水项目的《水法》、《城市供水条例》及大量的行业规范。

9) 针对BOT运作的行政规章。主要有：①1995年1月16日对外贸易经济合作部发布的《关于以BOT方式吸引外商投资有关问题的通知》；②1995年8月21日原国家计委、电力部、交通部联合发布的《关于试办外商投资特许权项目审批管理问题的通知》；③1997年4月16日，原国家计委和国家外汇局发布的《境外进行项目融资管理暂行办法》。

需指出的是，上述第9点所述的两个关于BOT项目的《通知》和《境外进行项目融资管理办法》已远远不能满足我国推广BOT投融资模式的需要：

第一，法律阶位较低。两个《通知》皆属于国务院下属的各部委制定的规章，1997年的《管理办法》也只是一个规范性文件；

第二，条文内容相当简陋，特许授权文件与其他合同的关系问题、项目运作过程中的风险分摊与管理问题等等诸多疑难问题均未涉足；

第三，条文存在诸多法律障碍，审批程序过于繁琐；

第四，某些条文相互矛盾，令人无所适从。例如关于外汇兑换担保，两个通知第三条作出相反的规定。因此，尽快对实施

BOT 项目制定专门法律势在必行。

在法律不完善的情况下，参与项目的当事人和律师应深入研究现有法律、法规、司法解释，充分理解现行法所蕴含的法理、原则和精神，而不应抱怨无法可依，正确的作法是设法排除法律障碍，在不违背法律的基本原则和政策的前提下开拓性地工作。

5.2 BOT 中风险防范体系的构建

BOT 这种融资模式始于 20 世纪 70 年代末 80 年代初，其含义就是指项目发起人（通常为东道国政府或其代理人）将项目经营的特许权采取招投标等方式，转让给投资方（主要是该领域的经营公司和工程承包公司），由投资方建设并且运营一段时间后再转让给主办方。由上述定义可见，BOT 中的风险主要表现在两个方面：一方面是存在项目特定阶段的风险，如项目建设阶段的完工风险，运营阶段的生产风险，转移阶段的风险；另一方面是在项目各个阶段都存在的风险，如政治风险、利率风险、汇率风险等。对于政治风险，由于政府和相关担保机构的积极介入从而大大降低；对于在项目各个阶段都存在的各种金融风险，已经有比较成熟的避险手段，如掉期、期货、期权等金融工具。但对于第一方面的风险，其避险的措施则比较具体、复杂，有必要构建一个风险防范体系。

5.2.1 项目建设阶段的风险及其防范

在项目建设阶段，贷款银行是最大的风险承担者。由于 BOT 项目一般都是水业及垃圾处理基础设施项目，其建设周期比较长，需要的资金量巨大，所以建设阶段的风险可以说是 BOT 模式中一个最主要的风险。其具体表现形式有：

1) 项目建设超期；
2) 项目建设成本超支；

3）所建设的项目无法达到额定的生产能力等。

以上几种形式的风险可以总称为完工风险，它最大的影响就是项目无法按照预定的计划获得足够的现金流量来偿还贷款。造成这种风险的因素比较复杂，如建设成本的意外超支，工程承包公司技术能力、管理水平的欠缺等。

对于资金问题的解决，项目主办方往往被要求向贷款银行存入一定从属性的备用贷款作为对项目的支持。而对于因工程承包公司技术能力、管理水平问题或者设备问题导致的完工风险，贷款银行一般会要求制定"商业完工"标准。这种标准是根据各个项目的具体特点由相关专家制定的一系列经济、技术指标。主要有两种表现形式：一种是针对技术风险，要求项目建成后能在规定的技术指标下连续运营一段时间；另外一种是针对项目的盈利能力设计的，要求项目能够在一定的时期内达到一个现金流量水平，并且可能要求在这个水平上连续运营一段时间。最后为了限制完工风险，一方面贷款银行通常要求项目参与者做出相应的完工担保，其内容包括：完工担保的责任划分，担保义务的履行，保证担保人履行义务的措施。而另一方面投资方为了尽量转移风险，会同建筑承包商签订工程承包合同（如"交钥匙"合同、工程造价总额承包合同），与设备供应商签订供应合同或出口信贷合同。

5.2.2 生产阶段的风险及其防范

生产阶段的风险主要有：

（1）市场风险

市场风险在不同的 BOT 项目中有不同的表现形式，在电力项目表现为电力的销售，高速公路项目表现为客流量。

（2）能源及原材料风险

这一点在电力项目中举足轻重，能源的价格和供应量对项目的现金流量的影响是显而易见的，因此相应的风险防范机制也是针对这两个方面制定的。

(3) 经营管理风险

对于市场风险，投资方往往要求与发起人签订"无论提货与否均须付款"或者"提货与付款"类型的合同。这种合同实际上就是项目产品的销售合同，所以一个很明显的特点就是合同期与项目的贷款期限基本相同。通过这种产品销售协议，在一定程度上保证投资者在项目的特许经营阶段有足够的现金流量来还本付息，其中产品的供应量和产品定价是协议的核心。如在成都自来水六厂的项目中，水价问题是政府面临的最大考验。该项目投资的70%来自国外银行贷款，如果投资的利润不低于银行利息，则该公司生产的水价格要比现行水价高近一倍。而我国现行水价执行的不是市场定价原则，不仅要政府批准，还要经过听证会表决。因此，目前的解决方案是，由自来水公司买下该水厂生产的水，再按统一价格卖给市民，中间的差价由政府补贴。由此可见，合理制定项目产品的价格对于项目成功运营的重要性。水厂项目中的原水供应，一般的解决方法是发起人组织与项目公司签订长期的供货合同，按照固定价格或者双方事先商定的定价公式计算出的价格供应全部或者部分原水。在成都自来水六厂的项目中，成都政府承担原水供应风险，项目公司按照成都自来水公司的调度指令供应净水。

项目的经营管理风险，即项目公司是否有能力保证项目的正常运营。一般发起人和贷款银行要求投资方在该领域具有良好的资信、雄厚的资金和技术基础以及公认的成功经验。另外，如果项目的日常运营由第三方负责时，项目的发起人、投资方和贷款银行除要求经营方具备上述的条件外，还会要求经营方参股或者采取利润分成等手段。并且，项目公司要与运营商之间签订"运行与维修契约"(D&M契约)，加强对项目的经营管理，使项目有更大的成功把握，从而使项目实现预期的现金流量偿还贷款有更大保障。其核心条款为运营成本的控制条款，项目设施及设备的维护保养条款和相应的奖惩制度。这也是项目公司减少自身承担的项目经营管理风险的一个有效手段。

5.2.3 项目移交时的风险

BOT项目最终要移交给发起人,所以发起人最为关注的是移交时项目是否运营良好,并且在技术上不过时。通常项目公司为了减少技术风险,更倾向于采用可靠性高的旧技术,而不愿采用风险高的新技术。因此发起人会要求投资方对项目进行维护保养和技术改进。可以考虑采取的措施有以下几种:

1) 要求项目投资方在特许经营期间对项目的设备、设施定

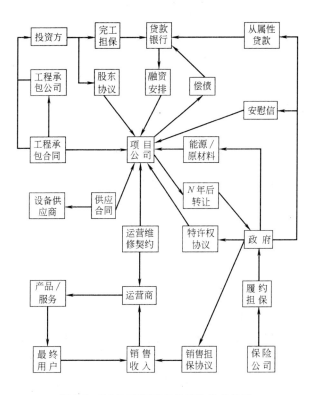

图 5-1 BOT 融资模式的风险防范体系

期进行维护，对于陈旧过时的技术和设备要进行升级；

2）发起人定期对项目的设备、设施进行抽检；

3）由专家制定一套类似商业完工标准的经济、技术指标，要求项目在移交时能够通过检验；

4）如果移交时达不到上述标准，则要求投资方在规定的时间内对项目予以改造使之达到要求，并且支付一定的赔偿，另外一种方法是由发起人改造投资方付款。

根据上述的考虑，我们就可以构建BOT融资模式的风险防范体系，具体可以用图5-1表现出来。由于政府在BOT项目中具有莫大的作用，所以图中以政府作为项目的发起人。另外，保险公司为政府提供的担保往往需要再担保。

5.3 BOT项目的合同管理

5.3.1 BOT项目的开发周期

BOT项目的开发周期是指从项目策划开始，到确定项目方案，通过招标确定投资人，完成融资交割，直至项目开工建设的整个时期。开发周期较长是BOT项目的一个基本特点，也是许多政府难以决定采用BOT方式建设项目的主要原因之一。为了推动BOT项目的顺利开展，除采取有效的手段缩短BOT项目的开发周期以外，促进政府部门正确认识BOT项目开发周期长的原因也十分重要。

进行预可行性研究（包括研究确定项目方案）和获得政府批准立项，大约需要六个月到一年的时间。不同的项目在这一阶段所需的时间相差无几。政府批准立项以后，BOT项目将按照既定的程序和方式开始运作。因此，这里的BOT项目开发周期从政府批准立项后的资格预审开始，包括资格预审、招标准备、准备投标书、评标与决标、合同谈判、融资与审批等工作。

资格预审工作包括：招标人准备资格预审文件、发布资格预审通告，投标申请人准备资格预审资料和资格预审评审等，一般需要 5~6 周时间。资格预审工作可以与招标准备工作同时开始，因此一般不会影响项目进度。有些招标人认为邀请招标方式不需进行资格预审，因此可以相应缩短招标时间，这是不现实的。

招标准备工作包括招标组织（主要是成立招标委员会和聘请中介机构等）、研究并明确技术要求、设计项目结构、落实项目条件、确定招标原则、编写招标文件、制订评标标准。这阶段的工作有很多不确定性，需要研究解决的问题多且复杂，至少需要 15 周的工作时间，实际所需时间的长短在很大程度上取决于政府的工作效率。如果这一阶段的时间过短，招标文件的完整性、可操作性和严谨性相对而言就会差一些，可能会影响以后的工作进度。

准备投标书工作包括投标人建立投标组织、准备建议书、参加标前会议和现场考察、与银行进行意向性接触等工作。从资格预审结束到投标人开始准备建议书之间，应该给投标人留出充分的时间做好投标准备工作（例如做出投标决策和重新组建投标联合体）。根据项目的具体情况，准备建议书工作需要 20 周左右。项目的可行性研究报告的编制将在这一阶段完成。

评标与决标工作包括评标准备（如成立评标委员会和制定评标细则）、投标人澄清标书、评标委员会评估标书并完成评估报告、推荐中标候选人和确认评标结果等工作，一般需 3~4 周时间（不包括评标准备工作时间，招标委员会将在投标人准备建议书期间进行评标准备工作）。这一阶段的时间不能太短，如果评标工作过于仓促，反而可能导致后面的工作进展不顺。例如，在北京第十水厂 BOT 项目中，由于存在投标人未签署中标标书的问题，导致招标委员会确认评标结果延误了九个月。

合同谈判工作主要是为了确定中标人。一般情况下，BOT 项目的谈判需要进行三轮，大约 12 周时间。如果谈判进展不顺利，谈判时间将延长到最终确定中标人为止。有时候，招标委员会可能需要与两家以上中标候选人轮流谈判。

在融资和审批阶段，中标人进行融资和政府审批可行性研究报告是同时进行的，大约需要 12～16 周时间。在此期间，中标人将成立项目公司，项目公司将正式与贷款人、设计单位、建筑承包商、运营维护承包商和保险公司等签订相关合同，最后，与政府正式签署特许权协议。初步设计工作也在此阶段完成。

综上所述，对于一个外资 BOT 项目，从政府批准用 BOT 方式开发项目到特许权协议生效，需要 67～73 周时间。如果利用内资开发 BOT 项目，工作周期可以缩短 15～20 周左右。对于不同条件的项目，开发周期差别很大。如果政府的工作效率较高，外来干扰较少，BOT 项目的开发周期将会缩短。

虽然 BOT 项目的参与各方都希望尽量压缩前期工作时间，但完成 BOT 项目纷繁复杂的前期工作必须有一个合理的周期。如果不考虑实际情况，只是按照长官意志一味地压缩前期工作周期，极易在技术、法律或商务等方面留下许多漏洞，给后期的项目建设、运营和移交工作带来一系列问题，使政府和投资人之间出现不必要的纠纷。

5.3.2 缩短 BOT 项目开发周期的手段

在 BOT 项目运作过程中，应该采取以下措施，将开发周期控制在一个合理的水平内：

首先，积极有效地组织项目。

BOT 项目需要政府各相关部门的支持。如果招标委员会由相关部门的负责人组成，且由一位政府主管领导担任招标委员会主任，并指派一位受过金融或管理教育、熟悉基础设施、建设程序且有过国际合作经历的政府官员负责项目的组织和实施，则可以使工作效率大大提高。

其次，应聘请具有丰富经验的国际融资顾问。

一个按照国际惯例运作的 BOT 项目，对国际投资机构和金融机构而言，无疑更加具有吸引力。如何在遵守惯例的前提下确保公平、保护中方政府的正当利益，同时又保证项目对于投资人具有较高的吸引力，是每个 BOT 项目的运作者应该解决的核心问题。经验丰富的顾问公司可以给政府提供必要的帮助。

我国以前的一些 BOT 项目，由于没有聘请顾问或聘请的顾问本身缺乏经验，招标前期工作往往比较草率，招标条件含糊不清。投标人无法准确理解招标人的意图和要求，投出的标书也就不太规范和严谨。前期工作几乎在投标后从零开始，工作周期无法控制。为争取早日获得引资成功，政府往往在很多条件上做出让步，或者来不及仔细研究其利害关系就仓促对外方做出承诺，其结果不是给政府的经济利益带来损失，就是项目达不到预期目标，或者给今后的运营管理带来诸多不便。

随着人们对 BOT 项目理解程度的不断加深，聘请顾问公司完成 BOT 项目的前期准备工作已经成为一种共识。

第三，进行认真的前期研究，提高招标文件的水平和质量。

在对项目的技术、经济以及其他方面的问题进行认真和深入研究的基础上，在符合国际和国内惯例的前提下，锁定尽量多的项目条件（包括明确的技术条件和不可更改的商务法律条件），可以大大减少谈判阶段的工作量。但是 BOT 招标不同于设备和工程采购招标，在锁定任何条件前，一定要确认资本市场能够接受这种条件。否则可能会被投标人误认为项目条件苛刻，使投资机构失去对项目的信心和兴趣。

5.3.3 BOT 项目与传统项目的开发周期比较

传统项目在政府批准立项以后，编制可行性研究报告大约需要 15 周时间。政府审批可行性报告大约需要 16～20 周时间。在可行性研究报告批复以后，初步设计工作需要 20～25 周时间（复杂的基础设施项目如大型水力发电厂等，需要更长的时间，不在讨论范围内）。从立项到开工的时间大约需要 51～60 周。在这期间，政府指定的筹建单位需要落实建设资金。

BOT 项目的可行性研究和初步设计都在招标过程中完成，从立项到开工的时间将比传统项目长 7～20 周。但 BOT 项目的运作周期比较确定，按照正常的程序和周期运作项目，可以得到比较确定的结果，在正式开工前就已经解决了在今后的建设和运营期间将要面临的主要问题，使得后期的建设和运营将比较顺利。传统项目在运作过程中面临许多不确定的因素，很难如期完成前期工作，有的甚至造成长时间的延误，使实际所需的时间远远超过计划周期。另外，一些传统项目在开工前未能完全落实建设资金就仓促上马，由于资金不足，导致建设进度拖延，不仅项目迟迟不能投产，而且工程总投资远远超出工程预算。这种"钓鱼工程"给国家和人民带来很大的经济损失，造成社会资源的严重浪费。

开发周期虽然比传统项目的前期工作周期略长，但它的运作方式和程序较为规范，一般不会出现拖延开发周期的情况，这是传统项目不具备的优点。正是由于前期工作十分细致和充分，才使得 BOT 项目在建设和运营期间比较顺利，政府和投资人之间不易出现难以解决的纠纷。因此，我们应该正确认识 BOT 项目开发周期长的特点，不应该使这一特点成为否定采用 BOT 方式开发建设项目的理由。我国已经加入了 WTO。WTO 要求法制化的和透明度高的市场经济秩序，要求经济活动的参与者规范经济行为。从这点来说，BOT 项目的规范运作是完全符合 WTO 的精神的。

5.3.4 价格形成的原则

价格、收费是水业及垃圾处理基础设施产业化的核心内容，是市场经济的具体体现。国内绝大多数地区不理解市场经济，看轻价格条件，付出了惨重代价。具体反应在除北京及个别发达地区外,在项目交易过程中普遍没有投资咨询机构参加,而运作人员又没有足够的知识和经验,结果是草草签约,随意违约,造成极坏的影响,动摇国际资本市场对我国的信心。实际上,任何商务条件都需要专业咨询机构进行认真分析和测算,这是国际惯例。在沈阳的一个水项目中,由于对退出条款的规定不利于政府,在政府要求与外商终止合同时赔偿数额巨大,损失惨重,这样的例子是很普遍的,这种损失至少是聘请咨询顾问费用的几十倍甚至几百倍。在BOT项目中,商务条件同样重要,由于项目融资依靠项目自身的资产和未来的现金流作为还款保证,因此,在BOT项目主要商务条款中产品价格是最基本的,对BOT项目的成败影响也最大。

不同行业BOT项目的价格特点是不一样的,针对水价一方面取决于市场因素,一方面受政府控制的双重特点,BOT项目中水价形成的基本原则,有以下几方面:

(1) 价格是BOT招标的主要标的

BOT项目的标的要考虑技术、融资、法律和价格多种因素,一般来讲,价格的权重较大。因此,BOT供水项目水价的形成是市场竞争的结果,是市场定价,完全符合市场经济原则。

(2) 价格结构须由专业投资咨询机构设计

价格结构和水平既要反映政府的意志,又要被国际或国内资本市场接受,就需要考虑各种条件下的价格水平,要处理价格与风险的关系。具有丰富经验的投资咨询公司是完成这一工作的最适合机构。实践证明,没有专业咨询机构参加的项目后遗症都比较多。

(3) 价格是以现有法律框架为基础的

BOT项目的价格在受法律的约束方面没有什么特殊性,必须符合我国法律要求,但在项目适用法律方面要灵活掌握。例如,有的政府部门规定,"净资产利润率为$8\%\sim10\%$",这只能是一个原则,没有反映效率的因素,在制定价格时应参考这种规定,鼓励降低成本,提高效率。另外,水厂项目价格是中间价格,与水网零售水价的管理法规有一定差别,一般调价时不需要听证会。

5.3.5 案例介绍——北京第十水厂水价确定

(1) 水价结构

北京市第十水厂的水价结构是根据市政府的要求,充分考虑国际资本市场特点而设计的。在项目文件中,水价条款作为项目协议的附件,是北京自来水集团和第十水厂项目专营公司签订的购水协议的基本条款。项目公司售水价格由运营水价、超供水价和原水水价三部分组成,其中运营水价由与通货膨胀相关的固定部分和与汇率相关的浮动部分组成。

(2) 水价的调整

1) 运营水价

考虑到项目建设前期及项目建设期较长,项目运营日距投标日间隔较长,因此在项目开始运营日可以对竞标形成的运营水价进行调整,调整后的运营水价在头三个运营年内保持不变。第四个运营年及以后的运营水价按下述方法调整:

① 运营水价的固定部分

运营水价的固定部分在第四个运营年的1月1日起调整,此后每两年调整一次。每次调整后的固定部分运营水价适用于随后的两个运营年度。调整公式如下:

$$YT_n = YT_{n-2} \times (1 + I_{n-1}) \times (1 + I_{n-2})$$

YT_n 为第 n 年的固定部分运营水价;

I_n 为第 n 年我国综合物价指数。根据国家统计局提供的信息设计,如果综合物价指数大于10%,则按10%计算。这种安排可以降低政府风险,同时对最大调价幅度的限制保证了项目调价的可行性。

② 运营水价的浮动部分

第四个运营年的1月1日起调整，此后每两年调整一次。每次调整后的浮动部分运营水价适用于随后的两个运营年度，调整公式如下：

$$FT_{n-1}=FT_{n-2}$$

$$FT_n=FT_0 \times ERF_C$$

其中：FT_n 为第 n 年的浮动部分运营水价；

ERF_C 为计算日"C"（运营水价浮动部分调整日）所在月份的上一个月的汇率系数，计算汇率系数时需考虑美元对人民币的比值变化。

2）超供水价的调整

竞标形成的超供水价在开始运营日进行一次调整。经如此调整后的超供水价在头三个运营年中保持不变。在第四个运营年的1月1日起，每两年调整一次，每次调整后的超供水价在随后的两个运营年度中保持不变。调整公式如下：

$$ET_n=ET_{n-2}\times(1+I_{n-1})\times(1+I_{n-2})$$

其中：ET_n 为第 n 年的超供水价；I_n 为第 $n-1$ 年我国综合物价指数；如果综合物价指数大于 10%，则按 10% 计算。通货膨胀的风险分配原则与运营水价的风险分配原则相同。

3）原水水价的调整

在专营期内的任何时候，如果原水供应单位经北京市物价管理部门批准对原水供应协议中原水价格进行调整，专营公司有权同时对净水价中的原水价部分进行相应调整，也就是说，在满足设计自用水率的前提下，原水水费将不对专营公司的财务状况产生影响。项目公司不承担原水水价上涨的风险。这种安排是合理的，原水价格完全是由政府控制的，不应对项目公司产生直接财务影响。

(3) 价格形成

水价是招标时的主要标的,评标时价格约占 80% 的权重。由于项目运作得科学,有效地向投资人推荐了项目,使项目的价值在运作过程中充分地得以实现,竞标形成的价格仅仅是政府招标前预测水价的一半。

5.4 BOT 项目的组织

由于 BOT 项目通常会在私营部门(通常以专门设立的项目公司的形式)和多个公有部门(通常是政府部门和其控制的国有企业)建立长期性的、复杂的合同关系,BOT 项目的成功依赖于政府部门对 BOT 项目的有效组织,依赖于政府一方各个部门的协调和配合以及政府顾问部门的高质量的工作。BOT 项目的组织工作是决定项目进展同时也是降低项目前期费用的决定因素。

5.4.1 BOT 项目组织的基本结构

(1) 招标委员会

招标委员会为项目招标最高决策机构,它一般是经过政府授权为某一项目招标特别设立的临时机构。招标委员会的主任一般由项目所在地区或城市的主管领导担任,成员包括项目设计的各主要政府部门和签约单位的主要决策人员。由于基础设施 BOT 项目设计许多外部的政府条件和承诺,招标委员会的组成应能反映项目结构的特点。

一般而言,在我国的 BOT 项目会涉及到以下的主要政府部门:

1) 行业主管部门(如在城市净水厂的项目中,主管部门通常是城市的市政管理委员会或城市的建设委员会);

2) 发改委(主要的项目审批);

3) 物价局(项目公司产品的定价问题及生产要素的价格

问题);

  4)土地局(项目用地);
  5)规划委员会或建设委员会(项目的设计和建设);
  6)财政局(可能的补贴问题和税费问题);
  7)税务局(税收问题);
  8)外管局(外汇问题);
  9)项目的国有一方签约单位及其主管部门招标委员会组成的合理性和成员的权威性,直接影响项目的进度和最终成败。

  招标委员会在项目初期将批准招标原则,在出售招标文件前批准招标文件,在评标结束后批准评标结果,在谈判结束后向中标人授标并与之签订项目协议。

  (2)招标办公室

  招标办公室是招标委员会的常设工作机构,负责项目的日常组织工作。招标办公室的成员通常为招标委员会的成员单位的具体工作人员,这种安排有利于招标办公室与招标委员会成员的及时沟通。招标办公室主任一般由政府指定的负责运作的职能部门的领导担任。

  招标办公室将在咨询小组的支持下开展工作,包括为招标委员会准备待批准的文件和与投标人进行交流。

  招标办公室主要负责项目条件(特别是需政府部门提供的)的实际落实,协调与政府各相关部门和签约单位的关系。

  (3)以牵头顾问为首的顾问班子

  顾问班子是 BOT 项目或类似基础设施项目中不可或缺的角色。融资招标需要招标方和投标方的有效沟通,一般情况下,政府缺少专业知识和经验,也没有足够的时间和精力,都需要顾问的协助。除牵头顾问外,顾问班子的常见成员包括:

  1)技术顾问;
  2)财务顾问(在某些情况下,其职能由牵头政府顾问承担);
  3)法律顾问(通常是国内顾问,如果是国际招标项目还包括国际顾问）；

顾问小组应是个有机整体，招标办公室、法律顾问、财务顾问和技术顾问的工作应该协调一致，牵头顾问应保证实现这一点。

顾问班子将就项目结构的设计等问题提供咨询意见，起草招标文件以及回答关心的问题。在顾问班子中，牵头顾问起主导作用，类似上市或购并项目中的投资银行的地位。牵头顾问的作用体现在：

1）设计项目的整体结构，包括项目的边界条件。由于BOT项目结构的设计牵扯方方面面的问题，它要求牵头顾问熟悉类似项目的运作规律和国际惯例，具有良好的项目全局观、丰富的项目经验，同时好的牵头顾问会针对特定的项目条件，实现项目某些创新，它要求牵头顾问具有将国际惯例与本土环境对接的能力及对未来政府政策走向的恰当把握。

2）确定项目结构的主要问题和解决方案，执导法律顾问编制标书，协助招标办公室审阅招标文件。

3）制定评标原则并组织评标和编制评标报告，供决策。

4）确定项目谈判要点、策略和工作计划。

5）在谈判中，就出现的问题提供分析和解决方案供决策，同时把握谈判的进程。

6）如需要，在项目融资环节，组织或协助配合调查工作。

7）分析和确定项目所需的外部条件和政府一方各部门的配合，协助招标办公室对内的协调工作。

8）领导和协调顾问班子的工作，表现在：

• 制定详细工作计划，并保证按计划完成。

• 将项目结构涉及的主要问题分解或翻译成特定的专业问题，交由各顾问分析和提出解决方案。

• 在各顾问的意见的基础上，进行意见的综合分析和平衡，形成对项目的整体影响或净影响。

• 保证专业顾问的工作与整个项目的进度一致。

财务顾问在大型国际 BOT 项目招标中一般需聘请,以提高项目的吸引力和信用。在国内 BOT 项目招标时,牵头的政府顾问一般充当财务顾问的角色(前提是由投资咨询公司担任牵头顾问),财务顾问的作用主要是:

1) 对项目结构的财务可行性提出咨询意见或参与设计项目结构;

2) 制定评标的财务标准;

3) 提供对投标人标书的财务评价报告;

4) 谈判期间,就谈判问题的财务影响范围提供咨询。

在 BOT 项目中,由于较大程度的使用银行贷款,因此设计出能满足贷款银行要求的项目结构是项目能否成功的一个关键因素。分析贷款银行的要求(如对项目自有资本金的比例,未来现金流的数量和稳定性,要求的最低的偿债概率等),结合项目的具体情况和我国特有的项目外部条件(如价格管制等),设计和调整项目的财务结构,也是财务顾问的一个重要任务。财务顾问有时也需就税务问题提出咨询意见。

法律顾问也是顾问小组的成员,在国际招标项目中,往往还会聘请国际法律顾问。法律顾问的作用主要有:

1) 对项目结构和方案的法律可行性发表意见;

2) 对项目及合同条款的合法性提出法律意见;

3) 根据投资顾问提出的商务原则起草招标文件。

其具体的工作有:

1) 在项目设计阶段,明确项目结构涉及的主要法律问题、障碍和解决方式;

2) 提供评标的法律意见;

3) 在谈判期间,就提出问题或方案的法律影响发表意见;

4) 负责法律文件的编制。

牵头政府顾问与法律顾问的有效分工,将提高项目的效率和质量。国内很多项目单位为了节约前期费用，由投资顾问替代法律顾问，这是不可取的，投资顾问不应对项目的法律符合性提意见。投资顾问和法律顾问的分工是必然的，符合一般经济法制性的本质，将有效保护客户利益。

技术顾问也是政府顾问的重要成员，技术顾问的重要作用是通过技术要求的约定，保证项目的设计和建设能满足政府对可靠和安全的公用产品供给的要求，也应适当地保证在BOT项目的移交时，政府接受到的是可正常运转的公用设施。

技术顾问的具体工作包括：

1) 提出项目的技术要求；
2) 起草招标文件中的技术文件；
3) 提出对标书的技术评价报告；
4) 谈判期间，就技术问题的影响提供咨询。

(4) BOT项目各组织单位之间的协调

政府一方（包括与顾问班子）利益和工作的协调是大型基础设施项目组织能否成功的关键，BOT项目也不例外。由于投资方的报价是对项目风险整体判断的一揽子提出的，因此项目设计和组织工作的目标就是降低项目的整体风险，以实现对方报价的最低。实现上述目标需要：

1) 项目的招标办公室和牵头顾问，明晰项目的整体风险和具体风险的分配，了解政府一方局部利益的变化对项目整体风险的净影响，从全局的角度制定最优的方案。

2) 招标办公室和牵头顾问具备高超的解释和说服能力。

3) 对部分签约单位为实现项目整体最优，而牺牲部分局部利益，政府应予以承认并有适当的补偿安排，以调动项目单位参与项目的积极性。

5.4.2 BOT项目组织的经验

根据参与项目的实际经验，我们认为政府在BOT项目的组织中，应注意以下几点：

1) 保持招标委员会成员，特别是招标办公室主任的连续性。

2) 由于招标办公室领导的特殊地位，出任的人选应具有极强的组织能力，同时能与顾问班子高效合作。

3) 牵头顾问的选择。牵头顾问的选择应取决于其经验和解决实际问题的能力。

4) 顾问班子的领导和分工。顾问班子应在牵头顾问的领导下，具有明确的专业分工。多家顾问同时对招标委员会负责将不利于项目的顺利推进，也会增加招标办公室协调顾问工作的工作量。

5) 招标办公室和牵头顾问应明确投资人和银行的资料要求，充分和恰当的资料的提供是解决投资人对项目不确定性认识的一个主要对策，它往往能在政府不做实质性的让步的情况下，争取更大的利益。

5.5 BOT 项目的经验总结与前景展望

自从 1997 年出现亚洲金融危机以来，亚洲地区以项目融资方式建设大型基础设施项目受到了很大影响。从 1999 年初原国家计委同意北京第十水厂项目通过国际公开招标融资以来，在经历了很多波折后，目前项目谈判已经结束。日本三菱商事株式会社和英国安格力安水务公司赢得了该项目。

5.5.1 BOT 项目实施回顾

我国第一个基础设施 BOT 项目是深圳的沙角 B 电厂，1984 年由香港合和实业公司投资建设，已于项目特许期结束后由投资人移交给当地公司，在国际 BOT 领域是一个较典型的案例，经常被国际 BOT 专家引用。由于该项目是在改革开放初期运作的，所以项目结构比较简单，加上国内缺乏 BOT 的经验，造成了一些遗留问题。虽然该项目开创了我国基础设施融资的新途径，但并没有使 BOT 在国内得到推广。

1994 年，我国政府开始研究 BOT 方式。1995 年 8 月，原国家计委、电力部和交通部联合下发了《关于试办外商投资特许权项目审批管理有关问题的通知》，为国内运作 BOT 项目提供了法规依据。同时，原国家计委选择了广西来宾 B 电厂、成都第六水厂、长沙电厂和广东淀白高速公路等项目作为 BOT 试点项目，标志着我国 BOT 项目进入了规范运作的发展阶段。

5.5.2　BOT 项目的经验总结

总结 1995 年以来的四个典型 BOT 项目，可以得出如下一些经验：

（1）通过招标方式选择投资人，使项目的运作规范、有序

国内绝大多数外商直接投资项目，是由项目业主与投资人或债权人直接进行谈判，运作程序（尤其是中方对外方而言）缺乏透明度和比较明确的法律保障和信用支持。上述四个项目都是通过招标方式选择项目的股本投资人，设计项目结构、落实项目条件、编写招标文件、招标评标、融资要求、中标后的程序等运作过程，全部按照国际惯例进行，保证了项目的运作规范、有序，为项目最终能够顺利执行打下了坚实的基础。

（2）专业咨询公司扮演着十分重要的角色

各项目都聘请了专业咨询公司作为招标顾问（或融资顾问），为政府（或招标人）提供从项目结构设计到正式签约的全过程咨询服务，以弥补招标办公室人员经验和专业知识的不足。专业咨询公司充分发挥他们在国际招投标、国际投融资等方面的经验优势，使项目结构设计更加严谨和符合国际惯例，更易于被中方政府和外国投资人接受。可以这么说，如果一开始就聘请一个好的专业咨询公司，那么项目就已经成功了一半。

（3）成立专门的招标机构可加强政府内部协作

各地政府都为项目成立了由主管领导牵头的招标委员会（招标委员会的成员包括了有关主管部门的领导），并设立临时性的执行机构（招标办公室），指定了得力人员担任招标办公室主任。由于 BOT 项目往往涉及立项审批、土地、财税、物价、行业主管等诸多问题，在发布招标文件之前，需要有关主管部门对各自负责的与项目有关的行政事项进行研究和审查，只有得到书面同意或认可之后，项目基本条件才能基本落实。主管部门的领导组成招标委员会，在项目工作会议上专门研究项目存在的问题和困难，并由招标办公室负责落实招标委员会做出的决定，将大大降低前期工作的复杂程度和难度，有利于加快前期工作进度。

（4）通过招标方式运作 BOT 项目，具有很高的成功率

通过招标方式运作 BOT 项目，项目基本条件能够十分明确地得以落实，并被写入项目协议和合同中，对协议双方都具有约束力，招标过程规范、公平，项目建设、运营管理和期满后处理的规定十分详尽，易于双方共同理解、遵守和执行，因此使 BOT 项目具有很高的成功率。上述四个 BOT 项目，除长沙电厂项目由于电力市场逆转而失败外，其他三个项目全部取得了成功。如此高的成功率是在我国出现过的任何其他融资方式都无法比拟的。

（5）政府在 BOT 融资活动中始终处于主动地位

在上述四个 BOT 项目中，参与每个项目竞争的联合体都超过了 5 个，而且都是著名跨国公司，他们之间的激烈竞争使得各自在不同程度上降低条件和要价，从而使政府在融资活动中处于主动和有利地位。与在不规范融资方式（轻视前期工作）下政府所处的被动局面相比，可以说 BOT 方式使国内融资水平上了一个台阶，甚至可以说是在基础设施融资领域变被动融资为主动融资的一场革命。

（6）降低产品价格，减轻政府的财政负担，提高技术和管理水平，由于招标带来的激烈竞争大大降低了产品价格，使最终用

户受益,也减轻了政府的财政负担

来宾 B 电厂等三个成功项目的标的可以很清楚地说明这一点。同时,投资人为降低项目的建设投资和运营管理成本,总是采用最为合理的设计方案和运营维护方案,提高了项目的技术含量,为国内其他同类项目提供了学习和借鉴的机会。三个成功项目的招标主要标的(价格)见下表 5-1。

三个成功项目的比较 表 5-1

	来宾 B 电厂项目	成都第六水厂项目	北京第十水厂项目
招标前预测(约)	0.6 元/(kW·h)	1.5 元/t	2.6 元/t
招标结果(约)	0.4 元/(kW·h)	0.9 元/t	1.4 元/t

来源:对参与项目的有关专家的调研结果。

(7)为政府进行基础设施商业化改革提供了宝贵经验

利用 BOT 方式吸收外商直接投资建设基础设施项目,完全建立在通过商业原则来实现政府和社会目的的基础上,因此这些项目的成功经验,无疑将为当地基础设施商业化改革提供许多实实在在的经验。另外,通过进行国际融资招标,为上述四个项目所在的省市培养了一批专业人才。同时,由于每个项目的招标过程都受到国际资本市场的关注,从而提高了四省市尤其是西部地区省市的国际知名度。

(8)前期工作周期长、费用高

三个项目从资格预审到开工建设的时间(即前期工作周期)都在两年以上,前期费用都在 2000 万元以上(由政府垫付,中标人中标后返还)。与财政投资的方式相比,BOT 项目前期工作周期长、前期费用略高。但是,与产品价格低、减轻政府财政负担和提高项目技术水平等这样的融资成果相比,付出前期工作周期长和前期费用高的代价是非常值得的。

5.5.3 水业及垃圾处理基础设施投融资形势分析

由于近年我国经济内需不足,中央政府采取了积极的财政政策,资金短缺问题暂时得以缓解,使得各地利用财政资金建设水业及垃圾处理基础设施项目比较容易,相对而言,利用外商直接投资建设水业及垃圾处理基础设施项目的积极性不高。因此,在原国家计委组织的 BOT 试点项目于 1997 年结束以后,BOT 项目并没有在国内得到推广。

进入 21 世纪,我国经济迅速发展,"西部大开发"战略正在实施,我国已经正式加入 WTO,使得我国的投资需求将有较大幅度的增长。为创造更好的投资环境,同时提供更高水平的公共服务,水业及垃圾处理基础设施将首先得到更为广泛的、规模更大的建设。以供水及污水处理为例:我国城市化建设进程的加快、人民生活水平的提高、以及"南水北调"等一系列水资源优化配置政策的实施,加快了城市供水行业的发展。环境污染问题越来越引起全社会的广泛重视,加上水资源的日益匮乏,使城市污水处理设施的建设规模将迅速扩大。另外,垃圾处理等建设项目的资金需求也很大。

随着我国经济体制改革的进一步深入,国家将逐步减少对水业及垃圾处理基础设施领域的国有资金的投入,实现投资多元化,引入市场竞争机制,提高水业及垃圾处理基础设施运行效率,降低社会服务价格。这也使得财政资金以外的各类资本将面临更多的投资于水业及垃圾处理基础设施的机会。

从财政资金的角度看,经过 5 年的积极财政政策后(有关数字见表 5-2),财政支出增长率接近 GDP 增长率的 3 倍,根据经

1997~2001 年的财政支出情况(%)　　　　表 5-2

	GDP 真实增长率	财政支出增长率	财政赤字增长率
1997	8.6	16.3	10.0
1998	7.8	16.9	58.3
1999	7.2	22.1	89.1
2000	8.3	20.5	42.9
2001	7.4	21.5	21.7

来源:《中国统计年鉴 2001》。

济规律和财政政策的特点来判断，这一现象不可能长期维持。因此，政府使用这种方式调控经济的空间必将受到越来越多的限制。采用包括BOT在内的多种渠道筹集水业及垃圾处理基础设施建设资金，将是必然的趋势。

5.5.4　BOT在水业及垃圾处理基础设施建设的前景展望

我国利用外资建设水业及垃圾处理基础设施的方式有中外合资、中外合作、外商独资和BOT等，其中中外合作方式是以前应用比较广泛的一种。这与我国的改革开放进程是有关的，中外合作方式可以向外方提供一些较优惠的条件，有利于吸引外资。随着我国市场化程度的提高和经济实力的加强，中外合资、外商独资和BOT等方式会越来越多。

通过上述对BOT项目经验的总结，BOT方式建设水业及垃圾处理基础设施较其他方式具有明显的优越性。原国家计委等投资主管部门在各种场合经常强调利用BOT方式建设基础设施，说明国家政策是支持发展BOT项目的。

人们谈到BOT，往往认为一定是外资项目，这是由于1995年原国家计委等发出的《关于试办外商投资特许权项目审批管理有关问题的通知》中明确提出了"外商投资特许权项目"这一概念。实际上，内资也完全可以采用BOT的方式进行投资。由于外商投资BOT项目往往要求具备健全的法律结构，加上存在文化和语言方面沟通比较困难等问题，使BOT项目的运作周期较长，减少了有些地区开发BOT项目的兴趣（在政府换届之前这种情况更明显）。2001年开始，内资BOT项目越来越受到重视。

随着近年我国经济的快速发展，很多民营企业和上市公司积累了大量资金，国内银行人民币存款余额也逐年上升。由于水业及垃圾处理基础设施具有收益稳定、风险小等特点，对国内资金的吸引力越来越大。以污水处理行业为例，2001年，上海竹园污水处理厂、广州沥滘污水处理厂、深圳宝安固戍污水处理厂和北京清河污水处理厂,都在探讨通过内资 BOT 方式进行建设。

在财政资金有限的情况下,BOT 方式是一种较理想的水业及垃圾处理基础设施融资方式。随着我国进入 WTO 和水业及垃圾处理基础设施体制改革,在建设外资 BOT 项目的同时,内资 BOT 项目和中外合资 BOT 项目会有较快发展。

限制 BOT 发展的障碍(如前期费用和运作周期)将逐渐得到解决。在前期费用方面,第一,由于国内专业咨询公司的崛起,使项目运作不再依赖国外顾问,大大降低了前期工作费用。第二,前期费用由政府垫付,待投资人落实后由投资人对政府进行补偿,政府不需实际支付前期费用。在运作时间方面,首先,随着 BOT 试点项目的完成,国内机构对 BOT 有了较完整的理解,将缩短投资人与政府的沟通时间,同时试点项目的合同条款也为以后的 BOT 项目提供了重要的参考框架,使合同谈判不再从零开始;其次,越来越多的受过 MBA、经济、法律教育的年轻人走上领导岗位,在 BOT 项目运作中担任重要职务,由于他们接受新知识的能力和决策能力很高,大大提高了 BOT 项目的运作效率;第三,国内咨询机构成长很快,能够深刻理解项目情况和投资人的要求,可进一步提高工作效率。这些都有利于推动项目顺利实施,缩短项目运作时间。

5.6 BOT 在水业及垃圾处理基础设施领域的应用

1999 年 11 月 15 日至 17 日,中央经济工作会议在北京召开,会议提出了 2000 年经济工作的指导思想和总体要求,其政策取向已经明确:加快基础设施建设,加快生态建设和环境保护,加快产业结构调整,促进西部的对外开放。朱镕基总理对当前和今后一个时期集中力量抓好几个关系全局的重点工作作了指示,其中第一项就是加快基础设施建设,要以水业及垃圾处理基础设施建设项目为重点,加强铁路、机场、天然气管道干线建设,加强电网、通信和广播电视等基础设施建设。同时为了实施西部大开发战略,我国正在制定更多的优惠政策吸引外资,并更多地利用国内外金融组织的投融资和外国政府贷款。

5.6.1 现实状况

随着我国经济的发展,国家对环境保护工作日益重视,制定了一系列环境保护的方针和政策,全社会的环境意识有了明显的提高,环境法制不断加强,科学技术在环境保护中的贡献率越来越大。对环境保护的投入也逐步增加,建设了许多环境保护的设施和基础设施,提高了环境污染的治理能力。

当前我国的环境保护基本是一种计划体制下的政府行为。无论是城市污水、垃圾的处理,还是重点污染的治理,都是由政府立项、投资,对水业及垃圾处理基础设施的运营实行的也是一种行政性的管理。这种机制的弊端在于:第一,将环境保护的任务完全集中于政府,使政府有限的人力、物力、财力难以承受,而企业和社会公众为保护环境应承担的责任没有担负起来,保护环境的积极性和巨大潜力,并没有被调动起来,不符合污染者付费,治理者收费的原则;第二,由于对水业及垃圾处理基础设施实行的是事业性管理而不是企业化运营,因此很难避免效率低下,亏损累累,甚至造成难以为继的局面(全国许多污水处理厂因此建成后不能正常运营),其结果是必要的水业及垃圾处理基础设施因缺乏资金而无力兴建,并且是建得越多,政府的包袱越重。

为使我国环境保护事业适应21世纪的发展需要,加快水业及垃圾处理基础设施市场化的进程,使之充分发挥社会、经济、环境效益,针对目前我国水业及垃圾处理基础设施领域存在的上述问题,应把水业及垃圾处理基础设施的建设及运营放在社会经济总体发展框架中统筹考虑,以改革创新的思维方式,从深层次上探讨在政府宏观指导下适应市场经济特点的新模式——BOT,

建立社会化的投入机制和管理部门宏观调控的市场化运营机制。

BOT 即"建设-运营-移交"投资方式，是一种经济合作的新形式，指政府以契约方式将通常由政府部门或国内单位承担的为某重大项目进行设计、施工、融资经营和维修责任让渡给投资者，该企业在负责建成此项目后，在协议期内对项目拥有所属权、经营权、收益权，以回收投资和获得合理利润。特许权期满后则将该项目无偿转让给当地政府。

5.6.2 水业及垃圾处理基础设施 BOT 项目的运作

BOT 项目的运作大致可分为五个阶段。

（1）前期准备阶段

前期准备阶段可分为可行性研究和项目准备两个步骤。政府在选择环保 BOT 投资方式前，应从技术、经济和法律等方面进行可行性研究。在确定对某一水业及垃圾处理基础设施领域采用 BOT 投资方式后，政府要为进行公开招标作一定的准备工作，如制作投标申请表、发出投标通知等。

（2）招标投标

政府招标向国内外公开进行。在收到有关的投标方案后，政府组织有关单位和专家对其进行综合分析和评价。一般而言，这种分析和评价分为两个方面。一是承建商的资质论定，有关政府部门应审查投标人拟进行项目的盈利可能性，投标人在本国是否具有法人资格，是否有成功从事类似项目的经验，项目资金计划是否与项目建设、运行、维修成本相符；二是技术评估，包括技术设计是否科学合理，是否符合环境标准，全套设备结构、运行和维修程序是否完备。在经过严格的评定程序后，政府有关部门从投标人中挑选出合适的投资商。

（3）合同的签订

政府部门和中标人就工程建设质量，污染物处理，投资方式，经营期限，违约责任等事项进行协商，签订合同。此合同性质属于行政合同范畴，因而政府在合同的签订过程中处于主导地位。

（4）项目建设经营

承建商应按合同的规定按时进行项目的融资和建设，项目完工后，项目公司（承建商或其委托人）全权负责此项目的经营管理，向项目使用者（排污单位）合理收取污染处理费用，并从后期附加产品（如发电、供暖）中获取利益，以获得投资收益。

（5）项目转让阶段

在合同期满时，项目承建商无偿地将水业及垃圾处理基础设施转让给当地政府机构，并且无保留地转让各项技术，以保证项目设施转让后能够正常运行。

5.6.3 水业及垃圾处理基础设施实行 BOT 的配套措施

（1）项目风险分担

BOT 项目的进行，对于政府和承建商都存在风险。政府的风险在于，来于投资者自身和外来因素影响，使得合同不能完全履行；投资者的风险来自建设和营运两个方面。在建设过程中原材料价格波动，贷款利率、汇率的波动，设计缺陷等将直接影响项目的建设。在项目的营运中，也存在一些风险，如征收、国有化、提高税费、地震、台风等不可抗力情况的出现，在同一区域范围内另一同类水业及垃圾处理基础设施的建设，都会对项目的盈利带来风险。划分风险和减少风险是 BOT 项目双方关注的焦点。对此，政府和项目承建商应该协商确定项目风险分担的责任。建设中的风险一般由投资方承担，对于营运中的风险，政府应对自己可以控制的因素做出保证，如不竞争保证、价格保证、外汇汇出保证等。在 BOT 项目特许期内，如因政策调整等因素的影响，使项目公司遭受重大损失的，政府应允许项目公司合理提高收费标准或延长项目公司的经营期限。对于不可抗力的自然风险给工程项目造成破坏和损害的，则应由项目双方分担责任。

一些财政预算外的私人资本的费用通常要比政府支持或担保的资本的费用高。在发展中国家投资的BOT项目,私人部门通常希望有较高的投资回报率。这就意味着,如果选用这类方案,这些高额的费用和回报就必须通过先进的技术和管理,或者提高用户收费的方式加以消化吸收。外国投资者为了避免汇率波动的风险,要求部分用户费收入用外汇支付,这样也会引起费用的上升。

就BOT项目与传统的公共部门建设和运营的项目相比,国内消费者对前者所支付的费用总体上要高于后者。如果基础设施的可得投资资本非常稀缺,那么发生这种情况也是比较合情合理的。另一方面,许多基础设施私营项目都是根据国际或者公开招标进行的,因而常常具有更高的效率和服务质量。因此,BOT项目的确定,必须首先权衡一下企业投资的缺点(对消费者来说要承担高资本费用)与BOT项目的优点(较高的投资效率,同时减轻公共预算压力),然后,根据每个具体项目的情况分别加以确定。

(2)环保部门对环保BOT项目的管理

环保BOT项目在建设过程中,当地政府环保部门对项目建设的进展情况应进行技术监督,防止承建商在项目施工过程中偏离批准立项的规定。项目建成后,环保部门一方面对项目的经营管理进行规范,检查污染处理设施是否正常运行,污染处理是否达标,另一方面对排污单位的排污情况进行监测和检查,一旦发现有偷排或私自倾弃污染物的行为要给予严厉的处罚,维护项目投资人的经济利益,保障水业及垃圾处理基础设施起到净化环境、减少污染的目的。至于BOT项目经营者收取排污单位污染处置费的行为,属于民事合同行为,政府环保部门不应过多加以干预,发生纠纷则按司法途径解决。

(3)投资方式

投资方式应以中外合资、合作为主。在水业及垃圾处理基础设施建设中引入 BOT 投资方式，旨在促进我国环保基础产业的发展，为我国环保产业增添竞争活力，而不是为了限制和削弱我国水业及垃圾处理基础设施建设产业的发展。在以 BOT 方式投资于环保基础产业时，应积极采取中外合资、合作方式，防止外商操纵和垄断水业及垃圾处理基础设施项目，为我国企业积累投资和营运环保基础产业的经验，从而发展、壮大我们自己的环保基础产业。

5.6.4　BOT 项目应用于水业及垃圾处理基础设施的重要意义

（1）有利于改善水业及垃圾处理基础设施投资结构，加快水业及垃圾处理基础设施建设

采用 BOT 方式，利用国际和国内商业资本直接投资和经营国家水业及垃圾处理基础设施，有利于改善环保基础产业投资结构，使投资主体多元化，缓解我国对环保基础建设投入资金不足的困难，从而加快水业及垃圾处理基础设施建设，提高资源的利用率。

（2）有利于引进国外先进的环境保护技术

为降低建设营运成本，BOT 项目投资人会尽量引进先进的设备，这有利于解决我国在水业及垃圾处理基础设施建设中的技术难题和资金匮乏的窘境。另外在合同期满后，整个设施交由我国政府使用，有利于我方取得先进的环境保护设施和技术，积累先进管理经验。

（3）有利于实现水业及垃圾处理基础设施企业和其他企业的分工合作，提高劳动效率

BOT 投资方式的运用，使水业及垃圾处理基础设施产业走向专业化的道路后，环保行政主管部门可以集中力量重点对专门的治理企业进行监督，有利于提高劳动效率。

（4）有利于环境执法力度的提高

在运用BOT投资方式，使水业及垃圾处理基础设施产业走向专业化的道路后，环保行政主管部门可以集中力量重点对专门的治理企业进行监督，有利于提高执法力度。

(5) BOT项目能够增加额外的效益

即由于私营部门参与基础设施产生使投资净增加。这种投资的净增加量通常取决于投资是外国投资还是国内投资，是证券还是贷款。国外证券投资对东道国来说一般都是正的净投资。由于商业银行可能更愿意贷款给BOT项目，因此，外国债务也可能产生投资净增加。如果国内证券投资能够吸引那些可能流到别国的资金，或者促使提高利率导致储蓄增加，那么这种国内投资也是一种投资净增加。

(6) BOT项目能够降低财务风险

举例来说，由于费用膨胀的风险通常由BOT项目的企业承担，因此，企业将当然地承担整个项目过程中各种风险产生的费用。

(7) BOT项目能够产生更高的效率

与那些缺乏管理和技术人员的政府部门相比较，BOT项目安排意味着现行的政府官员可以自由地从事其他急需的监督或规划工作。

(8) BOT项目投资能够产生正的外部性，即促进经济、社会科技等方面的健康发展

无论是外国投资者还是国内企业，都得到积极参与经济投资的鼓励。而且，政府的谈判也有助于推动BOT项目业主改进他们的商业管理技能。

BOT的运作在我国还属于新鲜事物，在基础设施项目中的实际运作还不普遍，在水业及垃圾处理基础设施领域的运作就更少，经验较缺乏。因此BOT项目在水业及垃圾处理基础设施领域的运用还需要进一步研究。

第6章 生命周期与投资决策

6.1 生命周期

6.1.1 生命周期评价的基本思想及概念

(1) 生命周期

生命周期（Life Cycle）不仅是经济学术语，而且是涉及环境、技术、经济、社会等多个领域的概念。指的是产品从自然中来回到自然中去的全过程，是指产品从摇篮到坟墓的整个生命周期各个阶段的总和。包括产品从原材料的采集、加工和再加工等生产过程形成最终产品又经过产品贮存、运输、使用等过程，直至产品报废或处置，从而构成一个物质转化的生命周期。

(2) 生命周期评价 LCA（Life Cycle Assessment）

国际组织和研究机构对生命周期评价的定义表述略有不同。最具代表性的则是美国研究机构的定义。1990年以美国环境毒理学与化学学会（SETAC）为代表的研究机构将生命周期评价定义为："生命周期评价是一种对产品、生产工艺以及活动对环境压力进行评价的客观过程。是通过对能量和物质利用以及由此造成的环境废物排放进行辨识和量化来进行的。评价目的在于评估能量和物质利用以及废物排放对环境的影响，寻求改善环境影响的机会以及如何利用这种机会。这种评价贯穿于产品、工艺和活动的整个生命周期，包括原材料的提取与加工；产品制造、运输以及销售；产品的使用、再利用和维护；废物循环和最终废弃置。"

6.1.2 生命周期评价技术框架

在 1997 年颁布的 ISO 14040 标准中，LCA 的实施步骤由 4 个部分组成，分别是目标定义和范围界定（Goal Definitionand Scoping）、清单分析（LCI）、影响评价（Impact Assessment）、改进评价（Improve Assessment）。

（1）目标定义和范围界定

目标定义和范围界定是 LCA 研究中的第一步，也是最关键的部分。目标定义即要清楚地说明开展此项生命周期评价的目的和意图以及研究结果可能应用的领域（如是用于公司内部提高系统的环境性能，或是用于外部环境声明或获得环境标志等）。

在范围界定中，研究的广度和深度与要求的目标保证一致。一般包括系统功能、功能单位、系统边界、数据分配程序、环境影响类型等的确定。

因为 LCA 研究是一个反复的过程，可根据信息和数据的收集情况修正预先界定的范围来满足研究的目标，在某些情况下也可修正研究目标本身。

（2）清单分析

清单分析主要提供一特定产品、生产程序或活动，从原材料的开采、加工制造、运输及供销、使用、再使用、维护，到废物回收及废弃物管理各阶段的能源和原料需求，以及排放至环境的空气、水体及土壤的污染物等资料清单和定量值，以作为后续影响评价和改进评价的基础。一般的工作步骤为过程描述、数据收集、预评价和产生清单等，其重点是通过对产品生命周期中物流、能流的调查分析，建立与环境相关的数据矩阵。清单分析是 LCA 研究工作中工作量最大的一步，其方法论已在世界范围内进行了大量的研究和讨论，相对于 LCA 其他组成部分来说是发展最完善的一部分。

(3) 影响评价

在 LCA 中,影响评价是将清单分析所得的结果以技术定量或定性方式评估重要且具有潜在性的环境影响。其详细程度、种类的选择以及使用方法皆取决于所设定的研究目标与范畴。目前影响评价正处于发展之中,还没有一个达成共识的方法。ISO、SETAC 都倾向于把它分为 3 步:分类(Classification)、特征化(Characterization)、量化(Evaluation)。影响分类主要考虑的问题是将清单分析中得来的数据归到哪类环境影响中。LCA 的研究中一般把影响类型分为资源消耗、化学上的影响及非化学影响 3 大类。特征化主要是开发一种模型,这种模型能为 LCA 提供数据和其他辅助数据、转译成描述影响的叙词(descriptor),如 LCA 中二氧化碳和甲烷的量可转换为全球变暖潜值。主要的方法有负荷模型、当量模型等。量化评价是确定不同影响类型的相对贡献大小或权重,以期得到总的环境影响水平过程。

(4) 改进评价

改进评价是识别、评价和选择减少研究系统对环境不利影响的机会或对环境污染负荷的方案,确定和评价预减少能量和原材料使用产生的有关环境影响的机会。改进评价可在 LCA 的不同阶段进行。1993 年 SETAC 建议将它分为识别改进的可能性、方案选择和可行性评价 3 个步骤来完成。然而,总体上说改进评价目前发展较少,有些组织甚至将它排除在 LCA 组成部分之外。

6.1.3 生命周期成本分析

美国国家标准和技术研究院(NIST)在《国家能源管理规划全生命周期成本控制手册》(1995 年版)的 135 页中,生命周期成本(Life Cycle Cost,简称为 LCC)被定义为"拥有、运行、维护修理和处置某一项目或项目系统所发生的成本在一段时期内的贴现值的总和"。生命周期成本分析（Life Cycle Cost Analysis，简称为 LCCA）是一种项目评价的经济方法，在这种方法中由于拥有、运行、维护修理和最终的处置而发生的所有成本都被认为是决策相关成本。生命周期成本分析的关键步骤如图 6-1 所示。

1) 研究期间是计算 LCC 的一个重要部分，项目的拥有和运行费用都是在这段时间上进行评价的，研究期间通常要短于设备的预期寿命。NIST 把研究期间分成两个阶段：规划、建设期和服务期。规划、建设期是研究的开始到项目可以正常运行这段时间；服务期是从项目正常运行到研究期的结束这段时间。

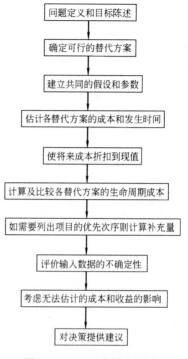

图 6-1　LCCA 分析流程图

为了排除不确定性（关于规划、建设期间的长短）以及为了简化 LCC 计算，一般假定所有的初始成本均发生在研究期间的基期，这样所有的初始成本将会以其全部值进入 LCC，而以后所发生的成本则以一定的贴现率折算到基期。

2) 初始成本是指发生在占有资产之前所发生的成本，所有初始投资成本均以其全部值加进 LCC 总值中。将来成本是包括运行成本、维护和修理成本、重置（更新）成本等在内将来要发生的成本。将来成本在汇总到 LCC 之前需折算到现值。

将来成本可以分成两类：一次成本和经常性成本。一次成本是在研究期范围内并不是每年都发生的成本（大多数重置成本属于一次成本）。经常性成本是指在研究期范围内每年都发生的成本（大多数运行和维护成本属于经常性成本）。为了简化 LCCA，所有经常性成本均认为是发生在每年年末，一次性成本则认为发生在当年的年末。

3）残值也需折算到现值，它是系统在 LCCA 研究期结束时的净值，这是 LCCA 中独有的成本类型，并可以取负值。系统的残值在评价项目各替代方案的寿命不同时就显得特别重要了。

6.1.4　生命周期评价和生命周期成本分析之间的差异

（1）LCA 和 LCCA 之间的差异分析

由 LCA 和 LCCA 的定义出发，大致可以归纳出两者之间的差别（见表 6-1）。LCCA 和 LCA 在研究的目的和分析的角度上存在着根本的差异。

LCA 和 LCCA 目的和方法上的差别　　　表 6-1

工具/方法	LCA	LCCA
目的	从广泛的、社会的角度对所研究的几种具有相同功能的产品体系的整个生命过程造成的环境影响进行全面的分析和比较	从经济决策者的角度（如制造公司和消费者）确定各种替代投资和商业决策方案的成本效益
"生命周期"所涉及的活动范围	与产品生命周期相关的所有过程；包括所有使用前供应链、使用和供应使用过程；生命终了和供应生命终了的过程	在投资的经济寿命期间，由于某项投资而给投资决策者带来直接成本或直接收益变化的一切活动
流程	污染物、资源和过程间原料和能量流程	给决策者带来直接成本和收益的现金流
示踪流程的单位	主要是质量单位和能量单位；偶尔是体积单位或物理单位	主要货币单位（比如元、美元、欧元等）

续表

工具/方法	LCA	LCCA
时间范围的界定	一般忽略所有过程发生的时间，也不考虑各过程中排放和消耗发生的时间；影响评价可能提到影响的时间范围（比如用100年的时间范围作为评价全球变暖潜力），但各种将来的影响一般不考虑贴现	时间范围的界定很重要，成本和收益的现值（贴现值）的确定都和时间有关，一旦界定了时间范围，则所有发生在该范围之外的成本和收益都不予考虑

LCA 是从广泛的、社会的角度对所研究的具有相同最终使用功能的各种产品体系在其整个生命过程中所造成的环境影响进行全面的分析和比较；LCCA 是从经济决策者（如一个制造公司或一位消费者）的角度对各种替代投资与决策方案的成本效益进行比较。LCCA 和 LCA 目的的不同完全导致了它们在评价范围和方法上的差异。

1) 每种方法所提到的"生命周期"不同。LCCA 所考虑的时间范围是投资与决策方案的经济寿命，这种经济寿命要比 LCA 中讨论的"使用阶段"短得多，因为它是决策者根据会计惯例设置的；LCCA 仅包括那些为决策者带来直接经济成本（或收益）的过程，和 LCA 一样，可以忽略对于所有替代方案都等同的成本。对于 LCA，原则上要把所有与产品生命周期有因果关系的程序，如所有使用前的供应链、使用及供应使用的程序、最终生命及供应最终生命的程序都考虑进来，有些情况下可以忽略那些对于各替代方案都相互等同的过程。

2) 两种方法所考虑的流程范围不同，这也是它们之间最大的差异。①LCCA 仅包括前面所讨论的成本流程，可以看出有些成本流程可能和 LCA 中所建立的物理流程模型不成比例甚至根本无关。②LCCA 对成本流程的时间确定很严格，而 LCA 则忽略流程的时间确定。③LCCA 可能还包括成本风险以及处理风险的方法。

3) LCA 建立多个便于收集数据的子过程，并考虑每个模型的子过程的污染物流和资源流,而 LCCA 一般不考虑使用子过程。因此可以看出,将针对性的经济分析和 LCA 进行适当的完全整合决不只是在传统的 LCA 软件程序中简单地把经济成本当成"另一种流程"或者是原有流程的另一种特性。全面的整合需要在模型中增加一个时间变量,需要能够引入与清单分析流程不相关的变量并能利用这些变量进行求解,还需要能够产生随机方案并能够对其进行求解,以便捕捉风险。

(2) LCA 与 LCCA 之间差异的影响分析

在进行 LCA 时不考虑(或者漏掉)LCCA 可能会产生的后果简单归纳一下,大致有如下几方面:

1) 使 LCA 在决策时的影响力和实用性受到限制。

2) 无法把握环境和成本的重要性之间的关系(即如何权衡哪个更重要),从而失去利用最经济的方法改善环境的机会。

3) 可能会忽视对于各替代方案产生的与环境有关的后果在经济上(可能是重要或极端重要)的考虑。

6.2 生命周期在投资管理中的应用——生命周期评价(LCA)

6.2.1 生命周期评价的发展历程

LCA 最早出现于 20 世纪 60 年代末。在 20 世纪 70 年代初,美国开展了一系列针对包装品的分析评价。当时称为资源与环境状况分析(REPA)。LCA 研究开始的标志是美国中西部资源研究所(MRT)所开展的针对可口可乐公司的饮料包装瓶进行的研究评价(1969)。那个时候,大部分 REPA 研究注意的是产品。在 20 世纪 70~80 年代,由于能源危机,REPA 的研究重点落在了计算固体废物产生量和原材料的消耗量上。由于公众兴趣不高,REPA 的研究仅在一些认识到 REPA 价值的私人企业中进行。然而有关 REPA 的方法论的研究仍在缓慢地进行。到了 20 世纪 80 年代，随着区域性与全球环境的日益严重以及全球环境保护意识的加强、可持续发展思想的普及以及可持续行动计划的兴起，特别是 1988 年"垃圾船"问题的出现，大量的 REPA 研究重新开始，公众和社会也日益关注这种研究的结果。1990 年"国际环境毒理学与化学学会（SETAC）"首次举办了有关生命周期评价的国际研讨会，在该会议上首次提出了"生命周期评价（Life Cycle Assessment，LCA）"的概念。在随后的几年里 SETAC 主持召开了多次研讨会，发表了一些具有重要指导意义的文献，对 LCA 的发展和完善以及应用的规范作出了重要贡献。1993 年 SETAC 用葡萄牙的一次学术会议上的主要结论出版了一本纲领性报告："生命周期评价纲要：使用指南"，该报告为生命周期评价方法提供了一个基本的技术框架，成为生命周期评价方法论研究的一个里程碑。目前，LCA 在方法论上还不十分成熟，仍有许多问题值得研究，特别是 LCA 方法论国际标准化研究。为此 ISO 成立了环境管理标准技术委员会（TC207），并在 ISO 14000 系列中预留了 10 个标准号。其中 ISO 14040（原则与框架）已于 1997 年 6 月正式颁布，相应的标准 ISO 14041（清单分析）、ISO 14042（影响评价）、ISO 14043（改进评价）也将在今后几年内颁布。从而有效地指导各国 LCA 工作的开展，为确定环境标志和产品环境标准提供统一的标准。

6.2.2 全生命周期工程投资管理

我国目前采用的工程投资管理模式是以定额为计价基础的全过程工程投资管理模式。它是在建国初期引进、消化和吸收前苏联传统定额管理模式基础上发展而来的，比较适应于高度计划经济体制。在我国加入 WTO，并初步建立社会主义市场经济体制的情况下，这种模式表现出明显的不适应性，从全过程工程投资管理向全生命周期工程投资管理转变是必然趋势。

全生命周期投资管理是一种实现工程项目全生命周期,包括建设期、使用期和翻新与拆除期等阶段总投资最小化的方法。全生命周期投资管理是一种可审计跟踪的工程成本管理系统。

(1) 全生命周期工程投资管理的优点

1) 从时间跨度的角度来看。全生命周期工程投资管理要求人们从工程项目全生命周期出发去考虑投资和成本问题,它覆盖了工程项目的全生命周期,考虑的时间范围更长,也更合理。

2) 从投资决策科学性角度来看。全生命周期成本分析(LCCA),指导人们自觉地、全面地从工程项目全生命周期出发,综合考虑项目的建造成本和运营与维护成本,从多个可行性方案中,按照生命周期成本最小化的原则,选择最佳的投资方案,从而实现更为科学合理的投资决策。

3) 从设计方案合理性角度来看。工程项目全生命周期投资管理的思想和方法却可以指导设计者自觉地、全面地从项目全生命周期出发,综合考虑工程项目的建造投资和运营与维护成本,从而实现更为科学的建筑设计和更加合理地选择建筑材料,以便在确保设计质量的前提下,实现降低项目全生命周期成本的目标。

4) 从工程项目实施的角度来看。工程项目全生命周期投资管理的思想和方法可以在综合考虑全生命周期成本的前提下,使施工组织设计方案的评价、工程合同的总体策划和工程施工方案的确定等方面更加科学合理。

5) 从环保和生态的角度来看。全生命周期工程投资管理从工程项目全生命周期出发去考虑投资和成本问题,使得人们可以在全生命周期的各个环节上,通过合理的规划设计,采用节能、节水的设施和符合国家标准的、节约型的、无污染的环保建材,加强可回收物的收集和储存,实施施工废物处理,一次性装修到位等措施,在生命周期成本最小化的前提下,达到环保和生态的目的,提高工程项目建设的社会效益。

从以上几点我们可以看出,全生命周期工程投资管理比全过程工程投资管理,蕴涵的逻辑空间更宽阔,理论和观点更优越。

(2) 全生命周期工程投资管理的各阶段管理

在建设过程中,应对建设全过程的投资控制负责,严格按批准的可行性研究报告中规定的建设规模、建设内容、建设工期和批准的建设项目总投资进行建设,按照国家有关工程建设招标投标管理的法律、法规,组织设计方案竞赛、施工招标、设备采购招标等,努力把工程投资控制在批准的总投资以内。

1) 建设项目投资决策阶段的主要任务是要对拟建项目进行策划,并对其可行性进行技术经济分析和论证,从而作出是否进行投资的决策。决策的依据是在所有外部条件因素都相同的情况下,生命周期成本最小的方案为可选择的方案。

2) 设计阶段是工程投资的重点。仅就工程投资费用而言,进行工程投资控制就是以投资估算控制初步设计工作;以设计概算控制施工图设计工作。如果设计概算超出投资估算,应对初步设计进行调整和修改。同理,如果施工图预算超过设计概算,应对施工图设计进行修改或修正。要在设计阶段有效地控制工程投资,是从组织、技术、经济、合同等各方面采取措施,随时纠正发生的投资偏差。在设计阶段,要考虑地点、能源、材料、水、室内环境质量和运营维护等因素。

3) 招投标阶段的工程投资管理,是以工程设计文件为依据,结合工程施工的具体情况,参与工程招标文件的制定,编制招标工程的标底,选择合适的合同计价方式,确定工程承包合同的价格。投标时分为技术标和价格标,在进行技术标的评价的时候不仅要考虑建设方案还要考虑未来的运营和维护方案,这两者均优的方案才是最好的技术方案。在评价价格标的时候,评价的依据应该由原先的建设成本最低变为建设项目生命周期成本最低。美国爱荷华州的法律就规定,评标的决策依据就是生命周期成本最低。

4) 施工阶段的投资管理一般是指建设项目已完成施工图设计，并完成招标阶段工作和签订工程承包合同以后，投资工程师在施工阶段进行工程投资控制的工作。施工阶段工程投资控制是把计划工程投资控制额作为工程投资控制的目标值，在工程施工过程中定期地进行工程造价实际值与目标值的比较，确保工程投资控制目标的控制。在施工阶段，需要编制资金使用计划，合理地确定实际工程投资费用的支出；以严格的工程计量，作为结算工程价款的依据；以施工图预算或工程合同价为控制目标，合理确定工程结算，控制工程进度款的支付；严格控制工程变更，合理确定工程变更价款。在工程项目实施阶段，要在全生命周期投资管理的思想和方法的指导下综合考虑建设项目的全生命周期成本，使施工组织设计方案的评价、工程合同的总体策划和工程施工方案的确定等方面更加科学合理。

5) 竣工验收阶段，是确定最终建设投资和考核项目建设效益，办理项目资产移交，进行各阶段投资对比和资料整理、分析、积累的重要阶段，也是项目建设阶段结束，运营维护阶段的开始，是综合检验决策、设计、施工质量的关键环节。要着力作好建设投资的确定，工程施工质量的评定，生产操作人员的培训等项工作，为项目进入正式生产运营打下良好的基础。

6) 在运营和维护阶段，要制定合理的运营和维护方案，运营和维护方案分为长期方案和短期方案，运营和维护方案的制定要以生命周期成本最低为目标。运营维护阶段的工程投资管理是指在保证建筑物质量目标和安全目标的前提下，通过制定合理的运营及维护方案，运用现代经营手段和修缮技术，按合同对已投入使用的各类设施实施多功能、全方位的统一管理，为设施的产权人和使用人提供高效、周到的服务，以提高设施的经济价值和实用价值，降低运营和维护成本。

6.3 经济分析与投资决策

6.3.1 投资决策框架

社会主义市场经济条件下,决定项目取舍涉及很多因素,而市场需求与供给的状态和趋向将在很大程度上决定项目的成败。商品的寿命周期,集约化水平和经济规模的变动则在根本上规定了项目的整体效益。

就一个具体的项目而言,其投资决策过程包括环境分析、主体优势劣势分析,提出投资项目和方案,进行技术、经济、社会评价,制定筹资计划,直至开始执行计划为止的全部活动。

在投资决策中,可行性研究是投资之前一个很重要的环节。可行性研究主要对拟定项目进行技术先进性、经济合理性、社会公众性和生态适应性等方面的分析与综合评价,选择出整体效益尽可能最满意的投资项目或方案的科学决策方法。

对项目进行投资决策通常从以下几个方面进行:

1) 投资回收期指标 P_t 评价项目是否能在规定时限内收回投资,收回的快慢?

2) 用净现值指标 $NPV(i_c)$ 评价项目是否能获得超过预期基准收益率(i_c)的经济利润,经济利润的大小?

3) 用净现值率 $NPVR$ 或者替代性比例内部收益率 IRR 评估项目盈利能力是否达到基准收益率(i_c),比例是高还是低?

4) 用借款偿还期指标 P_d 评价项目是否能在允许的期限内偿还全部投资的借款及其利息。

6.3.2 投资决策优化原理

(1) 利润历时最大化原理

投资项目的历时性特征要求项目投资决策必须抛开纯粹的静

态分析，解决利润历时最大化问题。根据论证，历时性利润最大化的必要条件是投资的边际内部利益率（或资本的边际效率）与市场资本利息率相等。

（2）项目总投资规模优化原理

假设项目由一批相互独立的子项目（方案）组成（项目净现金流量不依赖于其他项目，每个项目只有惟一的内部收益率）。根据分析，我们可以得出结论，即项目投资总规模的优化原理或准则是：项目的预期内部收益率＝资本边际成本（或者资本截至率）。

6.3.3 投资决策评价方法

（1）净现值 NPV

所谓净现值是指投资项目按基准收益率（i_c），将每年的净现金流量折现到投资起点的现值代数和。所谓基准收益率（i_c）是指要求投资达到的最低要求的收益率。净现值的计算公式为：

$$NPV(i_c) = \sum_{t=0}^{n} (CI - CO)_t (1+i)^{-t} \qquad (6-1)$$

若投资项目只有初始投资 I_0，以后各年末均获得相等的净收益 R，则：

$$NPV(i_c) = R(P/A, i_c, n) - I_0 \qquad (6-2)$$

根据上述定义，显然 $NPV(i_c)=0$ 表示项目达到所预定的收益率标准；$NPV(i_c)>0$ 则意味着除保证项目可实现预定的收益率外，尚可获得更高的收益；$NPV(i_c)<0$ 表示项目未能达到所预定的收益率。

净现值的主要优点是：考虑了资金时间价值并全面考虑项目在整个寿命期内的经济状况；直接以货币额表示项目净收益，经济意义直观。主要问题是必须事先确定一个较符合经济现实的基准收益率，而基准收益率的确定是一个比较复杂的问题。

(2) 内部收益率

用现金流量来评价项目价值的另一种方式,找出使现金流量的净现值等于零的折现率。对于常规项目而言,存在一个惟一的使净现值等于零的折现率,这个折现率就是内部收益率。

内部收益率的主要优点与净现值类似,既考虑了资金时间因素,又考虑了项目在整个寿命周期内的全部情况。此外,内部收益率评价项目不需要事先确定一个基准收益率,我们只要知道收益率的大致幅度即可。

但是,值得注意的是,内部收益率并不能反映单位资金的收益性。而且内部收益率存在一定的局限性:有些时候可能项目没有内部收益率或者有多个内部收益率。

内部收益率的一般表达式为:

$$\sum_{t=0}^{n}(CI-CO)_t(1+IRR)^{-t}=0 \qquad (6-3)$$

若投资项目只有初始投资 I_0,以后各年末均获得相等的净收益 N,则内部收益可用下式确定:$(P/A,IRR,n)=I_0/N$

6.3.4 投资决策的步骤

(1) 考察被选方案

在项目周期中,从项目初期到评估,被选方案的选择是评价过程中最重要的步骤之一。在项目周期早期阶段,当被选方案被否决或等待更具体的研究时,需要作出很多种重要的决策。项目要解决的特定问题可能很多,有些方案从技术角度来看是最佳,但从经济角度看就不一定是最佳的方案。经济分析可以选出资源利用效率最高,净效益最大的方案。

1) 有无对比 不管项目的性质如何,项目实施必定要消耗投入物,并有一定的产出。通过有无项目两种情况项目投入与产出的差异,分析可以识别项目的增量费用和效益。如图 6-2 所示,在没有项目的情况下,效益可能是上升的,在新项目的支持下,会大幅增加效益。但是,为了说明项目的效益,需要用增量效益和费用来衡量项目的经济效益和可行性。

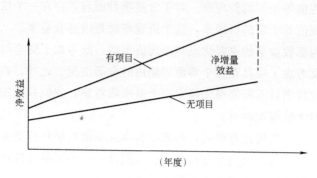

图 6-2 有无项目对比法

2) 项目组成部分的可分性 有时,一个项目由若干相互关联的子项目或组成部分构成。对于每个组成部分,分析人员需要确定是否增加或减少了项目的净现值。即使所有组成部分的净现值总和是正数,任何净现值为负的组成部分仍然应从项目中剔除。作为整个项目的一部分,每个可分部分都应具有自身的合理性。

(2) 识别投资费用与运营效益

识别费用和效益是经济分析中最初的步骤。通常项目费用和效益的识别和度量十分困难。若项目产出的财务分析中未能反映出附带效果,尤为困难。如污水处理项目对水污染防治的效果。识别项目的费用和效益是经济分析的最重要步骤,第二个重要步骤就是对它们进行量化。最后一个步骤是用货币单位来对它们进行估价。

1) 现金流分析 对于项目预期生命周期的每个时期,都要估算项目可能产生的现金流入,并且扣除维持项目可能的现金流出。净现金流是项目财务状况的结果。

2) 还本付息 财务费用是一个项目在损益表中的重要内容。

还本付息,即利息支付与本金偿还,必然导致现金支出。

3) 建设期利息　通常,建设期利息作为投资的一部分资本化,在贷款的时候,常常把建设期利息直接列入贷款本金。

4) 基本预备费　基本预备费是预期的实际费用,将分摊到特定的费用中。

5) 外部效果　项目可能对社会产生负面或正面的影响,而项目本身却不会承担相应的货币费用或享有相应的货币效益。如污水处理项目,可能会导致环境的改善,使人居环境更加舒适,也促进外来投资者在本地的投资,这部分收益不一定反映在本项目的货币流中。但在经济分析时需要对财务流量进行调整来考虑该部分外部影响。

(3) 费用效果评价

如果项目的效益无法用货币来计量,就不能用净现值作为项目决策的标准。这时要用多种效果进行比较,来确定一种最优方案。评价效益难以用货币来计量,通常可以将效益的几个方面进行加权,将其减少为单一的度量指标。

6.3.5　污水处理项目经济分析

项目经济分析是城市污水处理项目前期的一项重要工作。就是按照资源合理配置的原则,从社会整体角度考察项目的效益与费用,分析评估项目在经济上的合理性。

一般项目的经济分析,通常根据项目所生成的效益流和费用流,计算其经济内部收益率($EIRR$)和经济净现值($ENPV$)指标值。当 $EIRR \geqslant i_s$(社会折现率),$ENPV \geqslant 0$,对项目在经济上的合理性予以肯定;当 $EIRR < i_s$,$ENPV < 0$,对项目在经济上的合理性予以否定。由此做出项目经济分析的评价结论。

城市污水处理项目是一类特殊项目。其效益既有直接效益,也有间接效益。而间接效益是项目的主要效益。如项目实施后削减污染物,可提高受纳水体的自净能力,保护了水资源,饮用水源，提高人的健康水平和减少水致疾病的开支，提高农作物产量和产品品质，提高淡水养殖、渔业产量和水产品品质，提高水体娱乐价值，提高临水地块地价。若受纳水体为外流河，可改善近海海水水质，提高海水养殖业、渔业产量和水产品品质。保护水生态系统的生物多样性。降低一些工业产品成本，提高产品品质，促进相关产业发展。若污水经处理回用，可直接增加城市水资源，增加就业机会等。上述这些效益的大部是由于水环境改善而产生的，即环境效益，另一部分是相关产业所体现出来的社会经济效益。

对于项目的环境效益，由于目前缺少所谓计量反应方程和价格基础，又由于环境作用的长期性，难以用货币计量；对于项目的社会经济效益由于缺少一些基础性研究，也较难用货币计量。或者由于受项目经济分析工作的时间和资金条件限制，同样难以作到用货币计量。因此对此类项目的经济分析，难以沿用通过生成项目效益流，计算 $EIRR$，$ENPV$ 等盈利性指标分析评价其经济合理性。

但是，有关项目的费用相对来说是可以预测的。项目费用主要是项目计算期内的投资费用和运营费用，也应包括项目间接费用（如非稳定污泥对环境的二次污染）。如果项目的效益是明确的（尽管不能用货币准确计量），联系到对项目经济分析的目的，可避开对其效益的繁杂分析计算，将问题转化为寻求最小费用项目（方案）——最小费用原理。

城市污水处理项目目标是明确的，即改善生态环境，保护水资源，促使经济和社会可持续发展，也就是说项目的"效益"是确实存在的，是明确的，因此不必过分拘泥于项目效益究竟是多少。

(1) AIEC 计算

城市污水处理项目 $AIEC$（Average Incremental Economic Cost）计算分析，即是基于上述原理，并与削减的污染物负荷相联系的一种经济分析方法。

AIEC 为项目削减单位污染物平均增加经济费用，也即边际费用。可用下式表示：

$$AIEC = \frac{PV_{EC}}{PV_{LR}} (元/t) \qquad (6-4)$$

式中：PV_{EC} 为项目计算期内的经济费用现值之和（元），用下式计算：

$$PV_{EC} = \sum_{t=1}^{n} EC_t \frac{1}{(1+i_s)^t} \qquad (6-5)$$

PV_{LR} 为项目计算期间内削减污染物现值之和（t），用下式计算：

$$PV_{LR} = \sum_{t=1}^{n} LR_t \frac{1}{(1+i_s)^t} \qquad (6-6)$$

EC_t 为项目计算期内，t 时点上发生的经济费用，它是在项目财务分析基础上，用影子价格，影子工资计价的项目固定资产投资，流动资金，经营费用流和间接费用。LR_t 为项目计算期内，投产期和达产期 t 时点上削减的污染物负荷，根据项目内容削减的污染物可以是单一污染物，如 COD，氨氮等。也可以是削减的多种污染物之和。n 为项目计算期，（a），i_s 为社会折现期

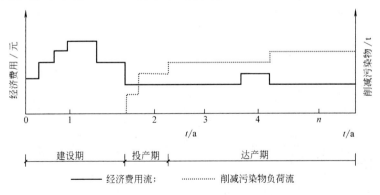

图 6-3 经济费用流及削减污染物负荷流

(%)。项目 AIEC 计算，可根据项目（方案）的技术方案和经济费用预测所生成的经济费用和削减污染物负荷流来进行，如图 6-3。

表 6-2 为某城市污水处理项目 AIEC 计算实例。该城市污水处理厂日处理污水 10^4 t/d，采用常规二级处理工艺，设计年削减 COD10585t，项目建设期 5 年，计算期 25 年，社会折现率 i_s＝12%，预测项目经济费用流见表 6-2，项目 AIEC＝3764 元/t_{COD}。

某城市污水处理项目 AIEC 计算（元）　　　表 6-2

年份	投资费用(元)	运营费用(元)	经济费用(元)	削减污染物负荷(t)
2000			19445194	—
2001	19445194	—	45704704	
2002	45704704	—	35982108	
2003	35982108	—	35982108	
2004	35982108	—	44873767	
2005	44873767	—	9593102	
2006	—	9593102	9593102	10585
2007	—	9593102	9593102	10585
2008	—	9593102	9593102	10585
2009	—	9593102	9593102	10585
2010	—	9593102	9593102	10585
2011	—	9593102	9593102	10585
2012	—	9593102	9593102	10585
2013	—	9593102	9593102	10585
2014	—	9593102	9593102	10585
2015	—	9593102	9593102	10585
2016	4519200	9593102	9593102	10585
2017	—	9593102	9593102	10585
2018	—	9593102	9593102	10585
2019	—	9593102	9593102	10585
2020	18085200	9593102	27678302	10585
2021	—	9593102	9593102	10585
2022	—	9593102	9593102	10585
2023	—	9593102	9593102	10585
2024	—	9593102	9593102	10585
2025	(38239237)	9593402	28646134	10585
PV(12%)			168848671	44683
AIEC(12%)				3764

（2）AIEC 分析

项目计算期内经济费用 EC_t 贴现计算，反映了社会对资金机会成本和资金时间价值的动态估量。

项目计算期内削减污染物负荷 LR_t 贴现计算,反映了在一定社会意愿下,对项目计算期内削减污染物负荷,相对于未来的一个现实考虑。

$AIEC$ 是 EC_t 现值和与 LR_t 现值和之比,这就为不同项目(方案)的对比分析提供了同一比较基础,对于互斥方案应选择 $AIEC$ 最小方案为选定方案;对于独立项目可以参照一定区域内 $AIEC$ 经验值予以选定。

从 $AIEC$ 定义可知,它反映了各项目(方案)的技术效果和达到该效果的费用水平。这是一个包含了项目丰富信息的技术经济综合指标。它体现了价值工程原理,价值工程原理可简单地表示为 $V=F/C$,其中 F 为项目(方案)的必要功能系数(这里可理解为削减污染物的负荷);C 为项目(方案)的全寿命周期费用系数(当项目计算期的确定合适时,可理解为项目的经济费用),两者的比值 V 即为项目(方案)的价值系数。依据价值工程在目标上的特征,人们追求的是价值(系数)最大的项目(方案)。这就等价于追求 $AIEC$ 最小的项目(方案)。

在满足区域环境规划污染物总量控制条件下,所削减的污染物负荷是"必要"的,为此所消耗的资源是有效的。不同项目(方案)的 $AIEC$ 值比较体现了优选思想。当项目(方案)的 LR 和 EC 在其允许范围内变化时,可循五种基本途径实现 $AIEC$ 最小化,为构造项目(方案)指明了方向,见表 6-3。

项目方案 $AIEC$ 最小化表　　　　　表 6-3

途径	LR	EC	AIEC	途径	LR	EC	AIEC
1	↑	→	↓	4	↑↑	↑	↓
2	→	↓	↓	5	↓	↓↓	↓
3	↑	↓	↓↓				

注:表中 ↑ 表示增加(↑↑ 表示大幅度增加),↓ 表示减少(↓↓ 表示大幅度减少),→ 表示不变。如途径 1,在 LR 增加,EC 不变的情况下,$AIEC$ 会增加。

城市污水处理项目经济分析，采用 AIEC 这一技术经济指标，完整地体现了价值工程的思想。改变了项目经济分析主要以计算盈利性指标的做法，避开了项目间接效益量化的困难，使得此类项目经济分析便于具体操作，可以快速准确地评价项目的可行性。在分析与评价时还应对项目的间接效益给予定性比，准定量化，尽可能定量地描述，以便更全面反映项目（方案）的全貌。

6.4 成本回收的枢纽——价格与收费

6.4.1 城镇供水

（1）水价制定的原则

在市场经济条件下，水价的制定既要包括水厂的运营费用，也要包括水厂的固定资产投资、污水厂的运营费用、污水处理厂的固定资产投资等。盈亏平衡将是水价制定的主要依据。线性盈亏平衡分析如图 6-4 所示。

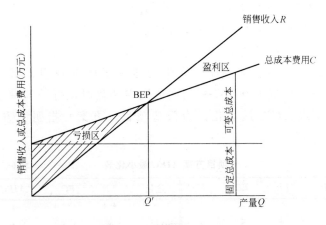

图 6-4 盈亏平衡示意图

在盈亏平衡点 BEP 处，销售收入 $R=$ 总成本 C，因为 $R=Q \cdot$

P,$C=F+Q\cdot V$,所以有

$$Q\cdot P=F+Q\cdot V$$

式中　Q——用水量，t；

P——水价，元/t；

V——单位产品可变成本，元/t；

F——固定总成本，元。

由于污水产量与自来水用量呈正比关系，因此，单位产品可变成本包括自来水生产成本和每吨水所产生的污水的处理成本。固定总成本指自来水厂和污水厂的总的固定投资。根据以上条件，可以得出盈亏平衡点处的水价 $P'=F/Q+V$。P'就可以作为水价制定的基本依据。水价制定时可以根据 P' 和其他一些因素来确定一个合理的价格。

(2) 水价的计算方法

1) 补贴水价　实行这种水价政策，一方面使农业和居民获得廉价的水，另一方面保证管理部门能够维持工程的简单再生产。在此情况下，工程投资由政府补贴，农民只负担部分运行费用，不足部分则由政府通过税收支付。对灌溉工程实行补贴水价政策，可减少农业生产成本，稳定粮价，促进农业和农村发展。实行这种水价的缺点是用水效率低，容易造成水资源浪费。

2) 平均成本水价　平均成本水价等于年供水量除工程年费用，工程年费用包括工程在使用期限内的投资本息年偿还值和年运行管理费用。这种水价制度一般要求政府和用水户分别偿还一部分投资和运行管理费用。

3) 按效益计算水价　计算水价时，不仅要考虑工程投资本息偿还值和运行管理费以及大修和更新改造等费用，而且还要征收净收益所得税和土地改良增产税。实行这种水价的困难是各用水户的效益不易准确测算。

4) 按边际成本计算水价　所谓边际成本，是指由于增加生

产单位水量而所支付的追加成本费用。按边际成本确定的水价，称为边际成本水生活用水水价；第三、第四种水价只是在规划设计阶段作为分析工业或城市生活供水水价时参考。

(3) 城市水价类别

基本水价。按供水管道直径与用户的用水设备规模确定一个固定水费，与用水量多少无关。

计量水价。在计划规定的定额内按用水量的多少计收水费。计量水价是在确定了工程的平均水价、基本水价和基本保证供水量的基础上确定的。

超计划用水水价。指当用户的用水量超过原计划规定的供水量时所实行的水价，其标准要高于计量水价，目的主要是为了鼓励节约用水。超计划用水水价应根据水资源状况和供水工程的实际供水情况等因素确定。

统一水价。不管用户用水量多少，单位用水量的价格不变，以平均成本作为计算基础。

高峰水价。在缺水地区或干旱季节，为缓和高峰用水，提高高峰时期内的用水水价。

综合水价。根据供水量、供水区面积及供水距离等因素综合确定的水价。

(4) 水价的构成

按照国家《城市供水价格管理办法》的有关规定，城市供水价格由供水成本、费用、税金和利润构成。成本和费用按国家财政主管部门颁发的《企业财务通则》和《企业会计准则》等有关规定核定。

1) 城市供水成本是指供水生产过程中发生的原水费、电费、原材料费、资产折旧费、修理费、直接工资、水质检测和监测费以及其他应计入供水成本的直接费用。

2) 费用是指组织和管理供水生产经营所发生的销售费用、管理费用和财务费用。

3) 税金是指供水企业应交纳的税金。

4) 城市供水价格中的利润，按净资产利润率核定。

(5) 两部制水价和阶梯式水价

按照《城市供水价格管理办法》的规定，城市供水应逐步实行容量水价和计量水价相结合的两部制水价和阶梯式计量水价。

1) 两部制水价　容量水价用于补偿供水的固定资产成本。计量水价用于补偿供水的运营成本。

两部制水价计算公式如下：

□ 两部制水价＝容量水价＋计量水价；

□ 容量水价＝容量基价×每户容量基数；

□ 容量基价＝（年固定资产折旧额＋年固定资产投资利息）/年制水能力；

□ 居民生活用水容量水价基数＝每户平均人口×每人每月计划平均消费量；

□ 非居民生活用水容量水价基数为：前一年或前三年的平均用水量，新用水单位按审定后的用水量计算；

□ 计量水价＝计量基价×实际用水量；

□ 计量基价＝[成本＋费用＋税金＋利润－（年固定资产折旧额＋年固定资产投资利息）]/年实际售水量。

2) 城市居民生活用水可根据条件先实行阶梯式计量水价　阶梯式计量水价可分为三级，级差为1：1.5：2。

阶梯式计量水价计算公式如下：

□ 阶梯式计量水价＝第一级水价×第一级水量基数＋第二级水价×第二级水量基数＋第三级水价×第三级水量基数；

□ 居民生活用水计量水价第一级水量基数＝每户平均人口×每人每月计划平均消费量；

具体比价关系由所在城市人民政府价格主管部门会同同级供水行政主管部门结合本地实际情况确定。

居民生活用水阶梯式水价的第一级水量基数，根据确保居民基本生活用水的原则制定；第二级水量基数，根据改善和提高居民生活质量的原则制定；第三级水量基数，根据按市场价格满足特殊需要的原则制定。具体各级水量基数由所在城市人民政府价格主管部门结合本地实际情况确定。

（6）供水价格形成机制改革要点

从我国的实际出发，在相当的时期内，主要问题是如何节约和保护水资源，因而大部分地区（特别是北方）水价形成机制改革的核心是实现水价管制的科学化。要点是：

1）大幅度提高水资源费在供水成本中的比重。目前关于水价的讨论，注意力过于集中在供水的利润率水平上。事实上，在相当长的时期内，大规模利用外资或民间资本投资水源建设的可能性极小，政府投资仍将是主渠道。既然主要靠政府投资，利润的筹资功能就远不及水资源费。为使价格充分发挥保护资源的作用，水资源费应在原水销售环节开征。

2）实行丰枯季节差价和超额累进式加价。城市供水能力受制于江河或水库的来水量，丰水期和枯水期差别很大。丰水期大多供给能力富余，而枯水期供不应求加剧。采取枯水期水价大幅度高于丰水期水价的做法，符合按资源稀缺程度确定价格的市场法则，也有利于调整用户在丰、枯期的消费行为，从总体上提高了水资源利用效率。超额累进式水价的必要性已如前述。从目前少数几个城市的实践看，这一措施对调整居民生活用水行为作用明显，因而应普遍推广。

6.4.2 城镇污水处理

（1）城市污水处理及收费性质

城市污水指城市的生活污水及各种产业废水。长期以来，人们习惯于把污水直接排入自然水体，包括沟渠、河流、湖泊、海洋等。当污染物进入水体，其含量超过水体的净化能力时，就会引起水体水质恶化，破坏水体的原有用途，发生水体污染。为防治水体污染,人们把污水收集输送到适当地点,采取各种方法和技术,将污水中的污染物质分离出来,或将其转化为无害的物质,使污水得到净化后再排入水体,称为污水处理。

从防治水体污染的需要来说,污水处理是一种公益活动,污水处理活动应由政府来组织进行。但从社会对排污水者进行污水处理的要求来看,污水处理又是一种向排污水者提供服务的活动,污水处理费用应由排污水者承担。因此,城市污水处理活动的主体是政府,活动的目的是防治水体污染,活动的费用由排污水者承担。污水处理企业是受政府委托和监督,按防治水体污染要求进行污水处理。

城市污水处理分收集输送到适当地点和对污水进行无害化、资源化加工两部分。污水收集输送到适当地点,涉及千家万户,社会公益性强,难以产生直接经济效益。污水收集输送管网通常应随市政道路建设而进行,资金主要靠征收和城市维护建设税、土地使用税、房产税和污水管网配套费。1994年税制改革后明确了城乡维护建设税是国家为加强城市和乡镇的维护和建设,扩大和稳定城乡维护建设的资金来源,对所有享有城乡公用设施并取得收入的单位和个人,按其取得收入的一定比例征收的地方税种。污水管网配套费是在城市规划区内进行新建、扩建、改建工业、民用和公共建筑项目的建设单位向城市建设交纳的污水管网统一建设费用。

而污水的无害化、资源化加工,是有偿服务性和生产经营性活动,能直接产生经济收益。污水的无害化、资源化加工费应靠向服务单位和个人收取污水处理服务费和资源化加工的水产品销售收入。因此,污水处理收费一般应以平衡污水无害化加工费用为主。但对有条件的城市地区,可适当提高标准从而为污水收集输送管网运行费用提供支持。

(2) 城市污水处理及收费方式

城市污水处理及收费方式,因经济体制的不同而不同。在统收统支的计划经济体制条件下,城市政府把统收的资金直接拨给污水处理单位,污水处理单位按政府制定的城市污水处理专项规划和工程建设计划进行设施投资建设和对污水进行处理。城市政府是污水处理主体,污水处理单位是城市政府污水处理管理部门的附属机构,污水处理费用采用间接的方式向排污水者收取。

在自收自支的市场经济条件下,城市政府一方面用市场竞争方式择优选取污水处理企业,再由污水处理企业按政府制定的城市污水处理专项规划和工程建设计划进行设施投资建设和对污水进行处理;另一方面按合同约定向污水处理企业支付污水处理费用,按收支平衡原则向排污水者收取污水处理费。城市政府是污水处理的组织者和污水处理质量的监督者,污水处理单位是自主经营、自负盈亏的商品经营者,排污水者按规定直接向城市政府缴纳污水处理费。

(3) 城市污水收费的目的和分类

城市污水收费的基本目的是建立一个污水处理市场,给污水处理一个合理的价格,使用水者将污水处理作为用水的一项重要内容,通过调节污水收费的费率来实现规定的水环境保护目标。城市水环境容量历史上曾很大,污水可以就近排入江河湖海,不需要或很少净化处理,因而也不需要市场。而现在水环境容量正在逐渐变得稀缺,若不引入市场,就无法调动污水产生者净化污水的积极性。当污水处理引入市场体系后,政府可以直接对污水排放而产生的外部费用制定价格,通过价格作用促进污水处理。

污水收费按其目的和作用的不同,分为排污水收费和污水处理收费。排污水收费是指向水源排放污水的污染者,按其排放污水的性质和数量征收水资源污染费用。排污水收费的作用,主要是刺激排水者节约和综合利用水资源,减少污水排放。随着水资源保护工作不断深入,解决城市居民生活污水和分散的其他污水的集中处理设施不断增加,设施投资和运行费用不足问题越来越大。污水处理收费是为解决这一问题而产生的。污水处理收费是为收集、净化污水和保护水源而对"污染者付费原则"的一种现实演变和延伸，是指向污水集中处理设施的使用者，按其排放污水的性质和数量征收污水集中处理设施使用费用。从费用使用角度看，它表现为通过费用转让支付的方式向污水集中处理单位缴纳费用，其作用为污水集中处理设施建设运营提供某种程度的经济补偿或筹集资金。当然，由于收费的经济刺激，也会带来一定程度上水使用过程中的节约效果。根据我国政府规定，征收污水集中处理费的同时，取消排污水收费。

污水处理收费按其目的和作用不同，又可分为行政性收费、事业性收费和经营性收费。污水处理行政性收费，目的是为筹集国家预算资金，用以补偿财政污水处理资金的不足。污水处理事业性收费，不以盈利为目的，是为筹集污水处理事业发展资金，用以发展城市污水处理事业。污水处理经营性收费，是以盈利为目的，用以污水处理资金的保值增值。

（4）城市污水处理收费范围和对象

污水处理收费范围是指费用征收的地域范围，它反映了收费的广度。一般来说，污水处理收费对全国任何地域范围的排污水者都是可行的。但在目前实施中，我国污水处理收费仅限于城市范围。

收费对象是指依照收费规定直接负有支付费用的目标群体，即对谁进行费用征收。污水处理收费对象，工业废水是明确的，需要区分的是生活污水处理收费对象。按照通常的定义，生活污水系指人们在饮食、洗涤、烹饪、清洁卫生等生活过程中产生的污水。生活污水可以来自家庭个人，也可以来自旅馆、餐厅、浴室以及机关、学校和工矿企事业等单位的生活区。因此，对于城市范围内的生活污水排放者可大体划分为三类：①居民个人；②以盈利为目的的，具有经营收入的各类活动者（包括个体经营者）；③社会公益事业单位（学校、机关以及医院等）。

从所排污水性质角度看，原则上，城市范围内的上述三类排污水者，都可作为污水处理所包含的收费对象之内。但在具体规定上，对于后两者，既可按生活污水处理收费，也可以将其纳入水污染物排放收费。由于城市居民是一个很笼统的概念，考虑到收费实施中技术、管理上的可行性问题，对居民个体这部分收费可先以非农业人口为基础，按城市范围层次逐步扩大。

(5) 城市污水处理收费依据和标准

收费依据指计算收费额的依据或称收费基数。由于水污染物排放的数量是影响并决定水环境质量的基本变量，因此从污染控制、环境保护的目标看，理想的污水处理收费依据最好建立在污水所含水污染物的基础上，即由污水水量与其中所含水污染物浓度两个因素共同决定。

生活污水来自人们日常生活使用，污水中所含污染物质的数量和成分相对稳定。在一定经济社会条件、生活水平、风俗习惯以及自然条件影响下，生活用水与生活污水量比较接近，呈一定比例关系。大量多样的生活污水排放源使得直接依据生活污水中水污染物为基础进行收费，存在着技术、管理中实际操作的困难。因此，生活污水处理收费的直接依据可采用生活污水排放量，而实际操作中可转化为生活用水量。在对生活用水水量量测条件不具备时，可根据人均用水量，以人口（当量）为单位作为生活污水排放量的替代收费依据。

收费标准即费率指应收费额与收费依据之间的比例关系。收费标准的高低一方面决定着收费总额的多少，另一方面关系到费用缴纳者负担的高低，它的确定取决于收费的目标。对以城市生活污水处理为主体的收费，收费标准一般应根据城市范围内污水处理规划水平的预计费用来确定。理想的收费标准应建立在满足污水处理的全部费用基础上，并在一定程度反映时空变化因素。但从目前我国政治、经济和社会现实情况考虑，实现这种标准的收费应是一个分阶段的渐近过程。

东部地区城市污水处理厂运行成本分析

东部地区在全国范围内属经济发达地区,该地区已建污水处理厂的数量占全国的 2/3,现对福建、山东、安徽、江苏、浙江和上海 5 省 1 市的 40 座污水处理厂的成本测算情况作系统分析。

一、污水处理厂运行成本的组成

为便于反映成本有可比性,在编制测算表时考虑了两个方面的情况:

(1) 污水处理厂迟早要走上企业化的道路,为更直观反映情况,将成本测算表按企业会计报表格式编制。

(2) 虽然目前几乎没有一个污水处理厂在提取"折旧",但考虑今后的发展方向,在表中单列了"折旧"一栏,且为简便计算,按统一综合折旧率 4.5% 计提折旧。

成本包括:人员工资及附加费、材料费、水电费、折旧费、管道维护费、设备维修费、化验费、污泥运费、管理费、财务费用、车间费用及其他费用,同时特别说明,若污水处理厂建设是靠贷款完成的,则财务费用就是支付贷款的利息。

二、污水处理厂的运行成本

1. 小型厂不同工艺的运行成本

(1) 传统活性污泥工艺的运行成本见表 1。

传统活性污泥工艺的运行成本 表 1

城市	厂名	设计规模($10^4 m^3/d$)	污水处理量($10^4 m^3$)	运行成本(元/m^3)
威海		1.5	450	0.66(0.54)
江阴		2	400	0.83(0.55)
厦门		3.7	1,678	0.69(0.67)
南通	开发区	2.5	434	1.61(1.00)
南京	锁金村	0.5	56	3.04(2.88)
常州	清潭	1.5	480.3	1.02(0.78)

续表

城市	厂名	设计规模($10^4 m^3/d$)	污水处理量($10^4 m^3$)	运行成本(元/m^3)
常州	丽华	1.0	521.7	0.98(0.68)
苏州	城东	4	1472.6	0.41(0.38)
	城西	1.25	475.7	0.52(0.49)
	城南	0.5	184.2	0.85(0.82)
上海	东厂	3.4	1103.7	0.71(0.60)
	北郊	1.8	684.3	1.04(0.91)
	泗塘	2	计入吴淞水厂成本	
	曹杨	2.4	751.9	1.15(0.95)
	龙华	4.5	1355.7	0.70(0.49)
	程桥	0.5	99.1	1.21(1.21)
	奉贤南桥	1	459	0.76(0.68)

注：平均运行成本为 1.01（0.85）元/m^3。括号中的数据为不含折旧的运行成本，下同。

（2）氧化沟工艺的运行成本见表2。

氧化沟工艺的运行成本　　　　表 2

市　名	慈溪	南通	杭州市		合肥	常熟
厂名			大关	翠苑	琥珀山庄	
设计规模($10^4 m^3/d$)	1	2.5	0.45	0.7	0.4	3
污水处理量($10^4 m^3$)	218.47	738	111.47	131.56	69.5	刚刚运转
运行成本(元/m^3)	1.68(1.14)	1.02(0.75)	0.73(0.65)	0.85(0.77)	1.12(0.73)	

注：平均运行成本为 1.08（0.81）元/m^3。

（3）A^2/O 工艺的运行成本。

厦门市杏林污水处理厂，设计处理能力为 $3\times 10^4 m^3/d$，1998年污水处理量为 $667\times 10^4 m^3/d$，运行成本为 0.77 元/m^3，不含折旧的运行成本为 0.74 元/m^3。

（4）A/O 工艺的运行成本见表3。

AO 工艺的运行成本　　　　　表 3

城市	厂名	设计规模($10^4 m^3/d$)	污水处理量($10^4 m^3$)	运行成本(元/m^3)
上海	吴淞	4	823	0.72(0.47)
	长桥	2.2	485	0.37(0.37)

注：平均运行成本为 0.55(0.42)元/m^3。

2. 中型厂不同工艺的运行成本

(1) 传统活性污泥工艺的运行成本见表 4。

传统活性污泥工艺的运行成本　　　　　表 4

市名	常州	徐州	无锡	上海	上海
厂名	城北	奎河	芦村(一半为 A^2O)	曲阳	大山
设计规模($10^4 m^3/d$)	5	10	10	7.5	7.5
污水处理量($10^4 m^3$)	1340	2810	3335	1725.7	1426
运行成本(元/m^3)	0.99(0.64)	0.85(0.61)	0.85(0.64)	0.50(0.40)	0.65(0.48)

注：平均运行成本为 0.77(0.55)元/m^3。

(2) AO 工艺的运行成本见表 5。

AO 工艺的运行成本　　　　　表 5

城市	厂名	设计规模($10^4 m^3/d$)	污水处理量($10^4 m^3$)	运行成本(元/m^3)
福州	祥坂	5	1258	1.28(0.49)
上海	闵行	5	1603	0.57(0.45)

注：平均运行成本为 0.93(0.47)元/m^3。

(3) AB 工艺的运行成本见表 6。

AB 工艺的运行成本　　　　　表 6

城市	设计规模($10^4 m^3/d$)	污水处理量($10^4 m^3$)	运行成本(元/m^3)
淄博	14	3124	0.83(0.58)
泰安	5	1683	0.50(0.33)

注：平均运行成本为 0.67(0.46)元/m^3。

(4) 氧化沟工艺的运行成本见表7。

氧化沟工艺的运行成本　　　　　表7

城市	厂名	设计规模($10^4 m^3/d$)	污水处理量($10^4 m^3$)	运行成本(元/m^3)
苏州	新区	8	679.9	0.98(0.65)
合肥	王小郢	15	4380	0.53(0.34)

注：平均运行成本为0.76（0.50）元/m^3。

3. 大型污水处理厂的运行成本

目前，大型污水处理厂即杭州四堡与南京江心洲污水处理厂均为一级处理，其成本没参与测算。经杭州四堡污水厂预测，其二级处理运行后的成本为0.99元/m^3，不含折旧为0.76元/m^3。

三、结论

(1) 不同工艺的小型污水处理厂平均运行成本为0.85(0.71)元/m^3（括号中为不含折旧的成本，下同）。

(2) 不同工艺的中型污水处理厂平均运行成本为0.78(0.50)元/m^3。

(3) 从成本来看，东部地区目前实施的污水处理收费标准还远不够反映不含折旧的污水厂的实际成本，为保证污水处理事业的健康发展，污水处理收费标准亟待提高。

(4) 从发展角度看，污水处理厂提取折旧是迟早的事，故可考虑采用逐步提取折旧的办法反映运行成本，不必一步到位。

(5) 从各厂反映出的运行成本看，其变动范围较大，这主要是人员数量、进水量大小（是否满负荷）、设备使用时间及污泥处置方式不一造成的。从长远看，为降低污水处理厂的运行成本，各厂应努力精简人员，提高污水处理量，力争满负荷运行。

(6) 各地对污水处理已比较重视，但对污泥处置尚不够重视。若将来对污泥处置要求逐步提高，污水处理厂的运行成本还要有较大幅度的上涨。

6.4.3 城镇垃圾处理

随着人们对环境、资源和可持续发展认识的逐步提高，垃圾已经不只是简单丢弃的概念，垃圾是人类生产和生活过程中物流的重要环节。垃圾收运处理的全过程要耗费大量的人力和物力，产生垃圾者需要支付相应的垃圾费，这是市场经济规则的必然要求，也是我国城市生活垃圾处理走向良性发展的前提。

(1) 垃圾费收费范围和水平

垃圾收费的范围应包括垃圾收集、清运和处理全过程的费用。目前，我国大部分城市对居民均收取了清洁费，收费水平多在2元/(月·户)左右，主要用于居民区垃圾的收集。垃圾清运费用基本由政府承担，而垃圾处理费用由于政府财力有限，特别是现有的财税制度制定时并没有考虑垃圾处理的费用，因此，目前城市垃圾处理费用缺少资金来源是大部分城市面临的问题。我国地域广阔，经济水平差距较大，垃圾处理的条件和水平也相差很大，垃圾费特别是垃圾处理费用差别较大，不宜制定统一的收费水平，各地区根据实际需要和条件制定相应的收费标准。

垃圾收费按照垃圾处理成本和部分清运费用设计是稳妥的。由于目前我国还没有建立垃圾收费体系，考虑到居民的接受能力，垃圾收费的数额还不能按照垃圾收运和处理的全成本核定，在考虑到政府现有的承担水平基础上，也就是考虑政府部分补贴的存在，并随着居民承受能力增加，逐步减少和取消政府补贴。但垃圾费的收取应与目前收取清洁卫生费统一考虑，而不宜保留现有的收取清洁卫生费体系，再单独建立另一个收费体系。两个收费体系使居民难以理解，同时也不利于统一管理。

1) 从垃圾处理成本看我国垃圾收费水平　目前垃圾处理成本（不计投资折旧）在15~120元/t，在雨量少，填埋场条件较好的地区垃圾处理成本在15元/t左右，而用高标准焚烧处理，其处理成本在120元/t左右。按人均垃圾日产量1kg左右估算，相当于人均需付出垃圾处理费 5.4～43.2 元/年，如按每户 3 人计算，相当于 16.2～108 元/(户·年)。将居民清洁卫生费[1～2 元/(户·月)]计入，则垃圾费水平为 9.4～44 元/(年·人)(见表 6-4)，或者 28.2～132 元/(户·年)。

两项垃圾费计算（元）　　　　　表 6-4

人均年垃圾需支付垃圾处理费	人均年垃圾需支付清洁卫生费	两项合计人均年垃圾费需支付	户均年垃圾需支付垃圾处理费	户均年垃圾需支付清洁卫生费	两项合计户均年垃圾费需支付
5.4～36	4～8	9.4～44	16.2～108	12～24	28.2～132

2) 从居民支付能力看我国垃圾收费水平　在美国部分实行垃圾计量收费的社区，垃圾费年支出约占家庭收入的 0.15%～0.5%，瑞士、德国、奥地利等发达国家垃圾费年支出也占家庭年收入的 0.3%，如果以垃圾费年支出也占家庭年收入的 0.3% 来计算我国垃圾费收入水平，按人均年收入 6000～15000 元计算，人均年垃圾费支付为 18～45 元，因而，根据我国城市居民的收入水平，是有能力支付一定数量的垃圾费用于城市垃圾收运和处理的。特别是对于小康住宅区，由于居民收入水平处于中等收入水平以上，完全具有垃圾费的支付能力。

(2) 城市生活垃圾计量收费

1) 计量收费　垃圾收费是垃圾收运和处理走向市场化的标志，和水、电、气、热一样，计量是通向收费的桥梁，计量收费是公平的标尺。发达国家从 20 世纪 90 年代以来开始推行垃圾计量收费，其主要目的，是通过直接经济驱动，促进垃圾减量化，和垃圾付费的公平性。

1992 年 12 月，美国国家环保署（EPA）开始着手研究垃圾付费（英语简称为 PAYT，为 PAY AS YOU THROW 的缩写）问题。在此前若干年，美国许多社区感到，有效而经济的解决城市固体垃圾问题面临的困难越来越大，一方面垃圾持续增长，垃圾处理费（Tipping Fees）不断增加，而适宜填埋场空间越来越少;另一方面公众的环境意识越来越强,许多州和地方部门制定了避免垃圾产生和回收利用的目标。为鼓励公众尽可能避免和减少垃圾产生,并对产生后的垃圾尽可能的回收利用。运用经济手段即垃圾计量收费(Unit Pricing)开始被人们所重视。垃圾计量收费就是将付费与垃圾产生量直接联系起来。垃圾计量收费在美国有两种基本形式:体积量计费,通过垃圾袋、垃圾袋标签和一定规格的垃圾容器计算垃圾费;重量计费,通过称量来计算垃圾费。

用于垃圾计量收费的收集方式有以下几种,它们的特点比较见表 6-5。

计量收费条件下几种垃圾收集方式比较　　表 6-5

收集方式	收集方式说明	优点	缺点
大垃圾桶	每个家庭配备单一形式的大垃圾桶,容量为 50~60 加仑(1 加仑=3.785L),收费额根据每个家庭使用的大垃圾桶数量确定	收费收入稳定	收费对家庭的利益驱动作用较弱
小型和系列垃圾桶	这种方式设置一系列不同规格的垃圾桶,容量为 20~60 加仑,用户根据自己的需要申请配置垃圾桶的数量和规格	进一步鼓励垃圾减量化	产生垃圾量大的家庭需要垃圾桶数量较多,维护多规格垃圾桶及收费系统较复杂
专用垃圾袋	用户可在有关机构和零售商店购买专用垃圾袋,垃圾袋的容量一般为 20~30 加仑,用户只有将垃圾放入专用垃圾袋中才能被收运	最大限度鼓励垃圾减量化	收费收入不稳定,如会出现一次购买多个月用量的垃圾袋;要求配置适应垃圾袋收集的收集车;垃圾袋会出现破损和散落
垃圾袋标签	所谓垃圾袋标签,相当于额定的收费收据,用户可在有关机构和零售商店购买垃圾袋标签,用户将垃圾袋标签贴在或系在容许的容量垃圾袋上,只有贴上垃圾袋标签的垃圾袋才能被收运	最大限度鼓励垃圾减量化	收费收入不稳定;垃圾袋标签在雨天和冬天会脱落

□ 大垃圾桶
□ 小型和系列垃圾桶
□ 专用垃圾袋
□ 垃圾袋标签

2) 计量收费方式　垃圾计费方式可分为 4 类（表 6-6），垃圾计费几种方式各有特点并都有应用。例如，到 1998 年，美国共有 58 个大型社区，4083 个小型社区，占社区总数 14%，全部人口的 10% 推行了垃圾计量收费。

垃圾计费方式　　　　　　　　　　　　　表 6-6

	收费方式	定价	备注与说明
1	等比例收费制	确定每一个垃圾容器收费额	如每 60 加仑(227 升)一袋垃圾或一桶)收费 1.75 美元
2	变比例收费制	确定不同容积容器收费额	如每 60 加仑(227 升)收费 2.0 美元，每 30 加仑(113.5 升)收费 1.25 美元
3	两项收费制	由固定费用和等比例收费两项收费组成	固定收费根据住房状况收费，等比例收费即根据垃圾产生量收费。如一个家庭根据其住房面积交固定费用 65 美元/年，此外每 30 加仑(113.5 升)收费 1.0 美元
4	多项收费制	由固定费用和变比例收费两项收费组成	固定收费根据住房状况收费，再根据不同容积容器的垃圾量收费。如一个家庭每月交固定费用 10 美元，此外每 60 加仑(227 升)收费 2.0 美元，每 30 加仑(113.5 升)收费 1.0 美元

注：1 加仑＝3.785 升。

3) 计量收费的作用和条件　发达国家一些地方实行垃圾计量收费后，可带来以下几点益处：

促进垃圾减量化。一些地方实行垃圾计量收费后，有些社区垃圾最终处置量可下降 25%～45%；

减少垃圾处置费用。垃圾产生量减少，垃圾处置费也相应减少；

促进公众趋向避免产生垃圾行为；

促进开展堆肥和回收；

促进各种垃圾处理方式优化配置；

垃圾付费结构更趋合理。像水和电的消费一样，实现多产垃圾多付费的原则；

促进公众环境意识特别是垃圾处理意识的提高。

实行垃圾计量收费后，也可能遇到以下几方面的困难和障碍：

非法倾倒加剧；

收支平衡难于把握；

增加行政管理支出；

公众感觉麻烦；

多层公寓住宅区垃圾计量收费管理难度加大；

改变公众的习惯和观念困难。

从发达国家普遍推行的垃圾袋计量收费和垃圾桶计量收费经验看，公寓式住宅由于多住户同住一栋楼，使得对住户垃圾计量收费的管理和监督困难较大。发达国家如美国等许多社区独立住宅居民占80%以上，为推行垃圾计量收费创造了良好条件。

我国的居住区大多为公寓式住宅，因此，垃圾计量收费目前还有一定困难。计量收费可以首先在独立式住宅及单位推行。

（3）城市生活垃圾间接收费

我国城市居民垃圾可选择以下几种间接途径收取。

1）按户收费　目前的居民清洁卫生费用就属于这一方式，各地区需根据实际情况确定垃圾费收费水平，如前所述，目前我国城市居民的垃圾费收费水平约为28.2～132元/(户·年)。

2）按居住人口收费　按居住人口收取垃圾费的实质同按户收费一样，比按户收费稍合理，但管理较复杂，对照按户收费水平，目前我国城市居民的垃圾费收费水平约为9.4～44元/

(人·年)。

3) 按居民用水量收费 一般地说,对于一个特定的家庭,用水量和垃圾产生量具有较好的相关性。根据1997年统计,全国城市人均年用水量为86.5t(图6-5),不同城市的人均用水量不同,总体上,东部城市高于西部城市,大城市高于小城市。按照9.4~44元/(人·年)垃圾收费水平,将其摊入水价,以全国城市人均年用水量为86.5t计算,相当于增加水费0.11~0.51元/t。根据用水量收取垃圾费的好处是便于收费管理,其缺点是由于用水量与垃圾产生量不存在必然的关系,因而,存在一定的不公平性,此外,它还需要国家相关部门的协调。

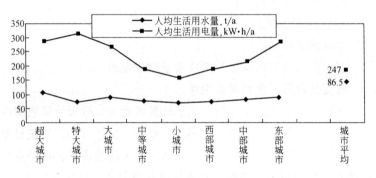

图6-5 1997年不同城市人均生活用水量和用电量

4) 按居民用电量收费 居民用电量与垃圾产生量也具有一定的相关性。根据1997年统计,全国城市人均年用电量为247度(图6-5),不同城市的人均用电量不同,总体上,东部城市高于西部城市,大城市高于小城市。按照9.4~44元/(人·年)垃圾收费水平,将其摊入电价,以全国城市人均年用水量为247度计算,相当于增加电费0.04~0.18元/度。根据用电量收取垃圾费的好处是有利于收费管理,其缺点是由于用电量与垃圾产生量不存在必然的关系,因而,存在一定的不公平性,此外,它还需要国家相关部门的协调。

5）按居民住房面积收费　按照居民住房面积收取垃圾费是许多发达国家在未推行垃圾计量收费前采用较多的方式，因为城市环卫基础设施是随着城市的面积和城市人口增大而增大的，在某种意义上讲，尽管该居住区可能在某一时间内不产生垃圾，环境卫生的一些固定费用都随着居住区的存在而发生。瑞典《垃圾收集和处置法》(The Waste Collection And Disposal Act) 规定各城市负责生活垃圾收费。费用由房屋财产所有者支付，付费单直接给予房屋财产所有者，对于由多个家庭居住的住宅楼，生活垃圾费用按一定标准和比例，折合为每平方米费用分配到房租中。付费时与水费同时支付。瑞士积极推行"谁污染谁付费"政策，每 5kg 垃圾收取垃圾处理费约为 1.8 瑞士法郎，苏黎世除推行垃圾袋收费外，同时对于拥有住房的居民还要根据房屋面积收取固定的垃圾处理费（表 6-7），这些费用与电费一起按季度缴纳，每年收费 4 次，税费年底结算。

苏黎世住房垃圾收费（瑞士法郎/年）　　表 6-7

住房间数	基本费	加 6.5%税后	住房间数	基本费	加 6.5%税后
1	71.1	75.6	3	111.3	118.5
2	90.6	96.6	4	141	150.3

我国城市居民区，按照 9.4～44 元/(人·年) 垃圾收费水平，将其摊入住房物业管理费，以人均住房面积 $20m^2$ 计算，垃圾费需要 0.04～0.18 元/(人·m^2)。

住宅区特别是具备完善的物业管理体系住宅区，将垃圾费通过物业管理费的形式收取具有较好的条件。它具有以下特点：

由于利用物业管理体系，垃圾收费的管理成本较低；

垃圾收费可以得到有效的保障，收费稳定；

在垃圾费没有达到垃圾收运和处理全量成本的条件下，比较公平合理；

居民容易接受。

(4) 几点建议

通过国内外城市垃圾收费的调查和分析，对我国居住区生活垃圾收费可得出以下几点结论。

1) 我国大部分城市居民居住区目前还不具备推行垃圾直接计量收费的条件；

2) 垃圾收费按照垃圾处理成本和部分清运费用设计是稳妥的，各地可根据城市垃圾处理水平和经济发展水平制定收费标准；

3) 类比发达国家垃圾费支出水平，以垃圾费年支出也占家庭年收入的0.3%来计算我国垃圾费收入水平，居民的支付能力可以基本满足城市垃圾管理和处理的需要；

4) 居住区垃圾费收取有多种形式，住宅区通过物业管理，根据居民住宅面积收取垃圾费是比较合理的形式。

6.4.4 德国玻柏宁根地区（Boeblingen）生活垃圾收费方式的转变

玻柏宁根（Boeblingen）位于德国南部，属于巴登符腾堡州（Baden-Wuertemberg），距斯图加特市约20km；现有人口约36万人，面积618km^2，人均GDP约为5.0万美元（1998年）。

该地区从1987年开始实行统一的生活垃圾收费制度，生活垃圾收费方式和标准由该地区垃圾管理办公室提出，根据居民意见和前一年的生活垃圾收费执行情况，一般每年要经过地区议会讨论并修订。现就1987～2002年生活垃圾收费方式主要内容及沿革说明如下。

(1) 1987年

开始实行生活垃圾收费，对居民实行按人收费，收费标准见表6-8，对单位按垃圾容器大小和清运次数收费（见表6-9）。

居民生活垃圾收费   表 6-8

收费单位	单位(马克/年)
1 个人员家庭	66.2
2~3 个人员家庭	100.6
4 个或 4 个以上人员家庭	127.2

注：① 没有人长期居住的住宅至少按一个人员家庭收费标准执行；
② 1 马克≈0.5 美元。

单位垃圾收费   表 6-9

收费单位	收集频次	单位(马克/年)
25L 垃圾容器	每周清运一次	72.4
35L 垃圾容器	每周清运一次	85.7
50L 垃圾容器	每周清运一次	105.6
240L 垃圾容器	每周清运一次	427.6
1100L 垃圾容器	每周清运一次	1462.4
1100L 垃圾容器	每 2 周清运一次	731.2
1100L 垃圾容器	每 4 周清运一次	365.6
2500L 垃圾容器	每周清运一次	3352.5
2500L 垃圾容器	每 2 周清运一次	1676.3
2500L 垃圾容器	每 4 周清运一次	838.1
4500L 垃圾容器	每周清运一次	4750
4500L 垃圾容器	每 2 周清运一次	2375
4500L 垃圾容器	每 4 周清运一次	1187.5

(2) 1989 年

对居民和单位生活垃圾收费全部改为按垃圾容器大小和清运次数收费，这一收费方式带有一定程度的计量收费，居民可以根据自己的需要选择容器大小和收集频次的要求，收费标准见表 6-10。这一年开始引入"专用标签"，所谓"专用标签"就是含有垃圾收费的有价标签，居民将"专用标签"附在垃圾桶或垃圾袋中，环卫部门据此标志才进行收运。当年购买"专用标签"

(适用于生活垃圾容器或废纸袋最大至50L)3.6马克/个。

1989年生活垃圾收费标准　　　　　表6-10

收费单位	收集频次	单位(马克/年)
25L垃圾容器	每周清运一次	81.5
35L垃圾容器	每周清运一次	100.9
50L垃圾容器	每周清运一次	130.4
240L垃圾容器	每周清运一次	377.7
1100L垃圾容器	每周清运一次	1487.6
1100L垃圾容器	每2周清运一次	769.9
1100L垃圾容器	每4周清运一次	411.1
2500L垃圾容器	每周清运一次	3519.3
2500L垃圾容器	每2周清运一次	1785.8
2500L垃圾容器	每4周清运一次	919.3
4500L垃圾容器	每周清运一次	5148
4500L垃圾容器	每2周清运一次	2600.3
4500L垃圾容器	每4周清运一次	1326.3

(3) 1993年

大幅度提高垃圾收费标准(表6-11～表6-13),用于筹集未来垃圾填埋场终场恢复所需要的费用,引入分类收集生物有机垃圾,对这部分垃圾采用低收费标准,一次性收取少量的垃圾费,一部分含在分类收集生物有机垃圾桶中(表6-11);一部分

1993年按垃圾容器大小和清运次数收费标准　　表6-11

收费单位	收集频次	适用对象	单位(马克/年)
25L垃圾容器	每周清运一次	居民和单位	216
35L垃圾容器	每周清运一次	居民和单位	276
50L垃圾容器	每周清运一次	居民和单位	360
120L垃圾容器	每周清运一次	分类收集的生物有机垃圾	30
240L垃圾容器	每周清运一次	分类收集的生物有机垃圾	50

含在其余垃圾桶中（表6-12）。对于单位可回收的垃圾如纸板等实行较低的收费标准（表6-13），对120L以上的垃圾容器，同时引入年固定费用和倾倒一次费用的计费方式。

1993年"专用标签"收费标准　　　　表6-12

收费单位	收费方式	适用对象	计费方式
25L垃圾容器	"专用标签"	居民和单位	8马克/每个
35L垃圾容器	"专用标签"	居民和单位	9马克/每个
50L垃圾容器	"专用标签"	居民和单位	11马克/每个
50L垃圾容器	"专用标签"	废纸	11马克/每个

1993年较大垃圾容器收费标准　　　　表6-13

收费单位	基本费用（马克/年）	适用对象	收集一次费用（马克/次）
240L垃圾容器	392	居民,不带分类收集的生物有机垃圾桶	24
1100L垃圾容器	607	居民,不带分类收集的生物有机垃圾桶	109
240L垃圾容器	517	居民,带分类收集的生物有机垃圾桶	24
1100L垃圾容器	732	居民,带分类收集的生物有机垃圾桶	109
240L垃圾容器	不带分类收集的生物有机垃圾桶,每个垃圾桶273马克/年;带分类收集的生物有机垃圾桶,每个垃圾桶(不含分类收集的生物有机垃圾桶)552马克/年	单位	24
1100L垃圾容器		单位	109
2500L垃圾容器		单位	247
4500L垃圾容器		单位	445
240L垃圾容器	每个垃圾桶153马克/年	可回收物	17
1100L垃圾容器		可回收物	78
2500L垃圾容器		可回收物	177
4500L垃圾容器		可回收物	318

(4) 1996 年

由于分类收集得到普遍实施,为降低垃圾收运成本,垃圾收集频率改为每二周一次。垃圾收费水平有所降低,但为了控制居民使用"专用标签",进一步调高"专用标签"的收费标准;此外,提高垃圾桶固定收费标准,而对每次垃圾桶的收集费用略有降低(见表 6-14~表 6-16)。

1996 年按垃圾容器大小和清运次数收费标准　　　表 6-14

收费单位	收集频次	适用对象	单位(马克/年)
25L 垃圾容器	每二周清运一次	居民和单位	174
35L 垃圾容器	每二周清运一次	居民和单位	210
50L 垃圾容器	每二周清运一次	居民和单位	258
120L 垃圾容器	每二周清运一次	分类收集的生物有机垃圾	40
240L 垃圾容器	每二周清运一次	分类收集的生物有机垃圾	60

1996 年"专用标签"收费标准　　　表 6-15

收费单位	适用对象	计费方式
25L 垃圾容器	居民和单位	12.5 马克/每个
35L 垃圾容器	居民和单位	16.5 马克/每个
50L 垃圾容器	居民和单位	16.5 马克/每个
50L 垃圾容器	废纸	16.5 马克/每个

1996 年较大垃圾容器收费标准　　　表 6-16

收费单位	基本费用(马克/年)	适用对象	收集一次费用(马克/次)
240L 垃圾容器	450	居民	22
1100L 垃圾容器	1020	居民	103
240L 垃圾容器	460	单位	22
1100L 垃圾容器	1060	单位	103
2500L 垃圾容器	2020	单位	234
4500L 垃圾容器	3400	单位	432
240L 垃圾容器	每个垃圾桶 295 马克/年	可回收物	11
1100L 垃圾容器		可回收物	52
2500L 垃圾容器		可回收物	119
4500L 垃圾容器		可回收物	214

(5) 1999 年

为降低垃圾收运成本,开始引入每四周一次的垃圾收集方式,对单位进一步提高垃圾桶固定收费标准,而对垃圾桶的每次收集费用略有降低(见表 6-17~表 6-19)。

1999 年按垃圾容器大小和清运次数收费标准　　表 6-17

收费单位	收集频次	适用对象	单位(马克/年)
25L 垃圾容器	每二周清运一次	居民和单位	192
35L 垃圾容器	每二周清运一次	居民和单位	216
50L 垃圾容器	每二周清运一次	居民和单位	258
25L 垃圾容器	每四周清运一次	居民和单位	162
35L 垃圾容器	每四周清运一次	居民和单位	174
50L 垃圾容器	每四周清运一次	居民和单位	192
120L 垃圾容器	每二周清运一次	分类收集的生物有机垃圾	60
240L 垃圾容器	每二周清运一次	分类收集的生物有机垃圾	80

1999 年"专用标签"收费标准　　表 6-18

收费单位	适用对象	计费方式
25L 垃圾容器	居民和单位	4.5 马克/每个
35L 垃圾容器	居民和单位	5.5 马克/每个
50L 垃圾容器	居民和单位	7.0 马克/每个
50L 垃圾容器	废纸,以及缴纳年固定费用的垃圾桶	26.5 马克/每个

1999 年较大垃圾容器收费标准　　表 6-19

收费单位	基本费用(马克/年)	适用对象	收集一次费用(马克/次)
240L 垃圾容器	每个垃圾桶 126 马克/年	居民	20.5
1100L 垃圾容器		居民	86
240L 垃圾容器	456	单位	18
1100L 垃圾容器	1338	单位	76
2500L 垃圾容器	2214	单位	147.5
4500L 垃圾容器	3684	单位	258.5

(6) 2001 年

对单位生活垃圾收费,引入按单位拥有房屋的使用面积收取部分固定费用的收费方式。进一步提高单位和居民垃圾桶固定收费标准,而对垃圾桶的每次收集费用进一步调低(见表 6-20~表 6-23)。

2001 年按垃圾容器大小和清运次数收费标准　　表 6-20

收费单位	收集频次	适用对象	单位(马克/年)
25L 垃圾容器	每二周清运一次	居民和单位	174
35L 垃圾容器	每二周清运一次	居民和单位	198
50L 垃圾容器	每二周清运一次	居民和单位	228
25L 垃圾容器	每四周清运一次	居民和单位	144
35L 垃圾容器	每四周清运一次	居民和单位	156
50L 垃圾容器	每四周清运一次	居民和单位	174
120L 垃圾容器	每二周清运一次	分类收集的生物有机垃圾	70
240L 垃圾容器	每二周清运一次	分类收集的生物有机垃圾	90

2001 年"专用标签"收费标准　　表 6-21

收费单位	适用对象	计费方式
25L 垃圾容器	居民和单位	4 马克/每个
35L 垃圾容器	居民和单位	4.5 马克/每个
50L 垃圾容器	居民和单位	6.0 马克/每个
50L 垃圾容器	废纸,以及未购买基本费用(每个垃圾桶 114 马克/年)	23.5 马克/每个

2001 年较大垃圾容器收费标准　　表 6-22

收费单位	基本费用(马克/年)	适用对象	收集一次费用(马克/次)
240L 垃圾容器	每个垃圾桶 104 马克/年	居民	21.5
1100L 垃圾容器		居民	87
240L 垃圾容器	456	单位	17.5
1100L 垃圾容器	1338	单位	74.5
2500L 垃圾容器	2214	单位	150.5
4500L 垃圾容器	3684	单位	266

垃圾收费与单位拥有房屋的使用面积收费标准　　　表 6-23

单位房屋的使用面积(m^2)	单位房屋的使用面积计量单位(个)	备　注
－400	1	每个计量单位年交固定费用387马克
401～800	2	
801～1300	3	
1301～1800	4	
1801～2600	5	
以后每增加 800m^2 作为增加一个计量单位计算		

(7) 2002 年

2002年开始使用欧元,并引入按居民住房套数征收生活垃圾收费(每套住房年征收垃圾费为54欧元),继续使用按单位拥有房屋的使用面积收取部分固定费用的收费方式(单位拥有房屋的使用面积计量方式同表6-23,每个计量单位年交固定费用177欧元)。居民使用的垃圾桶推行标准化,主要为120L和240L两种。由于征收了固定费用,对垃圾桶的每次收集费用进一步调低(见表6-24～表6-26)。

2001 年按垃圾容器大小和清运次数收费标准　　　表 6-24

收费单位	收集频次	适用对象	单位(欧元/年)
120L 垃圾容器	每二周清运一次	居民和单位	175
240L 垃圾容器	每二周清运一次	居民和单位	270
120L 垃圾容器	每四周清运一次	居民和单位	63
240L 垃圾容器	每四周清运一次	居民和单位	126
120L 垃圾容器	每二周清运一次	分类收集的生物有机垃圾	40
240L 垃圾容器	每二周清运一次	分类收集的生物有机垃圾	50

2001 年"专用标签"收费标准　　　表 6-25

收费单位	适用对象	计费方式
120L 垃圾容器	居民和单位	7 欧元/每个
240L 垃圾容器	居民和单位	11.5 欧元/每个

表 6-26
2001年居民和单位垃圾容器（非固定收集次数收集）收费标准

收费单位	联系方式	单位(欧元/次)
240L 垃圾容器	临时电话预约	9.5
1.1m^3 垃圾容器	临时电话预约	38.5
2.5m^3 垃圾容器	临时电话预约	87
4.5m^3 垃圾容器	临时电话预约	154.5
对带有压缩装置的垃圾收集装置	临时电话预约	80.5 欧元/m^3
120L 垃圾容器	预约定	4.5
240L 垃圾容器	预约定	9
1.1m^3 垃圾容器	预约定	35
2.5m^3 垃圾容器	预约定	79
4.5m^3 垃圾容器	预约定	141
对带有压缩装置的垃圾收集装置	预约定	73.5 欧元/m^3

第 7 章 水业及垃圾处理基础设施融资案例

7.1 北京第十水厂 BOT

7.1.1 项目概况

(1) 供水体制

北京的供水体制是"厂网分家",政府管理管网,制水厂市场化。第十水厂采用 BOT 方式,完全是供水体制决定的。政府应该研究供水体制并制定供水政策,供水体制是战略问题,然后才是具体项目的运作方式问题。制定供水体制应该优先考虑降低水价和提高水质,供水企业的所有制并不重要。

(2) 历史背景

第十水厂项目开始运作时亚洲金融危机和广信事件都刚刚发生,国际资本市场并不十分看好我国。

(3) 项目范围

第十水厂是项目融资(包含债务融资),由外商投资建设一座水厂承担建设风险和市场风险。

(4) 市场定价

第十水厂项目是通过招标完成的,第十水厂的水价售价都是以政府提供的条件为基础,国际市场给出的最好价格,是公正的,最大限度地实现了政府利益。项目的投标人是重叠的,是用同样标准评估项目的,从投资意义上讲不会有很大差别。

讨论市场定价的时候，不能不考虑我国水业的健康发展。第十水厂项目的回报率都很低，是由其特殊的地理位置决定的，在这种项目中，投资人除获得有形东西外，还可以获得很多无形收益。外资进入我国是为了获取回报的，如果回报率都很低，我国水业的市场化将不会健康发展，政府部门应该考虑这个问题，不能因项目的回报要求较低就认为外资对我国整个水业的要求都这么低。第十水厂项目的成功证明了通过招标方式规范运作是可以保护政府利益的。虽然其他地区不能与北京比，但规范运作同样可以降低水价，保护政府利益，而且规范运作的结果是政府能够从市场获得的最好价格，不存在道德问题。

对于投资人来讲，过高的回报率也存在问题，政府换届以后，履约将成为问题，违约在使地方政府失去信用的同时也使投资人的利益受到了损失。谁应该对如此高的回报率负责呢？在国外，无论多么大的公司、无论项目经理多么有经验，在进行项目运作时都聘请咨询公司，责任十分明确，公司董事会相信咨询机构的判断。为了保证政府和人民群众的利益，中央政府有关部门应该强制地方政府聘请有经验的咨询机构参与供水项目的运作，支付部分咨询费用是值得的，也是符合国际惯例的。

（5）回报率

北京项目保证了外方最低供水量（实际供水量将取决于市场），水价（中间水价）是招标时的主要标的。以最低供水量和中标水价为基础进行计算的内部收益率并不高。根据判断，投标人建议的水价是以北京市将有一定量超供水量为假设的，是以对北京用水需求的乐观判断为基础的。在实际运营过程中，是否有超供水量将完全取决于自来水公司的调度和市场需求情况，即使没有超供水量，自来水公司也不承担任何责任，投资人在项目中是要承担市场风险的,政府并没有对回报率作出担保。

(6) 项目运作

北京市政府在第十水厂项目运作过程中成立了招标委员会和招标办公室,并按照国际惯例聘请了融资顾问、法律顾问和技术顾问。第十水厂项目的结构设计和文件质量得到了国际资本市场的认可,谈判结果在很多方面都突破了国际市场对我国的认识,创造了我国项目融资的典型案例。

(7) 特许权

我国的城市设施建设和运营是有特许权的,是隐形的特许权。这种特许权的含义是只有特定企业(如北京市自来水集团)才有权建设和运营城市设施,这种特定企业同时有义务建设和运营这些设施,其特点是建设成本往往与政府财政有直接联系(有的是开发企业将城市设施建成后直接移交给这些企业,这种做法缺少法律依据),因此成本分摊不是以精确的财务测算为基础的,而是政府职能部门协调的结果。这种隐形特许权是不能直接转让给合资企业的,政府应该通过法律文件向合资企业授予特许权,签署特许权协议是一个比较理想的选择。

在北京第十水厂项目中,政府通过颁布专营管理办法向专营公司授予了特许权,由市政管理委员会与专营公司签署项目执行协议,约束专营公司建设和运营项目设施的义务,在政府制定的原则范围内咨询公司很好地解决了特许权问题,为项目的顺利进行创造了条件。如果不解决特许权问题,在管网建设和运营市场化以后,如何解决好供水管网和其他市政设施的关系(尤其是投资成本分摊问题)将是政府在管理城市设施时遇到的新课题,以前的方法可能不再适用于合资企业,政府可能需要与合资公司进行长期谈判,把问题留给未来的做法是不可取的。

7.1.2 北京市第十水厂 BOT 项目的运作程序简介

该项目的运作程序,详见表 7-1。

项目的运作程序　　　　　　　　表 7-1

运作程序	招标人主要工作	投标人主要工作
确定方案	提出项目建设的必要性,确定项目需要达到的目标	
立项	向计划管理部门上报《项目建议书》或《预可行性研究报告》,取得批复文件或者同意进行项目融资招标的文件	
招标准备	1. 成立招标委员会和招标办公室; 2. 聘请中介机构; 3. 研究项目技术问题,明确技术要求; 4. 准备资格预审文件; 5. 设计项目结构,落实项目条件; 6. 编写招标文件,制定评标标准	
资格预审	1. 发布招标公告; 2. 发售资格预审文件; 3. 组织资格预审; 4. 通知资格预审结果,发出投标邀请书	1. 获取项目招标信息; 2. 购取资格预审文件; 3. 编写并递交资格预审文件
准备投标书	1. 编写并发售招标文件; 2. 标前答疑,组织现场考察	1. 购取招标文件; 2. 研究招标文件,向招标人提问; 3. 参加现场考察; 4. 编写并按时递交投标书
评标与决标	1. 对有效标书进行评审; 2. 选出中标候选人	回答、澄清评标委员会的提问
合同谈判	1. 按照排序与中标候选人就全部合同和协议的条款和条件进行谈判,直至双方完全达成一致; 2. 草签特许权协议及其他合同和协议	同左
融资与审批	1. 协助中标人报批项目和成立项目公司; 2. 在项目公司成立后与其正式签订特许权协议及其他合同和协议	1. 报批项目可研报告,成立项目公司; 2. 项目公司正式与贷款人、建筑承包商、运营维护承包商和保险公司等签订相关合同; 3. 项目公司与招标人正式签订特许权协议及其他合同和协议

续表

运作程序	招标人主要工作	投标人主要工作
实施项目	1. 协助项目公司实施项目； 2. 对项目的设计、建设、运营和维护进行检查和监督； 3. 特许期届满时接收（或其指定机构接收）应该移交的设施	1. 正式开始设计和建设； 2. 项目竣工后开始商业运营； 3. 特许期届满时移交应该移交的设施

(1) 确定方案

第十水厂是北京市"九五"计划中提出的项目，在确定运作方式时，北京市政府进行了多种方式的比较，基本目标是进行基础设施体制改革，政府不再直接投资。最初与国内机构进行了协商，由于水价太高而放弃。为了探索利用外资的有效途径，并有效地促进基础设施体制改革，北京市政府决定采用BOT方式建设第十水厂，而且规定只允许境外投资人才能参加投标。

(2) 立项

北京市政府首先向原国家计委上报了《预可行性研究报告》，原国家计委投资司审查后要求北京市政府补充资料。北京市政府补充资料以后，原国家计委外资司下文同意北京市政府通过招标方式选择第十水厂境外投资人，为招标工作提供了法律依据。

(3) 前期准备

北京市政府首先成立了以主管副市长为主任的招标委员会。招标委员会在市政管理委员会下设了招标办公室，负责招标的日常工作，并聘请了咨询公司作为项目的融资招标顾问。

(4) 资格预审

资格预审通告发布后，共有34家跨国公司或银行购买了资格预审文件，7家联合体（共19家公司）提交了资格申请文件。招标委员会选择了其中的5家联合体（共12家公司）参加项目投标，这些公司分别来自法国、英国、日本、意大利和中国香港。

(5) 准备投标书

5家通过资格预审的联合体全部购买了招标文件。在投标人准备标书期间，招标委员会举行了标前会议，并多次回答了投标人提出的问题。由于项目条件落实的时间推迟，准备标书时间相应推迟了两周。5家联合体最终全部递交了标书，这在国内类似项目中是第一次（其他项目中都有投标人放弃投标的现象）。

（6）评标

评标标准在招标文件中做出了明确陈述，以水价为主，适当考虑了融资方案、法律方案和技术方案，并对这些方案提出了最低要求。来自中介机构的专业人员和招标委员会聘请的专家参加了评标工作。评标后发现，有3家联合体的投标水价比政府预测的水价低 1 元$/m^3$ 以上，初步显现了招标的优越性。由于有一家联合体的中文标书没有签字，招标委员会组织了长期的论证使评标工作受到了影响。政府选择了由日本三菱商事株式会社和英国安格力安水务公司组成的联合体为排名第一的中标候选人。

（7）谈判

谈判工作共进行了三轮。第一轮主要是了解双方的观点，第二轮解决了水价等核心问题，第三轮解决了遗留问题（主要是对不可抗力的处理）。由于项目竞争十分激烈，政府在谈判中的地位非常主动，谈判结果在很多方面突破了国内类似项目的惯例。

（8）融资与审批

项目的融资和审批工作刚刚开始。在联合体投标时，亚洲开发银行、国际金融公司等为联合体融资提供了支持函。由于北京在2001年取得了2008年奥运会主办权，而且我国加入了WTO，使北京的宏观投资环境更加具有吸引力，谈判进程也因此而加快。

7.1.3　北京市第十水厂项目合同安排和风险解决方案

在北京第十水厂BOT项目中，北京市政府不同意直接介入项目，根据BOT项目的理论和惯例结合市政府的要求为项目设计了项目结构。上述合同安排和风险解决方案简述见表7-2：

合同安排和风险解决方案　　表 7-2

合同	主要风险	解决方式
专营办法（为北京市政府颁布的一政府规章）	此类基础设施项目，特别由于项目的所在国为发展中国家，涉及的一般政治风险	明确政府对项目的支持及支持方式，重申政府一方签约单位的主要义务和权利
	专营权的授予和撤销的风险	以政府立法的形式授予专营公司按照协议融资、设计、建设、运营和维护项目的独家权利，同时对专营公司经营范围改变的行为作出限制
	中方签约机构的组织变更	政府确保变更后的机构具有同样的履约能力
	外汇不能自由兑换	重申专营公司在目前法律框架下享有的外汇兑换和汇出的权利
	由于政府一方签约方的原因导致的项目终止	确保政府补偿机构按补偿与争议解决协议补偿专营公司
	原水与净水调价不同步	重申同步调价原则
	项目结束后项目设施的移交	重申移交的原则
执行协议（包括管道用地协议）	政府的前期工作	1. 明确政府前期工作的范围和完成时间 2. 明确政府一方违约的救济措施
	项目设施，特别是管道，建设和运营涉及的土地、拆迁及其他问题	1. 明确政府须提供的与土地使用权相关的内容及权利提供的时间 2. 签订专门管道用地协议，明确政府在建设期及时向专营公司提供所需的土地使用权（位于三个不同的行政区），降低拆迁和其他与土地相关的风险
	政府批准的风险	明确主要的政府审批的类型、时间及解决政府不合理行使审批职权的补救方式
	项目的测试、检查和完工验收	详细规定测试、检查和完工验收的时间、内容、标准和双方的权利义务
	政府对项目设计和建设的管理	明确政府对项目设计和建设的监督权力、权力的行使形式和权力滥用的补救手段
	项目公司的履约问题	除终止补偿的规定外，项目公司被要求在整个专营期提供履约保函
	由于外部因素，项目公司在项目建设和运营期间可能遭受的风险	要求专营公司购买充足的商业保险

续表

合同	主要风险	解决方式
购水协议	对净水水量的需求风险	约定购水方有年或取或负义务,此或取或负水平对应的水费应一般满足专营公司支付运营成本和偿还本息的要求
	对计算水费的水量产生分歧	明确水量计量仪器的选择、计量程序和计量结果争议的解决
	水价不能反映成本和投资增加的风险,特别考虑到净水水价(主要是零售水价)受价格管制,而且目前专营公司净水仅能销售给一个买家,即自来水公司	根据专营公司现金流量的性质和变动因素,将水价划分为固定部分和浮动部分,固定部分反映以人民币计价的成本,浮动部分反映与外币相关的现金流出(主要是贷款的还本付息和股利分配)。建立固定水价与一般通货膨胀水平,浮动部分与外汇变动挂钩的定期的调价机制
	水费不能及时支付	1. 明确购水方的付款时间表和延期付款责任 2. 为保证专营公司支付运营成本和还本付息,建立月和半年水费最低支付水平和年底结算的机制 3. 要求购水方建立水费特别账户,提高水费支付保证度
	不明确的水质指标	1. 专门以技术附件的形式明确水质标准 2. 详细的水质检测规定 3. 水质不合格的违约责任和后果
	调度指令的不明确	明确水量的调度安排形式和内容及相应的责任
	专营期结束后项目设施移交时产生的纠纷	1. 明确移交时项目公司移交资产的范围和专营公司对其负债的偿还的责任 2. 移交前大修、移交检测和移交后专营公司对移交资产性能担保等的规定 3. 移交的组织工作

续表

合同	主 要 风 险	解 决 方 式
原水协议	原水水质恶化	1. 原水供应单位合同义务和违约责任 2. 一般财务补偿 3. 导致终止时的财务补偿 4. 原水水质标准与净水水质标准的对应关系
	原水水量无法保证	1. 原水供应单位的合同义务和违约责任 2. 原水供应控制时平等对待原则 3. 一般财务补偿 4. 导致终止时的财务补偿
	不明确的水质指标	专门以技术附件的形式明确原水水质标准
补偿和争议解决协议	非专营公司控制的成本增加或投资增加	针对不同情况提供不同的财务补偿机制,例如延长专营期、水价或临时资金支持
	银行的介入权	在专营公司违约的情况下,银行有一定的介入权,对项目的终止进行一定的限制
	项目终止的补偿	1. 专营公司违约或银行介入失败,政府签约方可选择接收项目设施并偿还贷款本息 2. 政府一方违约,政府须偿还贷款本息并对投资人进行终止补偿,对投资人的补偿数额视不同情况区别对待 3. 一般不可抗力问题主要由购买足额的保险来解决 4. 政治不可抗力问题通过政府部分保证或购买多边机构的政治保险解决
	项目建设期和运营期及移交时争议的解决	1. 建立项目协调委员会及其工作程序,负责项目各签约方的工作协调及日常争议的解决 2. 约定仲裁为项目争议的法律解决方式
	合同签约方变更的风险	对专营公司转让项目下的权利和义务与政府一方签约方的变更均进行了限制

续表

合同	主要风险	解决方式
贷款协议及支持协议如担保协议等	投资人对项目的始终支持	1. 发起人的出资义务 2. 在项目建成前,如发生投资超支或建成延期的情况,贷款银行对投资人享有有限追索权 3. 要求投资人将股份抵押给银行或对投资人股份转让等进行限制
	短期资金短缺	建立偿债准备账户
	大修理和其他可能的资本支出	建立其他现金准备账户
	专营公司经营范围的单一性	对经营范围变更、合并、分立等的限制或禁止
	对股利分配的限制	在时间和资金的充裕度方面(主要是对偿债覆盖率)对股利分配进行限制
	项目失败时第二还款来源	完整的担保安排,项目公司的资产、合同权益等均抵押给贷款银行,以保证银行在介入时能正常地运营项目或将项目作为一整体转让

7.2 上海浦东自来水股权转让

上海浦东自来水股权转让项目签约,对我国水业发展也产生了重大影响,可能对水业利用外资起积极作用。

7.2.1 供水体制

上海的供水体制是厂网一体,引进竞争。第十水厂采用BOT方式,上海浦东采用整个水司的股权转让方式,完全是供水体制决定的,这两个项目是不具有可比性的。政府应该研究供水体制并制定供水政策,供水体制是战略问题,然后才是具体项目的运作方式问题。在效率优先原则下,制定供水体制应该优先考虑降低水价和提高水质,供水企业的所有制并不重要。

7.2.2 历史背景

在浦东开始运作以后,我国外资进入管网的政策开始松动,新的外资指导目录不再禁止外资经营城市供水管网,而是将其改为限制类。上海浦东自来水股权转让项目创造了先例。

7.2.3 项目范围

浦东项目是政府出售现有资产为政府其他项目筹集资金,投资人不承担建设风险但要承担市场风险。浦东项目的资产既包括现有水厂和水网,也包括未来扩大和运营水网的权力。水网的价值是有很大想像空间的,浦东项目的溢价主要体现在管网上,上海出让市场是项目的重要卖点。水厂的利润是可以计算的而且挖潜的空间十分有限,我国水网的漏损率很高,漏损率每降低1%利润都会大幅度提高。另外,通过水网运营(包括营销宣传)可以做到居民打开龙头就喝水,进而增加水的附加值。因此,与水厂相比,外商对水网运营更感兴趣。

7.2.4 市场定价

浦东项目是通过招标完成的,上海浦东项目的售价都是以政府提供的条件为基础,国际市场给出的最好价格,是公正的,最大限度地实现了政府利益。

7.2.5 回报率

上海出让了整个浦东供水市场,回报率的高低将取决于未来公司的经营和浦东的发展,政府也没有担保回报率。外方在项目中承担了价格风险,这种价格不是中间价格,而是零售价格,因此属于政策风险。保本微利将是政府制定水价政策的长期原则,原国家计委和建设部对水价制定都有规定,因此对投资人来讲水价的政策风险并不大。

7.2.6 项目运作

上海市政府成立了水务资产运营公司负责项目运作，在项目运作过程中政府的决策效率很高，浦东项目的成功开创了外资进入我国水网的模式。

7.3 成都水六厂融资分析

该工程在1996年争取国内银行贷款及日元贷款未成功后，市政府决定争取以BOT方式立项，来加快成都市供水事业的建设。当时水六厂A厂三期20万m^3/d的规模于1996年投产后不到一年就达到满负荷供水，供水能力上没有储备量，加快水厂建设是必要的。

（1）随着资本市场发生的巨大变化，筹措建设资金的渠道开始多样化

本工程的模式已不是最经济的模式。但为了对工程的经济性作一分析，故以国内银行贷款方式与此对比，作为今后同类工程的借鉴。

1) BOT项目投产后，项目公司在十五年半内可收回水费共达31.27亿元。

2) BOT项目投产后，在十五年半内为项目公司供水另缴水资源费为4.53亿元（水资源费单价按0.2元/m^3计）。

3) 由于水六厂A厂加输水管线折旧、水资源费的综合单位成本为0.46元/m^3（折旧按25年计），为了便于与BOT项目等效比较，将折旧期改为15.5年计，则成都水六厂A厂的综合单位成本为0.56元/m^3。若上述十五年半的供水量按此成本计费，折算的水费达12.67亿元。

4) 考虑到1999年8月特许权协议签订时的美元汇率为826.49，贷款利率为6.21%，18年贷款的总开支为：

1.065亿美元×8.2649×(1+0.0621)^{18}＝26.04亿人民币。

BOT融资方式比银行贷款方式增加开支为：

31.27+4.53-(26.04-12.67)＝22.43亿人民币。

故BOT融资方式比银行贷款方式支出多1.68倍。

5）考虑到决策在项目立项时的环境，故应以1997年1月原国家计委批准立项时的美元汇率为827.00；贷款利率为8.0%；核算18年贷款的总开支为：

1.065亿美元×8.27×(1+0.08)^{18}＝35.20亿人民币。

BOT融资方式比银行贷款方式增加开支为：

31.27+4.53-(35.20-12.67)＝13.27亿人民币。

故BOT融资方式比银行贷款方式支出多0.59倍。

需要说明的是以上计算均未考虑缴税款项。

（2）BOT项目在工程建设过程中，将工程风险层层分解给承包的国内施工队伍

这些施工单位为了获得参与过国际招标工程的经验，甘心情愿地接受"游戏规则"的"锤炼"。实践证明，国际融资银行怎么通过国际水务集团介入我国水业界，巧妙地运用"游戏规则"进行着资本积累。它告诫国人，在参与经济全球化的过程中，要学会"游泳"，保护自己。

（3）长期以来成都市的供水形势处于供不应求、供求持平的状况，20年来想把供水能力搞大一点、抗冲击能力搞强一点，为城市的更大发展增进旺盛活力

现在供水形势好了，供水规模上有了一定的富余量，应该说给成都市的更大发展创造了条件。到目前而言，成都水司的供水能力为138万 m³/d，2003年最大供水量为118万 m³/d，设备富余率达14.5%。但近些年由于城市还处于经济结构调整期，过去用水量最大的东郊工业区正全面向郊县迁移，区域性供水的步伐又较缓慢，过去供水紧张时期发展起来的数十家小型的自备水厂仍在运营，城市供水总量停滞，水价上调幅度有限，制水成

本过高的 BOT 项目的投产，更使供水企业当前的运营处境艰难。

首先以上状况反映了国家对此类公用事业性企业的管理政策，应作适当调整；其次当前也应该看到在建城区内尚有几十万人还没有得到清洁卫生的饮用水，在周边区县城镇也渴望得到优质、保量的自来水来带动经济发展、改善人们的生活质量。这提示了供水企业，要努力提高服务质量，主动改善运营状况，积极扩大供水范围，寻求更大发展的增长点；当然供水企业的发展离不开当地政府的政策导向与帮助，以及外部环境的改善。

（4）高负荷的设计参数的运用与 BOT 的运作模式是紧密相关的

法方在亚、非、拉地区工程中亦有实例借鉴，但在他们本国的工程中较少采用高负荷的设计参数，这一点也应该引起我们三思。像成都水六厂 B 厂采用的单挡机械絮凝技术、高负荷的设计参数，突破了现行我国给水规范中的有关规定，曾经令人担心，但一年的运行证明该技术基本是可行的。

（5）投标文件应有初步设计深度，成都 BOT 投标文件只要求技术方案

投标文件没有完全达到初步设计的深度，因此给《特许权协议》签署前的确认性谈判和初步设计审查增加了极大难度，初步设计审查了两次，时间经历 50 天，还是遗留了若干内容在施工图阶段解决。特别是 BT 项目，前期的资料应准备充分，以免投标中的考虑不周，导致过程里的谈判艰难。

（6）今后招标工程的标书中，技术要求应具体

BT 项目的阀门采购没有量化的技术要求，没有对阀门制造厂家的考察，《特许权协议》上只要求采购进口的世界先进水平的阀门，让采购方在"大帽子"下有空子可钻。这个项目中围绕钢管壁厚及阀门采购上存在的问题是个遗憾。

（7）按照国际惯例，标书确定的内容应从严遵守，较多的变

动一方面对其他投标者是不公正的,另一方面没有按国际惯例办事,损伤了对方的利益。

比如管线顺坡敷设是明确的,但再三商讨认同了四处返坡,减少了工程费用,可对管道的排气是不利的,特别是清水池出口的返坡,容易使流量计计量管段存气,这对流量计的计量准确性带来干扰。厂内 $DN2400$ 出水管道上安装的主控阀门口径缩小到 $DN1600$,增大的阻力,影响了 A、B 两厂清水池水位的等同关系,这给 A、B 两厂出水的调度带来难度。

(8) 工程设计的审查不能单从技术本身出发,还应考虑经营管理

在签署《特许权协议》前的确认性谈判期间,对取水口设计单从进水流速符合设计规范要求,而同意取消了 CGE 联合体设计的 12.5m 长的进水格栅,中标方节省了工程造价,当时强调了将来 A、B、C 三个厂统一管理,而忽略了 BOT 厂的独立经营,因此取水口没能按 A、B、C 三个厂能独立经营、管理进行设计,从而引起了双方在取水口如何管理的谈判上,增加了难度。

电源设计存在同样的问题。为了有利于运行管理和分清职责,在实施前进行了适当调整,要求 B 厂电源分别改从两条专用供电线路下杆,而不是从 A 厂高压配电室引接。如在标书中明确,亦可避免为电源问题进行的多次艰难的谈判。

(9) 整个工程的质量是好的,总体效果是不错的

但在一些重要环节上也出现了问题,如引水暗渠及厂内构筑物、排水管渠不及时、主动做闭水试验,甚至个别管段最终也没有做闭水试验;输水管道的高程没有监理人员的连续监控记录。对于 BOT 项目、BT 项目工程监理所站的角度是不全面的,项目公司聘请的工程监理只有建议权,特别是 BT 项目,有些问题得不到妥善的处理。

比如输水管线采用薄壁钢管,为了保证完工检查时椭圆度不

超标,施工单位作了大量工作,施工单位也花费了一定的人力与财力,保证了椭圆度,却忽略了局部高程的控制,引起管线局部返坡,当时 SADE 公司提交的竣工资料没有反映这一问题,而是在完工检查中逐步揭示的。

因此,今后类同工程,最终业主方强化介入工程质量监督的力度是十分必要的。

(10)按照《特许权协议》,施工图设计及修改需经成都政府审查,但不必经政府批准,就是说项目公司对审查意见可接受也可不接受

特别是在工程中还存在严重的边勘测、边设计、边施工的"三边"问题及边设计、边施工的"二边"问题,这些对图纸审查意见的落实、工程质量的控制是不利的。

国内根据《建设工程质量管理条例》和《建设工程勘察设计管理条例》对施工图设计文件进行审查,施工图文件审查意见必须得到确认才能开工建设,对于 BOT 项目也不应例外,《特许权协议》这方面的规定是欠妥的。

(11)应高度重视重力流输水的特点,进一步完善生产调度运行方案

B 厂出厂电动阀应与厂内自控系统脱钩,通常全开,只有特殊情况时,水司总调度室授意下才可关闭,该阀不应参与流量的调节;应对 B 厂清水池水位提出考核要求;控制 DN2400 管线控流站的活塞阀,确保 B 厂日供 40 万 m^3 的水量。

在 A 厂与 B 厂刚出厂的连通管提前形成,主要考虑到三环路配套工程,若不能按期通水时,B 厂可通过 A 厂输水管道输水;另外,若 DN2400 输水管道出现故障时,B 厂亦可通过连通管输水。当前 A、B 两厂连通管上的阀门应关闭,两厂出水的控制互不干扰,避免调度不当引起管内水流断链、进气等问题发生。当然十五年后,A、B、C 厂统一于一家管理,连通管的作用就很明显,上述的问题就不严重了。

7.4 法国私人投资主体的直接管理或者委托管理

在法国，饮用水供应部门（饮用水产生，运输及其供应）以及废水处理部门（收集，运输及污水净化），公私方面的合作独树一帜，堪称典范。这种合作不是近期思潮的影响，而是鉴于这些领域具体的法律体系及其内部基本特点，长期实践摸索的结果。

首先，饮用水供应部门和废水处理部门占用市镇的公用土地，因而构成一种市镇范围内的事实上的垄断，这一点可以从市镇法找到法律依据。然而，这种市镇的垄断由于市镇之间的重要合作而被冲淡；三分之二的市镇在饮用水供应或废水处理方面组成了市镇联合会。

其次，饮用水供应部门以及废水处理部门属于具有工业和商业特点的公用事业（SP1C）2，即使二者仍然带有行政部门的特点（SPA）。这种分类是基于以下因素：
- 服务目的（其目的的经济性和私营企业相类似）；
- 资助方式（通过用户付使用金来资助其生产）；
- 组织和运作方式。

因而，有关它们的法律依据也呈双重特性：一方面，因为它们的活动具有商业特点，就涉及到私法的有关内容；另一方面，由于它们属于公用事业范畴，自然又和公法有关。

另外，市镇可以自由组织其饮用水供应部门和废水处理部门。这种组织上的自由，是地方政府行政自由原则的应用（1958年10月4日宪法第72章），继而又通过市镇权限的扩大得到加强（在近期地方分权法律中得以体现）。

这种自由权利是在复杂的法律和行政体制背景下行使的。其原因有两方面：一方面，政府不少部门及一些公共机构对这两个部门进行干预；另一方面，有关法律和法规通过对其财务限制性的规定（收支必须在预算中平衡），以及对其技术方面（如水质等）的严格要求，对这种自由进行约束。

这种自由首先体现在市镇政府可以对饮用水供应和废水处理两个部门的经营等管理方式进行自由选择：一是由地方政府直接管理（由政府部门直接管理）的方式，二是将这两个部门交由私营企业进行管理（委托私营部门管理）的方式。

1）地方政府部门直接管理的形式是指地方政府对这两个部门进行直接的全盘的管理，单方负担除去有可能享受到的补贴之外的投资数额，并且独自承受经营活动导致的财务赤字。这种管理方式并不排除私营企业的参与，但只涉及服务性企业或是有关工程企业。私营企业的参与不涉及经营管理，因而在严格的意义上讲，地方政府和它们还不能构成一种合作关系；

2）所谓委托管理是通过竞争（现在采用一种法定的程序）选定一家私营企业对这两个部门进行管理。其经营管理过程受地方政府部门的监督。二者之间的关系是一种严格意义上的合作关系。

最后，水产品的一些具体特点有助于公私之间的合作：水不是一种普通的"产品"，而是一种专业性很强的"产品"。这种演变使得地方政府求助于在该领域具有丰富经验的私营专业企业。

7.4.1 合作的特点

法国饮用水供应部门和废水处理部门公私之间的合作呈现一些显著的特点。

这种合作方式由来已久，早在19世纪就已产生，它和私营企业参与城市饮用水供应网络的发展建设，以及特许经营方式转向经营管理活动（公用事业特许委托经营方式早在它们成文之前就已存在）一道产生。

这种合作管理的方式随着时间发展而越发普遍，逐渐取代政府部门直接管理的方式，是目前广为采用的一种管理方式。

这种合作是通过具体的合同来组织的。合同确定合作双方的权利和义务；因为企业由受限制到变得相对自由，合同也就显得愈发重要。长期实践总结出来的，在几十年过程中已成定式的典型合同细则（在法规和合同之间灵活的行政体制手段），在1982年被简化为非常简单的模式。

这种合作的目的统一，但是其义务和责任则不同：

1）鉴于其所从事的均属公用事业（饮用水供应站或者废水处理站），其目的也就相一致；

2）由于技术要求及来自行政方面的约束（针对"市镇分散"的概念）有所不同，有关合同的具体执行情况也就不同：对时间和空间的需求都不可能一致。满足需求的干预方式也各种各样。

需求方面的差异首先体现在时间上：最初，借助于私营企业是为了建设普及供应饮用水而需要进行的基础设施；随后，私营企业进入了部门的管理；而现今，在重要投资项目中不得不借助私营企业的力量。项目的投资量大，是由以下因素造成的：

1）资金的缺乏；

2）来自各方面对水源的污染越来越重，因而净化处理技术复杂度提高；

3）消费者对水的卫生标准要求越来越高；

4）技术设施的现代化。

需求的差异继而体现在私营企业干预的不同性质上：尽管来自私方的干预都集中在管理方面，但这些干预的内容在其委托管理期间也会有很大变化，而且有时私营企业的干预只是局部性的干预（只负责水生产，而不负责供应；负责供应而不负责生产，净化污水但不负责收集，只负责收集废水但不管净化……）。

这种合作使得公共部门的特权（对公用事业的监督控制）和私营部门的能动性（对公用事业的管理）得以相互兼容。法国"模式"的委托管理是建立在私营企业和国家有关部门签订长期合同的基础上的风险管理。合同明确规定私营企业所要完成的任务，并按水价制定出对经营企业的固定报酬。

公共部门的特权还体现在其对服务特性的定义、对主要投资的选择、价格标准的制定以及合同具体细则的认可。但这一切都是在尊重私营企业自由管理的前提下进行的。

鉴于合作双方的长期性以及彼此干预行为的持久性（公用事业延续性），这种合作是一种长期的合作。但是合作的这种长期性并不意味着有关的内容就是一成不变的，因为技术在不断发展，为了不断满足新要求，合同中所规定的责任义务也要随之而经常变化。这是公用事业的可移转性。这种合作的长期性同样也不意味着合同的不可逆转性，合同到期，完全有可能将合同延长。

7.4.2 合作的形式

法国饮用水供应部门和废水处理部门的公私两方面的合作有多种形式。

私营企业参与公用事业的合同方式多样性，是由其承担的责任多少和风险系数的高低决定的。但是，无论合同方式如何，都不排除私营企业参与投资建设基础设施；这种参与的形式是多种多样的，即可采用直接投资建设新设施的形式，也可采用分期偿还地方政府所借贷款的形式。

然而，长期以来，这种多样性更多地体现在租赁的合同中，因为这种合同方式越来越多地包含着一些"分包"小合同。因而，出现了一些新的合同方式，很难将其纳入某个法律范畴（不同方式的合同的程序越来越有近似性）。

7.4.3 基本合作

第一种公私合作的方式是围绕着公共部门和私营部门共同承担财务责任的原则而形成的。

在这种情况下，公用事业的管理交由一个不属于、并独立于地方政府的私营单位,一切开发经营活动都是为了地方政府的利益。这个私营单位承担经营过程中可能的一切风险,通常由其负担设施的建设费用。

但是,即便在这种情况下,私营企业还是有可能参与一些新设施的建设。

这种合作的两种传统的形式是管理和"相关单位直接管理"。

第二种是针对地方政府自己投资兴建有关设施的情况。将其经营和维护交给私营企业为其进行管理,私营企业可得到一笔报酬;这笔报酬不是通过用户所付使用金的途径获取,而是按营业额的百分比而确定的,再加上一笔生产力补贴金,如有可能再加上部分盈利。地方政府承担经营活动带来的风险,但是管理一方也会因经营亏损而使报酬减少。

在管理合同的情况下,地方政府将现有的公用事业设施交由一私营企业管理,该设施或许是地方政府出资兴建的或许是由前经营者兴建。地方政府管理一方以合同中详细定义的经营报酬,这种报酬可以有多种形式:可按单位来计算,每年固定报酬,几年的报酬,或是在固定金额的基础上加上分红。鉴于企业所得报酬是固定的,经营活动所带来的风险实际上就转嫁给了管理一方。

7.4.4 深层合作

第二种公私之间的合作将二者的角色分离开来,各自在财务上保持独立。公用事业的管理交给地方政府以外的并与之独立的一私营企业:整个经营开发活动完全由该企业来进行风险管理。如果经营者投资兴建公用事业的部门技术设施或是新的公用事业设施,这就涉及特许委托经营的方式;如若不然,则涉及到租赁的方式,企业所得报酬是通过用户(饮用水供应)或者使用者(污水处理)的途径来获得的。

租赁方式得以普遍后,私营企业出资建设公用设施或是参与开发设施的投资，这种混合的委托管理方式越来越多。

起初（19世纪和20世纪初），特许委托经营这种形式被用于基础建设：在当时的形势下，私营企业负担一切投资以及经营所需费用，同时承担一切风险。

后来，市镇的基础设施一建立，租赁方式便得以发展；其实租赁只是特许委托经营的一种形式，不同的是有关基础设施已由地方政府出资兴建起来。

目前，随着需求的增长，特许委托和租赁两种形式常常结合起来：私营企业在租赁的合同中承担已经租赁的一套系统的部分设施的建设和经营。

后一种演变常在饮用水供应和废水处理部门的租赁合同中合同细则范本条文中有具体体现。通常被一些租赁合同引用的一段文字指出"……在征得当地政府同意以及建设资金允许，不影响如期将租赁设施还给业主的情况下，租赁一方从整个租赁设施的利益出发，如果认为有必要，可在已租赁范围内自己出资兴建一些设施和一些管道系统。这些新建的设施和管道系统如果服务于整个租赁设施即被认为是租赁设施的一个组成部分"。

对于那些正在执行过程中的租赁合同，这种变化常常通过签署合同附件的方式来实现，以确定"部分特许委托经营"的技术和财务方面的条件（这种作法已经森林地区市镇联合会的行政原则认可）。

在这种合作形式下，地方政府和私营企业的责任被严格加以区分（以饮用水供应部门情况为例）。私营租赁的基本义务（即核心部分）如下：

1）负责租赁设施的正常运转，并且自己承担一切风险；

2）对设施、设备机器进行维护和修理（企业负担修理费用），以便使整个设施在良好的条件下运转；

3）更新运转的机器设备、水利设备零件，电机设备以及计量仪器；

4) 更新交接部件,除去那些为加强整个设施运转能力而更新的交接部件。

特许委托经营范围内的承租合同的私营企业的补充义务主要是:

1) 企业出资修建新的管道系统或新的设施(加强和扩大整个设施);

2) 出资更新引水设备或一些土木工程以及管道系统。

地方政府拥有对公用事业的控制权力(核实和监督合同中所规定的技术和财务条件运作情况是否良好)。

7.4.5 价格

很显然,法国饮用水供应和废水处理部门的特点(地方性,市镇对兴建、组织和经营这些活动的职权范围)势必会在价格方面造成一定的影响。

无论采用何种方式,有关价格都要经由市政议会磋商而确定。因而,价格具有法定的特点。当然,所采用的管理方式会对价格的确定方式产生一定影响。

在直接管理的情况下,不排斥其包括简单合作方式,需要建立一个经营收支平衡预算表来确定价格。通常,该表由两部分组成:一部分用来平衡所有开支,另一部分则是用来保证企业用于投资的自供资金以及贷款的偿还(如果有的话)。

在委托管理的情况下,价格包括:

1) 水的销售价(饮用水部分)或者合同中所规定的废水处理的成本价。这些价格是在预算基础上计算得出的。该预算考虑到以下成分:服务变化因素,经营开支(包括地方税以及提交地方政府的使用税),以及在全部委托经营或部分委托经营情况下的财务开支。

2) 地方政府征收的附加税,以满足除去全部委托经营和部分委托经营的情况之外,由其负担的投资所需。

价格受经济条件以及经营开支的变化影响而变化，私营企业所得报酬随之也会产生变化。

企业报酬和价格变化形式一样要定期地进行复核（一般每五年进行一次），或遇重要事件（比如合作范围的改变或者一些设施的实质性的改动）后进行复核。

如果合作双方无法达成协议，那么就要成立一个委员会对有关复核结果进行仲裁。委员会由三位成员组成的，合作双方各选择一位，第三位则由已选定的两位选择。

法国饮用水供应和废水处理部门的公私之间的合作建立在独特的、积极的合同法律基础之上。这种合作是在监理机构的监督下，一个经过实践证明的分权管理模式的范例。

这种合作充分地显示了私营部门对价格的长期保障以及其经营管理的完善。今天，欧洲范围的或是国家一级的有关法规在环境方面提出了新的发展方向。这就带来了一系列各种各样的特殊问题，这种合作形式可以有效地、灵活地解决这些新问题。

7.5 荷兰水行业的管理与融资

7.5.1 概述

荷兰水行业管理的历史悠久，如何将荷兰水行业管理与融资的成功经验引入我国水行业管理实践呢？为了总结荷兰的成功经验，本节首先阐述荷兰水行业现状，特别是相关主体在水行业中的角色。其次，重点介绍荷兰水务管理委员会及供水公司，其中着重分析荷兰水行业的融资方式，并提出我国可以借鉴的融资模式。

7.5.2 荷兰在水行业投入大量的资金

1994年，荷兰的水行业管理成本大约为人均386美元。其中大约16%为防洪费用，大约19%用于水量控制，大约65%用于水质控制。

为了加强和保障水资源控制和供水服务，包括荷兰在内的很多国家，投入大量资金用于水行业建设和运营。1996年亚洲开发银行的统计表明，根据亚洲城市化的发展以及人民生活水平的提高，亚洲在未来十年内每年需要将近2千亿美元的资金用于基础设施建设。换句话说，亚洲各国在基础设施建设领域需要新的资金来源，新的项目融资方式，以及新的融资工具（如国家债券、项目融资、发行股票等等）。

为了满足日益增长的资金需求，水行业除了应积极吸引私营部门的参与，同时也应采取积极措施推进政府职能改革和创新。一方面，建立相应的融资机构，积极吸引其他融资主体参与基础设施建设。另一方面，由于私营部门的参与不能完全解决水行业管理中面临的自然垄断、效率低下等问题，也不能真正建立市场机制。因此，仅仅利用中介融资机构的力量是远远不够的，还需改革水行业主管部门及相关管理机构，提高行业信誉，制定政府监管制度和规则，吸引和鼓励新的融资主体的参与。

对水行业主管部门而言，私营部门的参与（Private Sector Participation，PSP）是一种较好的融资方式。为了吸引私人资本，项目方案应认证投资主体的投资分析，阐明风险因素。在荷兰，虽然越来越多的私营部门参与水行业管理，公私合营方式被广泛运用，但是，水务管理委员会和供水公司的公有制地位是不会改变的。

理论上讲，公私合营模式的成功需要具备以下条件：

1）一定规模的设施；
2）良好的技术；
3）吸引私人资金投入的政策环境；
4）采取成本回收机制。

从荷兰的经验来看，水行业管理模式有以下特点：

1) 私有化　私有化是指在具有排他性、特权、自然垄断的行业中引入竞争机制的模式。私有化的目标是完全引入竞争机制，改善服务的质量。

荷兰有些公用事业已经采取了这种模式，如天然气、水、电、邮政、通信等。在欧洲的多数国家，供水服务正朝着私有化方向发展。这就意味着，"公有制"的运营企业具有较高的自主权，私营部门在水行业管理的地位逐步提升。

2) 荷兰WTO框架，涉及水行业服务相关内容　政府可以通过制定并实施相应的措施（如对外来企业征税），制定相应的竞争规则，避免水行业管理中的自然垄断。按照欧盟的规定，欧盟成员国可以制定针对运营企业的措施和规则，如遵循《私人法》，并允许一定的自主权。

3) 技术进步的挑战　最近欧盟通过的关于"加强并提高污水处理标准"的相关立法对荷兰就是一个巨大挑战。欧盟城市污水处理法令要求"通过减少污水排放，保证重点行业的污水在排放前进行处理"来推进环境保护。欧盟这项法令包含了相应的排放标准和指标要求。其中除氮的要求，将会导致水行业巨额的投资增量。

欧盟水行业相关的措施影响着荷兰的水行业。有些国家和地区推行自由市场，强调私有化；有些则反对私有化，建议通过完善法规与制度分散权力。后一种模式后来又演变成各种不同的分支。欧盟的相关政策措施对荷兰水行业具有非常重要的意义。

7.5.3　荷兰水行业的发展特征

通过吞并等方式，荷兰供水公司的投资规模日趋扩大。据预测，荷兰供水公司将从目前的15家，最终发展为3~6家。为了保证供排水管网系统能满足国家现代化的要求，联合和吞并需要大量的额外投资资金。同时，水资源的净化需要越来越多的增量投资。水质的破坏，以及国家对地下水开采的限制，可能会导致水处理成本的增加。一方面，关于地下水开采的相关法规，使得供水公司不得不把地下水水源改为地表水水源（给水深度处理，更高的成本要求）；另外，集约型生产的农业污染了地下水源，深度给水处理工艺显得更加重要。

7.5.4 荷兰水务管理委员会

荷兰水务管理委员会负责收集相关费用，并征收污染税。供水公司则负责收集饮用水水费。自中世纪第一个荷兰水务管理委员会成立，水务管理委员会对荷兰水行业管理具有重要作用。荷兰水务管理委员会从1850年的3500个，到20世纪40年代缩减为2500个。到现在，荷兰仍然还有53个水务管理委员会。水务管理委员会，作为荷兰历史最悠久的机构之一，曾经是"行使政府职能的机构"。水务管理委员会的董事由其所负责的本地区利益攸关者（如房地产业主、污水付费者、承租人，以及居民等）选举产生。水务管理委员会受所在的各省政府监管，各省政府负责明确水务管理委员会的职责，如图7-1所示。水务管理委员会一般具有以下主要职责：

图7-1　荷兰水务管理委员会

1）水资源控制：通过沙丘、河渠和运河等进行防洪；
2）水量控制：管理水量并保持在相当水平；

3）水质控制：防治水污染、改善地表水水质，处理城市污水；

4）其他相关任务，如管理内陆水道。

不是每个水务管理委员会都承担上述所有职责，有的水务管理委员会只负责水量管理，而有的只负责水质管理。目前进行的机构重组将水务管理委员会的数量在 2005 年减少到 27 个，其后，水务管理委员会的主要职能主要包括水质和水量管理。

水务管理委员会的资金主要来源于两类税收，以财政补贴的方式提供给水务管理委员会。这两类税收是水务管理委员会的收费和污染税。财政补贴按年划拨，1999 年荷兰投入水务董事会的资金大约为 26 亿欧元，其中大约 73% 用于运营费用，而另外 27% 用于投资建设。在运营费用中，大约 60% 用于水质管理，如表 7-3 所示。

1999 年水务管理委员会的花费　　　　表 7-3

栏目	金额（百万欧元）	栏目	金额（百万欧元）
总投资	700	—水资源控制	127
总的运营成本	1 900	—内陆道路管理	73
—水质管理	1 108	—内陆河道管理	5
—水量管理	604	总的成本	26 000

来源：荷兰水务管理委员会 2002 年联合会。

随着海平面的上升，地平面的下降，全球气候变化，以及城市化的发展，水务管理委员会将面临严峻的考验。未来 50 年地平面将下降 2~60cm，为此未来几十年内大约需要增加 50~100 亿欧元的投资。

欧盟出台的新标准、新政策成为了水务管理委员会的另一挑战。欧盟近些年出台了关于污水处理的更加严格的标准。为了达到这些标准的要求，荷兰需要在水行业增加投资。通常，这些投资来源于污染者付费和其他单位的捐赠。如果这些还不够，就需要其他的融资渠道。

7.5.5 水务管理委员会融资

如前所述,水务管理委员会 2/3 资金来源于收费和污染税,这些预算基本可以满足水务管理委员会的花费。其他的 1/3 主要来源于贷款,贷款的额度需对收费及污染税的征收情况进行评估,并对项目资本金来源进行审核。实施上述融资方式需要考虑以下因素:

1) 融资工具;
2) 必要的融资机构;
3) 创造良好融资环境的辅助性政策。

水务管理委员会收费的依据是"利用部分活动的收益来补偿水务管理委员会的主要工作的花费"。水务管理委员会利益攸关者的收益越多,需要缴纳的税也就越多。水务管理委员会的成员分类体现了各利益攸关者的分类。另外,荷兰每个污染者都需要根据地表水污染法支付费用。水务管理委员会需要利用这些税费的收入补偿水质管理所需的费用。

水务管理委员会的收费用于水质控制、水量控制、河道与道路维护所需的费用。纳税的主体主要包括水务管理委员会所辖区域内的居民、土地及财产的业主以及用户。水务管理委员会收费按照荷兰法律规定的税种进行。不同的税种有不同的纳税基数,用户可以收到账单。

1) 居民。每户居民一般支付固定费用。
2) 房屋业主。住宅的业主以及商业财产的业主需要根据其财产的经济价值按照一定比例支付费用。
3) 种植业的业主。根据其财产的经济价值按照一定比例支付费用。
4) 土地的业主。土地业主按照其所拥有的土地的面积支付费用。

根据"地表水污染法"征收的税费主要用于水质管理,包括污水处理等。水质管理所需的费用完全可以通过污染税来补偿。污染税按照"排污单位"（一般用每人每年产生的污水量来核算）征收。1999年，荷兰每个"排污单位"污染税大约为41.7欧元。每户家庭大约按照3个单位，或者是125.2欧元支付。不同水务管理委员会的污染税各有不同，一般在32~50欧元之间，大多与污水的处理成本保持一致。对于工业用户，操作方式有所区别，工业的污染税是按照水量和所排放的污水的成分征收的。税收的80%用于污水处理，20%用于改善地表水水质。

荷兰每年大约有60亿欧元的费用用于水资源控制。该部分资金主要来源于市场融资。同时，水务管理委员会也可利用贷款或者通过私人或公有部门的参与进行融资。在荷兰，私营部门参与模式应用较少，但对于发展中国家则较适用。在很多发展中国家，私营部门参与的模式已成为公认的解决水行业问题的有效途径。

融资工具主要包括银行贷款、国家债券、项目融资以及股票发行或销售等。水务管理委员会，作为政府职能部门，不能发行或销售股票，但可以采取贷款、债券，或者私营部门参与等方式。荷兰水务管理委员会一般不采用债券进行融资，而水务管理委员会银行（NWB）的重要职能是批准贷款。荷兰有部分地区的水务管理委员会也曾尝试通过私营部门进行融资。

防洪与水系统管理关系着社会生存与生活，一般不能由私营部门来负责。水行业管理机构需要选择较好的融资机构（税收与利益攸关者收益直接相关）。水行业管理的融资渠道主要包括：

1) 根据利润原则支付费用（用户付费、成本回收）；

2) 根据污染者付费原则，污染者向行业主管部门支付排污费用，包含投资。如某些个人不按要求支付税费，则所在的小区需要按照每个污染者代为支付。如果个人不支付，所在小区也不支付，则需要政府来支付。

区域性的水行业管理成本逐年上升，这也导致用户应缴费用的逐年增加。收费的标准在不同水务管理委员会之间存在差异，每个用户的费用通常在 120~205 欧元之间。传统的融资渠道已经无法满足未来不断增长的资金需求，特别是发展中国家，因此，需要采取措施吸引私营部门参与水系统的管理。

水质管理是水务管理委员会的重要职能之一。水务管理委员会用于水行业管理的 2/3 资金来源于水务管理委员会征收的税金、水务管理委员会的污染收费以及市政排水收费。这些资金可用于污水处理的相关费用。

目前，较为流行的融资工具包括贷款、国家债券、项目融资、股票的发行和转让，以及其他的包括 PPP、BOT、私有化或者项目融资等方式。

私有化模式存在很多种类型，有的是完全私有化，有的是在部分生产阶段进行私有化。不采取完全私有化的，某些部门，如运营部门可以采取私有化，或者某些活动可以委托给私营部门。因此，私营部门可以通过管理合同、服务合同或者特许经营等方式参与水行业管理。该种类型的特点是，没有实际的财产转移，主要是引入管理模式和方法。海牙地区的水净化厂的公私合营模式就是一个很好的案例。

2002 年，Delfland 水务管理委员会与 Delfluent 联合体签订了设计—建设—融资—运行（DBFO, Design-Build-Finance-Operate）合同，该项目是欧洲最大的污水处理项目，拟于 2008 年投产运行，项目持续时间为 30 年，届时将更新已有的污水处理厂。该项目既满足私营部门新建污水处理厂的要求，也符合欧盟"关于城市污水排放的相关标准"的要求。根据 Delfland 水务管理委员会的估计，DBFO 模式至少提高 10% 的效率。

该 DBFO 合同的签订，为私营部门进入荷兰水务市场打下了基础。目前，这是第一个，也是惟一采取该种模式的项目。该项目证明，未来几十年，私营部门融资模式将会得到长远的发展，也将成为决策者的优先选择。从这个案例可以看出，由于持续时间很长，需要对项目是否实现预期目标进行监督。

7.5.6 荷兰水务管理委员会银行

> **水务管理委员会银行作为中介的组织结构**
> **（该结构可以在其他国家应用）**
> • 特征：不能将资金贷给私营部门或者由私营部门控制，他们与公共部门具有良好的合作关系。
> • 信用等级：A级。
> • 利润：3980万欧元（贷款总额为185亿欧元的情况下）
> • 财务状况：较低的贷款风险，对荷兰公有部门和有限责任的公有机构具有较好信用。
> • 财务指标：自有资本占总资本的比例
> • 相关资本市场：NWB通过完全市场定价，从资本市场吸引资本介入。这些贷款主要用于水行业。

荷兰水务管理委员会银行（NWB）成立于1954年，是荷兰水务管理委员会和供水公司的主要融资机构之一。它属于国家所有，因1953年的洪涝灾害而成立（同时也参与了Delta的工程建设）。银行的职能区别于荷兰其他银行，并主要服务于各省、各市、各水务管理委员会、供水公司、污水处理厂等公用事业的长期投资。

为水务管理委员会提供长期投资是荷兰NWB的主要职能。经验表明，这项任务非常重要，特别是在很多小的水务管理委员会不景气的时候。这类银行通过政府担保，具有一定的信用，财务状况日益改善，投资项目的质量逐步提高。这些工作主要按照资本市场的规则进行。

该银行还作为水务管理委员会的融资机构，为其提供融资服务。所有的业务都在国家提供担保的前提下开展。该银行是银行债券融资的典型案例，可以代表市政府发行债券，并向市政府发放贷款。

7.5.7 供水公司

自 1850 年荷兰开始提供供水服务以来,该行业逐步发展壮大。自第一个供水公司 1853 年开始运营,该行业的发展可以总结为几个阶段:从 1853 年到 1920 年,供水公司大多是私有企业,主要为客户提供饮用水。由于供水行业最早的"私有",荷兰的供水公司一直以来都是完全成本回收。

在 1921 年到 1974 年期间,社会开始意识到供水安全的重要性。城市供水服务作为城市公用事业,归市政府管理。从 1975 年到现在,公有的水务公营股份有限公司(Public Water PLC)成为主流。该种模式的产生主要背景是荷兰政府关于水行业的相关立法,如饮用水供给法以及 1975 年对该法的修订。荷兰负责饮用水生产和(或)分配的供水公司的数量从 1950 年的 210 个降低到现在的 15 个,如图 7-2 所示。

政府公有的水务公营股份有限公司(Public Water PLC)是按照"公司法"的有关规定,以及要求国家、地区或地方政府控股的前提下成立并运营。公有股份有限公司在法律上、机构设置上,与从政府控股中独立出来的私有股份有限公司没有本质区别,包括财务透明等。但这种模式还无法保障较好的经济效益。由于各种原因,水行业自 1989 年开始通过每年进行业绩比较的方式进行行业自律。这使得原来垄断性的供水管网领域建立了委托代理市场,行业自律制度逐步形成。每年的行业自律报告需要每个单位报告服务的情况,在此基础上进行排名,并为每个单位进行信用评估。实际上,这种排名帮助政府推进公用事业朝着行业自律、更好的财务状况(偿债能力)的方向发展。

2000 年,荷兰水行业供水总成本大约为每个用户 205 欧元。不同供水公司的成本差异较大,如用地表水的供水公司的成本大约为 241 欧元,而用地下水的供水公司的成本则大约为 147 欧

来源：H₂O

图 7-2　荷兰供水公司

元。2000年，荷兰超过700万用户的总的供水成本大约为14亿欧元。其中大约47%为运营成本，10%为税，22%为资金成本，同时还有21%的折旧。在过去十年，荷兰供水行业的总投资平均每年5亿欧元，2000年的总投资为4.19亿欧元，人均大约为28欧元。大部分的投资用于配水管网（50%）、生产阶段（39%）、信息与通信技术（大约4%）。

与水务管理委员会类似，供水公司也需要在未来几十年内增加大量的投资。主要原因是企业的合并以及技术进步的要求。另外，供水公司在增加投资来满足更加严格的水质要求的同时，还要满足国家对环境管理的要求。

7.5.8 供水公司的融资

所有的供水公司都需要为其日常运营与投资进行融资。过去荷兰所有供水公司的初投资都由政府补贴支持,而现在所有供水公司都需筹措足够的资金,补偿日常的运营费用,包括运营成本、折旧以及利息支付等。经验表明,水行业日常运营所需的成本基本可以通过收费来补偿。

供水公司的主要收入来源于自来水的销售。2000 年,荷兰供水销售规模 120 亿 m^3,收入大约 150 亿欧元。荷兰政府基本不需对运营与投资成本进行补贴,但对供水公司的利润免征税收。大多的供水公司保持较低资产负债率,而且股东大多来自公共部门,只要求很低的投资回报率,因此,供水公司的利润通常都很低。

供水公司的投资来源主要是折旧、收费和积累资金,同时也可能有部分的商业贷款。据统计,折旧和利息的支出大约占荷兰供水公司总成本的 40% 左右。

荷兰供水公司可以按照一定程序在不同时期决定投资额,并通过收费来弥补日常的费用。目前,荷兰的供水公司大多在荷兰商业银行通过贷款、基金、保险公司等筹集资金,并与这些融资机构建立良好的信用关系。

与水务管理委员会类似,供水公司的主要融资方式是银行贷款、债券、项目融资以及股票的发行与转让。最近,荷兰政府禁止向非公有单位转让股票,这使得股票的发行与转让这种融资方式受到限制。项目融资在荷兰供水行业应用较少。因此,银行贷款成为主要的资金来源。供水公司可以从不同的融资机构获得贷款。大多数的荷兰供水公司通过商业银行、水务管理委员会银行、基金、保险公司等机构筹集资金。与其他行业相比,供水公司以较为优惠的条件获得贷款。目前,供水公司可以在没有政府担保的情况下获得银行贷款,而且可以享受较低的银行利率。

银行贷款对供水公司的融资非常重要，而且具备较多优势：①水系统是可持续发展的；②融资机构对供水公司非常了解，项目具有稳定的现金流来保证还本付息。

7.5.9 荷兰水行业的模式

荷兰的供水和水资源控制需要筹措大量的资金，通过对不同的资金来源的分析，特别是原有的融资渠道的分析。水务管理委员会和供水公司作为投资主体，通常能够通过不同的融资方式弥补其日常的运营费用。

荷兰政府把供水服务和水资源管理作为政府职能，但同时也鼓励水行业将部分活动通过私有化方式进行融资，如采取PPP方式。政府想利用行业自律、规模经济以及部分活动的特许经营等方式来提高行业的效益。监管职能所需的花费由中央财政支付。

如前所述，供水公司与水务管理委员会都需要大量的投资，且主要依赖于外部的融资渠道。由于供水公司具有良好的投资前景，吸引投资主体的参与，并能建立荷兰供水设施与融资机构之间的良好的关系。为了满足外部投资主体的要求，荷兰的供水设施财务管理体系以及审批制度正逐步与私营部门的有关要求接轨，如财务情况透明。荷兰原有的不同部门之间业绩比较，为这一转变奠定了良好的基础。主要的指标包括偿付能力、业绩指标等。大多数的供水公司都希望提高自身的指标。

荷兰模式的主要特征是行业自律和良好的融资渠道。在这种方式下，水务管理委员会和供水公司的管理者可以选择适合自身发展的不同的融资方式。通常，一个供水公司可以根据自身在不同时期的需要，采取多种融资方式的组合。

在荷兰水行业的经验中，有很多是值得我国的水行业借鉴的。在荷兰水行业进行融资决策中，需要重点考虑以下几个方面的因素：

1）强调水资源管理的紧迫意识，促进社会各界对水务管理委员会和供水公司的广泛支持。荷兰自1953年的洪水灾害后开始强调这种意识。

2）创造良好的融资环境，促进大型的融资机构能真正参与其中。荷兰的水行业主管部门在水务管理委员会和供水公司都采取公有制的方式。

3）水务管理委员会银行的职能类似以前的荷兰市政银行。这类银行是市政府的银行，也是为市政府而设立的，具备A级的信用等级，信用等级非常高。

4）在资金需求（水务管理委员会和供水公司）与资金供给方（融资机构）之间建立良好的关系非常重要。在过去的几十年内，水务管理委员会和供水公司在财务稳定性方面（自然垄断行业，而且政府控股）具有良好的信用，银行一般都希望贷款给水行业。在融资机构和水行业之间建立信用关系非常重要。

5）只有在收费无法执行，或者"污染者付费"无法执行的情况下，国家的规章制度才有效。水务管理委员会和供水公司在通常情况下按照良好的经济原则下进行运营和管理。

6）水务管理委员会或者政府控股的供水公司的主要角色是不确定的，他们有特殊的监管结构、合理的水资源一体化的管理工具。

7.5.10 荷兰模式成功的原因分析

荷兰模式的成功，依赖于以下因素，其中一些是可以移植到我国的：

1）利益攸关者的主动性导致的分权管理体制。在欧洲，政府的职能都委派到尽可能的最基层。荷兰的供水行业也采取了分权的管理体制。欧盟的相关文件表明，如果基层单位开展活动是有效率的，则通过基层单位来组织管理与决策。分权决策机制可以促进水行业的可持续管理。当然，分权决策机制需要有充分的能力作支撑。

2）在同一水资源区域内进行一体化的水资源管理，如供水服务的成本回收，用户付费、污染者付费等原则。

3）用户参与。虽然目前荷兰用户参与与过去相比有所下降，但目前的水行业管理仍然是民主的，用户可以直接参与。

4）政策法规体系。荷兰的政策法规体系不允许供水公司出现亏损。

5）在荷兰污染水处罚非常重要，而在我国类似的税种还在初级阶段，因此可以考虑是否增加这样的税种。

6）BOT模式，在很多基础设施建设项目中得到应用，在我国的水行业中也可以借鉴。

7.6 荷兰 Vitens

7.6.1 简介

Vitens是荷兰最大的供水企业，它是在2002年兼并荷兰东部的四家供水企业后成立的。荷兰水业追求规模经济，1999年荷兰有22家供水企业，2002年发展成为12家，在未来的几十年中荷兰水业将朝着3～4家企业这样的方向发展。Vitens正通过与附近的优秀供水企业的合作来寻求发展壮大。

Vitens的有关数据如下：

顾客：	4 百万
水龙头：	1600 万
销售量：	2.7 亿 m^3/年
市场份额：	22%
营业额：	3.09 亿欧元
平均销售价格	1.07 欧（不含税）
员工	1,071 人
管网	36.200km

7.6.2 Vitens 的组织结构

Vitens 是一家生产直饮水的高科技供水企业,拥有一百多年的悠久历史。它拥有超过 1600 万用户和超过 35000km 长的管网,为荷兰北部、东部及中部超过 4 百万人提供优质的直饮水。Vitens 提取地下水并净化达到直饮水的标准,然后把优质的水供应到客户端。所有的过程包括设计、安装、生产、配送以及后勤支持均获得 ISO 9001 和 ISO 14001 认证。

(1) Vitens 的组织架构

图 7-3 为 Vitens 的组织架构。

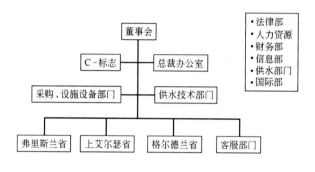

图 7-3 Vitens 的组织架构

1) 董事会

董事会最终负责公司所有的业务,并负责向监事会和股东报告。董事会根据水业所面临的经济政策环境决定公司战略和企业目标,并保证这些战略和目标的实现。

2) 商业运作

Vitens 的生产、净化以及直饮水的配送业务在三个区域性的分公司进行,这几个区域公司高效运转,他们运用一致的标准化工艺和原材料。如果 Vitens 将来在荷兰其他地区成立新的区域性公司拓展业务的话,新的公司也会采用相同的组织架构融入到Vitens特有的管理模式中。

使用诸如SAP（企业资源计划系统）这样的ICT（信息和通信技术）解决方案大大增强了生产流程的标准化。

3）客服部门

客服部门负责搞好与客户的关系。读表、账单以及客户地址的变动等都有合同规定，当客户由于配送的原因断水或者对水的质量有疑问的时候，他们可以打电话给客服部门。

4）研发

研发部门负责所有阶段的水质监控，包括原水、已经处理过的水还有客户水龙头流出的水。Vitens供应的水的品质是世界领先的，为了保证水质，研发部门每天从水井、生产环节、水网管线以及客户的水龙头中提取数百份水样进行化验分析，这样就保证了Vitens的水符合水供应法案和水法中对288个参数所规定的标准，这样也满足直饮水对色、味、硬度以及卫生的要求。一旦不符合这些规定，就需要咨询卫生部的巡视员，这些巡视员也监督水质控制过程。

5）工艺技术部门

Vitens的供水工艺技术部门包括工程部、资产管理部、研发部以及技术等部门，专业化要求这些部门整体运作。Vitens的供水工艺技术部门还负责推动创新、标准化作业和为各个区域公司提供有针对性的支持。

6）后勤部门

后勤部门（包括财务、人力资源及交流部门）提供不可或缺的管理信息，为董事会推动企业业绩增长提供支持。采购部门和设备设施部门保障各个区域公司得到所需的资源。

(2) 企业财务状况

我们从资产负债表、损益表以及一些关键指数分析Vitens的财务状况。

1）2003年公司经营成果

- 营业额　　　　3.09 亿欧元
- 净利润　　　　1800 万欧元
- 已付股利　　　600 万欧元
- 利润率　　　　5.8%

Vitens 力图在价格（表现在营业额上）和给予股东公平的回报（分红）间达到平衡。

为了达到这样的平衡，Vitens 考虑公司最重要的支撑即客户、股东以及提供贷款的金融机构。金融机构的贷款利率依据他们回收贷款所面临的风险大小而定。

企业要求必要的利润率是基于以下三个方面的目的：
- 提高企业运营能力
- 提取公积金
- 发放股利

董事会从以上三个目的出发，在利润率上达成了一致意见。在利润的追求上达成一致非常必要，因为 Vitens 是一个非营利性组织，企业的目标是以尽可能低的价格提供高品质的直饮水。

2）每个用户的成本　2003 年每个用户的成本是 263 欧元，如图 7-4 所示，由以下几部分构成：
- 运营成本　　　153 欧元
- 税金　　　　　31 欧元
- 折旧　　　　　35 欧元
- 利息　　　　　44 欧元
- 总计　　　　　263 欧元

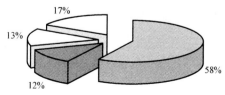

图 7-4　每个用户的成本构成

Vitens要求通过售价来收回所有的运营成本,这样的话资产成本(折旧加上利息)占售价的比重为30%,因为利息率较低的缘故,所以这样的比重还是相对较低的。

根据每个用户的成本参数来对荷兰供水企业进行评级,这是一个很好的评价企业效率的指数。

2003年的实际成本是:
- 运营成本:2.455亿欧元(包括税金4990万欧元);
- 折旧:5760万欧元;
- 利息:3200万欧元。

Vitens是一个资金密集型企业,拥有数量庞大的管线和生产车间,这就是折旧很大的原因。Vitens可以通过寻找能获得稳定收益的长期投资项目来影响成本因素,项目评估中非常重要的就是要综合考虑工程师的设计理念、市场需求、法律环境、行业标准、工艺技术以及经济回报。

在荷兰,供水企业按一套固定的价格系统提供直饮水,这使得供水企业的年度收入非常稳定,基本没有风险。因此,银行等金融机构愿意以较低的贷款利率提供贷款。尽管这样,还是可以通过和银行的谈判来进一步降低利息成本。

3) 运营成本 2003年的除开税金外的运营成本是1亿9650万欧元,人工成本占37%(包括社会保险税),Vitens的人均薪水是67.507欧元,如表7-4和图7-5所示。

运营成本明细表 表7-4

成本项目	数额(单位:百万欧元)	占整个运营成本的比重(%)
原材料	7.9	4
外购材料	41.8	21
人工成本	9.9	5
能源	9.0	5
其他成本	45.1	23
薪水成本	72.3	37
重组费用	9.6	5
总计	196.5(除税金外的运营成本)	100

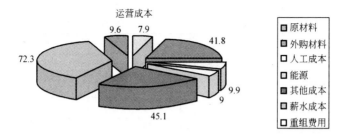

图 7-5 运营成本构成比例

企业通过有效的管理能直接影响运营成本。运营效率是指产出一定,成本最小,或者成本一定,产出最大;运营成果通常与是否达到企业的目标相联系。

Vitens 通过固定人员和外聘人员之间最佳比例来实现对经营成本的影响。对于像 Vitens 这样劳动密集型的企业,雇佣项目中的建筑和工程人员比 Vitens 自己完成所有的工作更加便宜。通常雇佣工程人员的花费比较低,而固定人员需要定期付给工资,这样 Vitens 将雇用风险最小化。

与供应商谈判和提高生产过程的自动化水平也能降低运营成本。

4) 资产负债表　合并的资产负债表,详见表 7-5。

合并的资产负债表　　　　　表 7-5

资　产		负债及所有者权益	
无形资产	5.9	长期负债	656.3
有形固定资产	1116.2	短期负债	129.7
房地产	270		
机器设备	69.1		
管线	731.9		
其他固定资产	11	负债	786
存货	34.2		
投资及债权	5.1		

续表

资　产		负债及所有者权益	
固定资产	1127.2	所有者权益	406.5
流动资产	65.3		
股票	1.4		
债券	61.8		
现金及现金等价物	2.1		
资产总计	1192.5	负债和所有者权益	1192.5

① 无形资产　投资者作为资本金或者合作条件投入的无形资产按照评估确认或者合同、协议约定的金额计价；购入的无形资产，按照实际支付的价款计价；接受捐赠的无形资产，按照发票账单所列金额或者同类无形资产的市价计价。

② 固定资产　购入的固定资产，按购买价减去折旧和折扣的价值计算。

③ 投资及债权　根据财务政策以及合并会计政策，参与投资、控制并分享所投出的固定资产产生的利润，这样的固定资产按净资产价值计价，其他的按照购买价格计算。有价证券（长期投资）按购买价格并考虑由于时间跨度导致的贬值计算。其他的应收账款（包括承诺贷款）按面值计价。

④ 股票　股票的计价按购买价与市场价值两者中较小的计算。在建工程按照实际发生的成本减去为非正常性损失提取的准备金后的价值计算。

⑤ 债券　债券按照面值减去坏账准备金计价。

⑥ 现金及现金等价物　现金及现金等价物按照面值计价。

指数

- 股东权益：24500 万欧元
- 净资产：110500 万欧元
- 放出的有利息借款：78600 万欧元
- 投资：7500 万欧元

Vitens 一直致力于减小资产负债表的规模,因为庞大的资产项目超过企业规模将对企业运营没有好处,毕竟资产每天都需要经费的投入。Vitens 致力于用各个不同的方式来影响资产负债表的资产项目。通过很好地管理投资项目,可以减少工程行进中的工作量。

通过运行一套高效的客户管理程序,Vitens 可以减少应收账款的数量。收到账单后,客户还是倾向于尽快付款的,40%的客户授权 Vitens 从他们的银行账户自动扣款。

最后 Vitens 通过减少公司存货来减少资产负债表上的总额,当一个公司的存货周转率低的话就意味着这家公司的存货很多,经理则需要减少存货来提高运营水平。

5) 损益表,如表 7-6 所示。

损益表　　　　　　　表 7-6

	2003 年	2004 年
1　营业收入	348.3	350.9
主营业务收入	308.7	302.4
＋自用生产性产品	8.4	10.5
＋其他业务收入	31.2	38.0
2　营业支出	298.5	314.6
转包合同和营业外支出	168.6	166.3
人事费用	72.3	87.1
折旧和摊销	57.6	61.2
运营结果(1−2)	49.8	36.3
财务费用	32	35.3
利息及类利息收入	0.4	0.7
利息及类利息支出	32.4	36.0
税前利润	17.8	1.0
投资收益	0	0
税后利润	17.7	1.0

决定损益表结果的会计政策

① 一般性原则　公司已将商品所有权上的重要风险和报酬转移给买方,相关的收入、成本能可靠的计量时,确认营业收入和成本;在劳务已经提供、收到价款或取得收取价款的证据时,确认劳务收入和成本。

② 营业收入　直饮水收入是以水运送到第三方并全部交货来确认的,收入的数据是依照预先订立的合同或意向价格确定,至于未决定的那部分按照历史数据估计价格。

③ 自用生产性产品　企业为生产有形固定资产而发生的企业自身运营成本归结在"自用生产性产品"下,这个科目大体上涉及直接的人事费用。

④ 退休金成本　每年的退休金成本包括企业为受雇人出钱的那部分退休金,退休金与已经完成的业务相关,不涉及未来薪水的增长。

⑤ 折旧和摊销　有形和无形资产在使用期内按照直线法折旧和摊销。

6) 投资　为了保持资产良好的状态,也为了能满足客户的需要,企业必须投资,2003～2007年的总投资额为3.85亿欧元。这些投资大致可以分为以下三类:

- 生产:设备更新(直饮水的脱色、除臭)
- 配送:管网更换或延伸
- 其他:研发等

投资来源于企业提取的固定资产折旧、盈余公积金和商业贷款。企业的最终目的是保证投资的规模小于固定资产折旧,如果超出,则超出的部分最好用盈余公积金来提供,最理想的状况是投资额度等于固定资产折旧。Vitens在长期的财务计划中考虑了每年7500万欧元的投资额,这就是说如果Vitens想保持长期可持续发展的财务状况的话,每年需要提取同样金额的折旧。虽然Vitens理想的投资额是每年7500万欧元,但是公司却想扩大投资，这样的情况下就需要进行长期贷款融资。当这部分超过折旧的投资已经完工，Vitens 就需要提高产品售价，因为仅仅靠贷款最终会使得 Vitens 面临偿付风险。

Vitens 是一家具有垄断地位的政府投资企业，通过控制价格就可以保证未来的现金流。对银行来说这意味着贷款给 Vitens 事实上没有风险，这样 Vitens 就通过和银行谈判获得几乎等于银行同业间拆借利率（市场利率）的贷款利率。普通公司的贷款利率比市场利率高 1.5%～3%，而 Vitens 的贷款利率只高出市场利率 0.3%～0.6%。2003 年具体的投资情况详见表 7-7。

2003 年具体投资情况（单位：千欧） 表 7-7

生产设备投资	25.740	其他投资	8.021
管网投资	33.648	总投资额	73.865
信息系统投资	6.456		

7.6.3 各方面的运营指数和信息

（1）配送管网长度（表 7-8）

按照材料划分的管网长度 表 7-8

	运输网(km)	配水网(km)		运输网(km)	配水网(km)
石棉水泥	10	8.299	聚氯乙烯(pvc)	180	23.167
铸铁	0	3.158	聚乙烯(PE)	0	799
钢	0	133	其他	0	423
混凝土	23	9	总计	213	35.988

（2）人力资源指数（表 7-9）

人力资源指数（人） 表 7-9

	职员	雇员	总人数	经理	经理控制范围
弗里斯兰省地区	119	2	121	10	12
上艾瑟尔省地区	192	2	194	15	13
格尔德兰省地区	245	7	252	20	13

续表

	职员	雇员	总人数	经理	经理控制范围
客服	104	24	128	8	16
Vitens 供水工艺部门(VWT)	183	25	208	7	30
企业资源管理信息系统 ICT、采购等	61	22	83	5	17
总部办公室	66	11	77	12	6
平均					15
总计	969	92	1062	77	

注：Vitens 职工的平均年龄是 45 岁，大约 2% 的薪水成本用于全体职员的再培训。

(3) Vitens 的供水平衡表（表 7-10）

供水平衡表（$\times 10^4 \text{m}^3$） 表 7-10

	2003	2002
进入 Vitens 处理的水	270.8	263.4
生产过程中的损失	8.0	5.7
生产出的清洁水	262.8	257.7
外购的清洁水	3.8	2.0
生产和外购的清洁水	266.6	259.7

注：荷兰平均每人每年消费 125m^3 水（包括工业用水），这就是说 350L/(人·d)，其中家庭用水 130L/(人·d)。

7.7 印度政府通过 BOT 模式进行城市基础设施项目融资

7.7.1 概述

随着印度经济的持续发展，人口的迅猛增长（2%），以及城市化水平的逐步提高，城市基础设施需要大量的投资。根据城市基础设施规划估算，目前印度政府大约需要 1500 亿美元投资于城市基础设施。印度政府在以前也曾进行类似的资金需求估算，但是没有尝试采取 BOT 方式进行融资。具有社会主义倾向的国会党不希望私营部门的参与，有些政客甚至提出"利用外汇储备来解决国内的基础设施建设"。这些观点表明，政府担心未来城市基础设施服务水平无法满足印度经济社会的持续发展的需要（估计年增长率超过 6%）。

本节主要介绍印度利用 BOT 模式进行基础设施的融资，特别是供水及卫生设施融资的经验总结。在 25 个城市的统计中，有 44 个供水及污水处理机构已采取措施吸引私营部门的参与。全国有 55 个城市已经开始实施印度最高法院批准的 BOT 模式，如在垃圾处理行业通过"废物—堆肥"技术和"废物—能源"技术吸引私营部门的参与。据估计，大约 35 个公用事业单位已经开始 BOT 运作，而其他的单位也正在启动。

7.7.2 分权制度与城市发展基金

印度第 74 次宪法修正，推动了分权制度的发展，同时也建立了国家融资机构（SLFI）。自 1992 年开始，印度成立了一批基础设施建设机构，为地方城市主管部门的基础设施建设与运营提供必要的融资服务（如贷款或者预付款）。国家融资机构已经成为中央政府向各级市政府提供援助的部门。之后，住房与城市发展协会的贷款也通过国家融资机构发放。对私人或半公有的部门与单位调查表明，90% 的部门和单位愿意投资基础设施建设。私营部门越来越多地参与印度城市基础设施建设，是必然的发展趋势，这将进一步减少现有的国家融资机构的压力。

印度政府已经制定了各种措施，鼓励和吸引私营部门参与。在开放资本市场之前，需要建立健全良好的投资环境。

1）通过市政基础设施发展基金或者国家融资的方式，协助印度地方政府加强基础设施建设。

2）所有的地方政府需要与资本市场接轨。地方政府应建立健全市政财务会计制度，并推进财务管理体制改革。各城市政府应建立健全国统一的地方政府会计规范,并及时建立相应的财务报告制度。

7.7.3 城市基础设施融资机制

1999年的印度基础设施报告指出,印度基础设施引入债务市场需要在深度上和广度上分步实施。在利用债务市场之前首先要建立有效、可行的市场来发行政府债务。同时应建立健全相应的制度,吸收长期存款,特别是保险和养老基金。另一方案是通过信用风险担保,提高城市基础设施信用。同时,应继续提高外国贷款机构的投资比例,作为基础设施项目的资本金,撬动金融市场的其他资金的参与。这种方式可以通过国际金融机构实施。

印度每个州都成立了不同的融资机构,并采取各自不同的措施来提高效率。国家融资机构一般都具有项目立项、项目管理和项目融资等职能。印度的国家融资机构一般包含覆盖上述各种职能的机构网络。国家融资机构履行职能的多与少,体现了效率高与低。印度基础设施项目目前面临的最突出问题,并非有效的资金来源,而是项目前期准备不足,特别是地方政府在项目前期阶段缺位。

印度基础设施融资存在以下问题:

1) 建立新的融资机构,还是利用现有的融资机构?
2) 财务和行政体制改革的必要性在哪里?
3) 基础设施项目融资机构是否必须是私人或者公共部门?
4) 什么样的融资工具可以吸引私营部门的投资?

(1) 建立新的融资机构或者利用现有的融资机构

印度很多如Rajasthan项目发展协会的组织机构,通常由印度大型的银行与项目相关的政府部门共同建立,是印度公私合营的典型代表。这类组织机构涵盖了项目准备阶段、进行项目融资等阶段。银行比较容易接受这种模式,但需要进行风险分析,并将风险和多元化战略直接与投资主体联系起来。从印度Gujarat

的案例说明，利用现有机构进行融资相对较好。

印度每个州在对融资机构的立法、中介机构的类别等方面都存在差异。Gujarat基础设施发展协会是一个国家级单位，旨在推动重大基础设施的投资，如机场、电力和主要道路等。该协会层次较高，不直接与地方政府进行合作，而直接受国家元首的领导。

Gujarat项目中，在项目立项和融资活动两个阶段都积极吸引私营部门的参与。该种方式既有利于重大项目的前期准备、包装、合作经营，也利于政府推行必要的政策革新。国家政府调整了以下两项职能：

1) 推动地方政府改革，并承担具体项目的准备工作；

2) 授予地方权力，实施发展战略，并根据地方政府改革的实际经验进行推广和应用。

(2) 财务和行政体制改革的必要性在哪里

Gujarat基础设施建设的主要障碍并非资金来源不足，而是贷款能力的不足。印度水行业在面临巨大机遇的同时，也面临着很多的挑战。为了鼓励和吸引私营部门的参与和私人资本的投入，印度市政相关法规的相关限制性条文需要进行修订。此外，还需要编制关于私营部门参与的合同示范文本。

Gujarat基础设施已经改变了过去的发展模式和方法。该州最大的城市Ahmedabad，通过建立信用等级体系和发行债券的方式积累了很多成功的经验：建成了一些收费公路的同时，也吸引了私人融资机构参与基础设施项目。由州政府制定并实施的2000年基础设施发展计划，为该州基础设施建设和发展提供了前景和发展战略。该州是印度最早起草BOT相关法规，也是最早与私营部门实行特许经营，并取得很多成功经验的地区之一。

印度与美国合作的"关于财政体制改革与创新"项目，自

1996年启动，积极推行市场机制在城市水行业及卫生设施的应用。引入市场机制使得供水和卫生设施服务的运营管理的财务体制更加透明，融资渠道进一步拓展，激励机制进一步形成，服务质量进一步提高。自Ahmedabad市政组织首次利用资本市场发行市政债券（1998年）的方式进行融资以来，印度累计发行了12种市政债券，筹措资金约2.7亿美元用于基础设施。自1999年，印度政府通过市政债券收益免税的方式鼓励和推进市政债券的发行与认购工作。之后，印度政府要求加强对贫困人口提供服务的要求，包括在Ahmedabad形成贫民区服务网络等，并使之制度化。

7.7.4 基础设施是否可以通过私营部门和公共部门融资

Gujarat项目通过多家单位共同组织项目前期、项目融资、项目单位，并利用Gujarat城市金融委员会（GMFB）构建SLFI服务网络，使市政融资委员会成为本地基础设施的能力建设机构。项目的立项和融资主要由私营部门完成。

以Bangalore为例，虽然该地的供水行业正在开展私有化的试点，但该地给水排水委员会目前仍须对城市贫困人口获得基础设施服务进行补贴。对于同一城市或地区，接受基础设施服务的每个用户的收费标准应该是统一的。

> **在印度Bangalore（Karnataka）私营部门参与的失败项目**
> 1. Cauvery供水BOT项目，从1997年开始，失败。
> 2. 对原系统的ROT（Rehabilitation-Operate-Transfer）项目，从1997年开始，失败。
> 3. 两个独立的污水处理厂项目的BOT项目，1997年开始，失败。

值得庆幸的是，通过发行债权的方式，Bangalore完成了基础设施建设的融资。由于所有的社会公众、议员、资助方，以及亚洲开发银行等各个方面的支持，一个良好的财务体制，更加透明的会计制度正在形成。

7.7.5 吸引私人资本投资基础设施领域的主要方式和措施

印度吸引私营部门的参与城市供水和污水处理领域分为两个阶段：第一个阶段大约从1994年到1999年，第二个阶段大约从2000年至今。

（1）随着印度政府提出私有化改革和权力分散化的要求，90年代中期印度掀起了城市基础设施改革的热潮

继电力行业改革之后，城市水行业也进行了改革。改革的主要原因是公共部门的资金不足，急需私营部门资金的投入。在这个阶段有25个城市采取措施吸引私营部门参与，详见表7-11。只有少数的项目，如Tiruppur给水排水项目，Alandur排水项目，以及Chennai运行和维护项目取得了成功，大多数的项目都由于各种原因导致失败。究其原因，主要包括：

1）改革缺乏必要性，改革缺乏明确的责任和义务；

2）缺乏清晰的PSP范围和框架（在水行业，很多水源项目采取了BOT模式，但是配送系统及客户服务系统的管理和改进没有得到足够重视）。

3）项目立项和合同签订缺乏严密性。包括风险管理、对于财务偿债能力等缺乏足够的重视。

4）缺乏水质控制和立项融资的能力。

5）缺乏政策支持，以及更高层次政府合理的法律法规体系。

6）缺乏更广泛利益攸关者的参与和建设。

7）由于领导的移任或者竞选失败，对项目的支持力度缺乏连贯性。

8）在城市范围内，项目缺乏更广泛的所有权。

9）部分认为"私营部门存在威胁"的人群的强烈反对。

1994~1999 年之间私营部门参与的情况　　　　表 7-11

	城市	私营部门参与供水及污水处理的情况
1.	Tiruppur	从 1994 年开始,工业和市政用水,以及污水处理项目采取 30 年特许经营的方式。自 2001 年发布了"推进承包商的通知"后开始实施
2.	Hyderabad	从 1995 年开始,Krishna 批量供水采取 BOT 方式,已废除。 从 1996 年开始,利用 BOT 建设污水处理厂,已废除
3.	Cochin	工业供水项目:1996 年开始预可研,尚未开始招标
4.	Bangalore	Cauvery 供水 BOT 项目,在 1997 年开始实施,失败。 现有设施实施从 1997 年开始,失败。 两个独立污水处理厂的 BOT,自 1997 年开始,失败
5.	Chennai	污水处理厂的 BOT 项目,自 1997 年开始,失败。另外,少数泵站、污水处理厂的运行维护合同顺利实施
6.	Goa	供水水源建设和水处理厂的 BOT 项目,自 1997 年开始实施,失败
7.	Pune	供排水系统的建设、融资和转移项目,自 1997 年实施建设、融资、运行和收费系统。在 1998 年失败
8.	Dewas	对于私人对国家工业、生活供水及排水系统实施长期的特许经营。自 1996 年开始实施,现在正在进行
9.	Vishakapatnam	工业和生活供水系统的长期特许经营,自 1996 年开始实施,在 2003 年初期完成了土建工程的采购工作,目前正在财务条款的谈判
10.	Nagpur	水处理、运输、分配系统的 BOT 项目,自 1998 年开始,在 1998 年失败
11.	Kolhapur	供排水、固体废弃物处理的 BOT 项目,在 1997 年开始实施,在 1997 年失败。固体废弃物部分目前正在按照 BOT 项目安排进行土建工作
12.	Surat	供水和污水处理的长期特许经营项目,在 1998 年开始实施,在 1998 年失败
13.	Alandur, Tamil Nadu	污水处理系统 14 年的 BOT 项目,在 1997 年开始,在 1999 年签订合同,土建在 2003 年完成
14.	Haldia	供水水源 BOT 项目,在 1998 年开始实施,在 1998 年失败

续表

	城市	私营部门参与供水及污水处理的情况
15.	Four towns in Karnataka	在 Mysore、Hubli-Dharwad、Managlore 和 Belgaon,由 Anglian 水国际的组织下,在适度投资规模下进行运行和维护。在 1998 年开始实施,失败
16.	Kakinada in AP	Northumbrian Lyonnaise 国际组织的适度投资运行和维护。在 1998 年开始,失败
17.	Tamil Nadu	Villapur-Cuddapore 供水采取了 BOT 方式。四个污水处理项目采取了 BOT 方式,如 Pallavaram、Erode、Karur、Tambaram 等城市。文件在 1997 年发布,目前正在进行中
18.	Delhi	水处理 BOT 项目。在 1998 年进行讨论,目前尚未有行动

来源:Mehta Meera(1999)。

总结上述经验,印度的业内人士普遍认同,要将改革的重点,从早期的强调增加供水能力,调整为加强对供水分配系统和服务质量的管理。同时,为了更好地面向消费者、面向市场,需要逐渐加强机构重组,使政府职能与运营职能分离。虽然,业内人士对行业需要采取的措施具有各种观点,但有一点是统一的,就是要尽快采取相应措施。

(2) 中央政府和部分地方政府积极行动,研究制定促进国内水行业改革的合理的政策体系和激励机制

印度政府提出要求建立城市发展基金,为行业改革提供激励措施;同时也要求建立印度政府或者州级的融资机制,为中小城镇的基础设施提供融资途径;同时,也开始讨论水行业的政策法规体系。

Maharashtra 州已经与利益攸关者进行协商并开展对水行业的综合评估,向主管部门 Sukthankar 委员会提出了可供借鉴的建议和措施。同时,调整了相应的资金支持计划,包括利用国家财政资金的 30% 建立激励体系,改善和提高行业效率,如减少水资源与能源的浪费等。另外,该州发布实施了私营部门参与的相关规章和办法,研究制订专门针对供水和污水处理行业的法律

法规体系。Karnataka 政府目前正在研究制定城市供水行业法律法规体系，而 Gujarat 政府也开始启动法律法规体系的制定工作。尽管如此，印度全国范围内，只有少数关于鼓励私营部门参与城市基础设施的成功案例，包括 Navi-Mumbai 和 Bangalore。

7.7.6 需要做什么

印度还需积极采取错措施，继续推动私营部门参与城市基础设施管理与融资的进程，包括：

1) 各种类型的服务合同（如年度服务合同）；
2) 利用私营部门的参与提高效率，节约成本；
3) 效用分享或者双赢组合等。

只有通过成功的示范，才能推动整个国家改革的发展，如表 7-12 所示。

正在开展的私营部门参与的特点和现状　　　表 7-12

	城市	私营部门参与的现状和特点
1.	Bangalore	在 2001 年，管理合同的设想提出，拟在 2 个 100 万人口的两个示范点开展。合同主要包括运行和维护，以改善服务质量和服务效率。Vivendi 和 Northumbrian Lyonnaise International 的联合体在 2001 年报送了建议书，2002 年开始谈判，2003 年谈判破裂
2.	Karnataka 13 towns	在世界银行的支持下，Karnataka 政府 1999 年提出在 13 个镇开展运营和维护的合同管理的建议。经过前期工作，后来在 2003 年减少为 3 个。目前正在开展采购工作
3.	Mumbai	拟在某 100 万人口的地区开展运行维护的合同管理，在 2000 年提出，目前正在开展前期工作
4.	Sangli (medium town), Maharashtra	拟在一期开展管理合同，在二期开展特许经营。在 Maharashtra、IL&FS 和 FIRE 项目的支持下，2000 年开始实施，2002 年开始采购工作，在 2003 年 1 月取消

续表

	城市	私营部门参与的现状和特点
5.	Hyderabad	拟按照 Johannesburg 的模式开展机构重组,或者按照 Manila 的模式进行特许经营。2001 年 6 月开始实施
6.	Greater Noida	给水排水的 7 年的运营维护合同以及污水处理厂的投资建议。在 Feedback Ventures 有限公司的支持下,从 2002 年开始,目前正在进展中
7.	Jamshedpur	2001 年由 Vivendi 提出的工业镇区管理合同。Vivendi 签订了 2 年的前期合同
8.	Zahirabad in AP	整个系统 BOT。在 2001 年开始实施,在 HMWSSB 的支持下,目前正在进展
9.	Delhi Jal Board	10 年运营和维护的水处理厂合同,在 2001 年签订
10.	Navi-Mumbai	城市已有几个供排水的年度服务合同,大多是在劳动合同的基础上修改的。拟调整为统一的三年周期的业绩合同。目前正在采购阶段,合同可能在未来的几个月内签订
11.	Bangalore	拟在示范点开展渗漏检测和降低漏项工作,在 2003 年 4 月与泰晤士 and L&T 签约

在地方政府或城市的层面,目前尚有很多问题急需该地区政府职能转变过程中进一步解决。政府监管的很重要职责就是公用事业服务。没有一个国家可能在全国范围内进行大规模的、广泛的政府改革。在地方政府或城市范围内进行政府公用事业改革就显得非常重要。只有在地方层面解决公用事业所面临的问题,才能启动城市公用事业可持续的改革和发展。这些问题包括:

1) 机构重组,建立具有自主权,又能承担责任的法人实体,使得服务面向消费者和市场;

2) 从对供应商的关注转变为对设施服务的关注,重构地区供排水管理委员会;

3) 通过私营部门的参与,促进资源的有效配置,降低成本,提高效率,加强城市基础设施服务的信誉;

4) 调整融资结构，使之符合市场经济条件下融资工具和融资政策等要求；

5) 中央政府和州政府建立转制基金，保证改革的顺利进行；

6) 改革人力资源管理体制，包括社会保障体系的建立；

7) 制定或修改州政府和国家政府的规划，利用规模经济来推动城市贫困人口服务质量的提高；

8) 建立针对城市供水和污水排放、处理和循环利用的法律法规体系；

9) 简化或修改与市政行业相关的法律法规，明确基层的责任义务；

10) 真正放权（出租城市），使得职能自治与财政自治；

11) 国家和州级政府建立服务体系，为各城市改革提供能力建设。

为规范公用事业服务的供应商，州级政府应建立相应的供排水法律法规体系，以推动改革的进程。改革的主要目标是：

1) 改善服务的质量，包括消费者的权益。

2) 防止公用事业行业的浪费，保证服务的可持续发展。

3) 建立良好的投资环境。法律法规体系的建立，将极大地推进改革，避免主观确定服务价格和服务质量，促进基础设施领域的新增投资。

4) 使相关单位更加透明、负责，并以客户为中心开展工作。

Maharashtra 和 Gujarat 已经启动了关于法律法规框架的对话。继续深化改革，需要政府主管部门具有一定的勇气和信心，把深化改革列入日程。需要通过交流、咨询，并对更广大社会公众进行培训，提高社会公众的意识。

印度近十年来基础设施领域在进一步的改革中摸索出了成功的经验和失败的教训。为了在成功的基础上再接再厉，在失败的基础上亡羊补牢，印度还需要在全国范围内进一步推进改革和发展。

7.7.7 结论：积极拓宽基础设施融资渠道

为推进拓宽印度基础设施融资渠道，世界银行和亚洲开发银行在印度现有部门成立中介机构（不直接创建新的部门），为本地基础设施建设提供贷款。这种融资机构在印度基础设施投资建设领域具有重要意义，因为这些机构能够承担政府主管部门缺乏的责任和义务。这些机构通过各种各样的方式方法，追求自身的发展目标和方向，这是政府意料之外的。因此，政府在建立健全基础设施投融资环境时可能考虑不周，需要深思熟虑。

由于政府部门或多或少存在一定的官僚作风，经常忽略财务问题，而且又没有充沛的资金和能力来聘请财务专家，很多投资决策依赖于政客的观点。因此，私营部门需要更多专家的介入。

政府建立 SLFI，是为了与私营部门开展竞争。由于项目前期投入不足或能力低下，应在印度各州开展城市基础设施的试点示范项目，真正引入"成本回收"，积极吸引私营部门的投资、国际资本流入。目前，利率相对较高，而政府又承诺为偿还贷款和债券提供担保。

鼓励和支持私人融资机构参与印度基础设施建设。由于基础设施投资规模大，难度高，政府难以独立完成。而且，由于印度政府财力的限制，庞大的基础设施建设工作应另辟蹊径，创造条件吸引私营部门的参与。政府的职能应着重对私营部门的监管。

私营部门可以通过研发新技术，实施分类计价、引入竞争机制，降低价格等措施，提高城市基础设施的运营效率。另一方面，政府则重点承担监管职能，观察价格是否在居民承受范围内，特别是贫困人口，关注服务质量是否达标。按照经济学的理论，所有这些需要良好的法规体系来保障。

印度是一个大国，但只能选择采用欧洲模式或者美国模式发行城市基础设施债券。第 74 次宪法修正明确提出，各级政府与私营部门应占有等额股份，这使得地方政府需要足够资金支持，才能拥有等额的股份。可行方案是,最大程度实施"用户分类定价",充分利用地方税收、政府间转移支付,以及可能的私营部门的捐赠。

建立城市发展基金,也是城市基础设施融资的新途径,但它不能替代资本市场。各城市如果要建立城市发展基金,就必须进行改革,通过项目前期为融资机构提供可行的融资建议。

城市发展基金是适合较大城市的一种新思路。通常,大城市具备较为完善的资本市场,如 Ahmedabad 可以通过发行债券进行融资。多大规模的城市可以采取城市发展基金的方式?这种方式可能会伴随着哪些问题?城市发展基金允许各城市首先进行改革,此后再进行大规模的投资。印度已经开展一批卓有成效的活动,并在试点各类模式和方法。

BOT 是印度最早的融资工具之一。城市基础设施采纳 BOT 需考虑以下几点:

1) 立法的要求;

2) 银行可以提供贷款;

3) 实施 BOT 的项目要开展良好的成本效益分析;

4) 基础设施融资项目应该具有正的现金流,来保证私营部门投资的回收。

若以上条件都符合要求,BOT 是基础设施融资很好的选择。

参考文献

1 史惠祥. 小城镇污水处理工程BOT. 北京：化学工业出版社，2003
2 P. 贝利等，投资运营的经济分析：分析方法与实际应用. 北京：中国计划出版社，2001
3 周律主编. 中小城市污水处理投资决策与工艺技术. 北京：化学工业出版社，2002
4 奥吉尼斯等. 城市环境管理可持续发展，北京：中国环境科学出版社，2003
5 王俊豪. 政府管制经济学导论，北京：商务印书馆，2001
6 王俊豪. 中国自然垄断经营产品管制价格形成机制研究. 北京：中国经济出版社，1998
7 大岳咨询有限公司. 公用事业特许经营与产业化运作，北京：机械工业出版社，2004
8 朱会冲. 基础设施项目投融资理论与实务，上海：复旦大学出版社，2002
9 马秀岩. 项目融资，大连：东北财经大学出版社，2002
10 赵国杰. 工程经济与项目评价，天津：天津大学出版社，1999
11 国家环保总局. 排污收费制度，北京：中国环境科学出版社，2003
12 田春生. 世界主要国家市场模式的变革趋势，中国社会科学院论文集，2002
13 李德标. 北京市城市基础设施投融资体制改革研究
14 薛乐群. 探索市政公用投融资改革的有效途径，《中国建设报/中国水业》第22期
15 杨万东. 一种适合我国小城镇污水处理厂的建设方式——BOT方式的探讨，贺李圭白院士七十寿辰学术论文集
16 李玉庆. 污水处理厂运行成本控制探讨，《中国建设报/中国水业》第

30 期

17 何维华. BOT 方式建设成都市水六厂 B 厂的介绍和启迪，中国水网
18 金永祥. BOT 项目的结构设计
19 金永祥. BOT 项目的运作程序
20 金永祥. BOT 项目主要商务条件介绍——价格
21 薛军. BOT 运作实践与风险
22 大岳咨询有限公司. 浅谈北京第十水厂 BOT 项目和上海浦东自来水股权转让项目
23 大岳咨询有限公司. BOT 项目的开发周期
24 奚希. 城市污水处理设施投融资的基本特征及策略
25 周斌. 华东地区城市污水处理厂运行成本分析，中国给水排水
26 褚俊英. 城市水环境基础设施融资分析，环境保护，2001-12
27 张秀华. 污水处理工程建设项目招投标案例分析
28 杨万东等. 小城镇污水处理厂的 BOT 建设方式
29 仝泽红等. BOT 模式在我国城市污水治理中的应用，环境经济，2003-3
30 尹淑坤等. 城市垃圾处理厂市场化运营模式分析，21 世纪青年学者论坛。2003. 12
31 王焱等. 水环境建设运营模式研究，北方环境，2004. 12
32 李仕林. 城市环境基础设施市场化改革制度设计要点
33 李仕林. 城市污水处理中的市场化与半市场化
34 李仕林. 污水和垃圾处理问题上的 BOT 与市场化
35 盛洪. 公用事业的定价问题
36 茅于轼. 公用事业的收费标准
37 茅于轼. 公用事业的收费原则
38 原国家计委宏观经济研究院课题组，垄断性产业价格改革
39 原国家计委宏观经济研究院课题组，西部开发重大基础设施投融资方式研究
40 俞建国. 中国中小企业融资
41 张美玲. BOT 投资方式及其在环保建设中的应用前景，山西建筑，2002-7
42 韩灵丽. BOT 项目融资中的政府信用，上海财经大学学报
43 金昊. PFI 项目融资模式在基础设施中的应用，建筑经济，2003-9

44 王周喜．PPP 融资模式在西部基础设施建设中的可行性分析，西北农林科技大学学报，2003-3
45 李秀辉，PPP：一种新型的项目融资方式，中国软科学 2002 年第 2 期
46 陈伟强，PPP 与 BOT 融资模式的比较研究，价值工程 2003 年第 2 期
47 刘铁军，城市基础设施建设中的 TOT 融资模式探讨，现代管理科学，2003-4
48 王幼莉，发达国家融资模式的比较与研究，天中学刊，2001 年 12 月
49 汤斌，发行地方政府债券促进西部大开发，乡镇经济，2002-3
50 王佩艳，融资模式效率比较与我国融资模式的选择，经济评论 2001 年第 2 期
51 何伯森，西部大开发与项目融资，中国软科学 2001 年第 7 期
52 肖亦林，项目融资中 ABS 与 BOT 模式的比较研究，价值工程，2003-6
53 陈晓红，资产证券化的融资模式，中南大学学报（社会科学版），2003-2
54 钟明霞，公用事业特许经营风险研究，现代法学，2003-6
55 陈洪博，论公用事业的特许经营，深圳大学学报，2003-11
56 周锋，以 BOT 模式投资中国城市污水处理设施的研究，工业水处理，2003-12
57 钟瑜，中国城市污水处理良性运营机制探讨，中国人口，2003 年 16 卷第 3 期
58 杨卫国，产品生命周期评价在固体废弃物管理中的应用，环境污染治理技术与设备，2003-3
59 陈郁，城市污水处理厂生命周期评价方法初探及应用案例，大连理工大学学报，2003 年 5 月
60 张健梅，环境会计中两种有效可行的方法，《四川会计》1999 年第 6 期
61 任国强，基于范式转换角度的全生命周期工程造价管理研究，中国软科学 2003 年第 5 期
62 董士波，全过程工程造价管理与全生命周期工程造价管理之比较，管理世界，2003 年第 12 期
63 束庆，生命周期评价和生命周期成本分析的整合方法研究，同济大学学报（社会科学版），2003-8
64 沈红，最新成本会计理论与方法评述，现代管理科学，2003 年第 9 期

65 王燕祥，预防污染项目财务分析方法述要，技术经济，2003-1
66 秦丹，生命周期评价与可持续发展，甘肃环境研究与监测，2003年3月
67 李一花，基础设施产业投融资市场化研究，建筑经济，2000-3
68 李兴旺，小城镇供水工程的经济评价
69 贾建群，民营企业参与城市基础设施投资及相应的融资方式，城市燃气
70 陈绍刚，外国直接投资对基础设施投资的影响分析，电子科技大学学报，2004-6
71 罗光强，基础设施政策性投融资及其运行的研究，湖南工程学院学报
72 余南平，如何看待公用事业民营化，《国际金融报》
73 International Journal of Project Management
74 陈贻龙，污水处理项目财务评价若干问题的探讨，中国市政工程，1999.12
75 王建国，澳大利亚和新加坡的经验及案例，以及和中国的比较
76 朱树英，基础设施市场化运作与BOT投融资模式在中国的变异适用及应注意的法律问题
77 李剑阁，市政债券概况，中国城市发展与市政债券国际研讨会
78 李乾杰，小城镇生活垃圾处理经费分析，乡镇建设，2004-4
79 王洪斌，小城镇排水设施建设，城市建设，2004-4
80 袁怀中，基础设施建设的国际融资分析，江苏统计，1999.8
81 李敦祥，现行股份合作制的投融资分析，经济科学·2000年第3期
82 李桂生，珠三角基础设施项目建设的融资分析，五邑大学学报
83 张伟，城市生态建设的市场化融资框架探讨，环境经济
84 李天福，西部大开发的投融资分析与建议
85 周晓花，城市水务基础设施投融资机制浅析，水利发展研究，2004-1
86 Liyin Shen, Application of BOT System for Infrastructure Projects in China, Journal of Construction Engineering and Management, 1996/319
87 Loh Ngee, Automated Approach to Negotiation of BOT Contracts, Journal of Computer in Civil Engineering, 1997/121
88 Esther Malini, Build operate Transfer municipal Bridge Projects In India, Journal Of Construction Engineering And Manamgement, 1999/51